Neue Verantwortung
für lutherische Friedensethik

Neue Verantwortung für lutherische Friedensethik

Dokumentation einer Fachtagung der VELKD

Im Auftrag der Vereinigten Evangelisch-Lutherischen Kirche Deutschlands (VELKD)
herausgegeben von Christine Axt-Piscalar
und Andreas Ohlemacher

EVANGELISCHE VERLAGSANSTALT
Leipzig

Die Deutsche Nationalbibliothek verzeichnet diese Publikation in der Deutschen Nationalbibliographie; detaillierte bibliographische Daten sind im Internet über http://dnb.dnb.de abrufbar.

Printed in Germany

Das Buch wurde auf alterungsbeständigem Papier gedruckt.

Bei Fragen zur Produktsicherheit wenden Sie sich bitte an info@eva-leipzig.de.

Cover: Fruehbeetgrafik · Thomas Puschmann, Leipzig
Satz: Steffi Glauche Leipzig
Druck und Binden: Rudolph Druck GmbH & Co. KG, Schweinfurt

ISBN 978-3-374-07915-5 // eISBN (PDF) 978-3-374-07916-2
www.eva-leipzig.de

Vorwort

Die in diesem Band versammelten Beiträge gingen aus einer Fachtagung zur Friedensethik hervor, mit der die Kirchenleitung der VELKD ihren Theologischen Ausschuss beauftragt hatte. Anlass dazu war die konträr geführte Debatte um die sogenannte »EKD-Friedenssynode« von 2019 in Dresden. In dieser Debattenlage kamen auch Argumente der Auseinandersetzung um die EKD-Friedensdenkschrift »Aus Gottes Frieden leben – für gerechten Frieden sorgen« von 2007 erneut auf. Friedensethische Gewissheiten wurden angesichts der Herausforderung durch die von Kriegen, Flucht und Vertreibung gezeichnete weltpolitische Lage und insbesondere durch den brutalen Angriffskrieg Russlands gegen die Ukraine neu diskutiert und auf den Prüfstand gestellt. Dies führte dazu, dass die Kirchen, namentlich die EKD, einen Prozess der Arbeit an einer evangelischen Friedensethik initiierten. Die VELKD war und ist Teil dieses Diskurses. Dabei wurde auch die Frage nach »Neuer Verantwortung für lutherische Friedensethik« gestellt, der sich die 2024 durchgeführte Fachtagung widmete.

Die fachwissenschaftlichen Beiträge erörtern exegetische Zugänge zur Friedensthematik, die einen differenzierten Blick auf biblische Kernbegriffe der friedensethischen Debatte werfen. Sie greifen die Diskussion um die Friedensdenkschrift von 2007 auf und führen sie weiter, behandeln die Konzeption des »gerechten Friedens«, seine Kriterien und Bedingungen, und fragen nach einer »realistischen Friedensethik«. Sie erörtern das vielfach und kontrovers diskutierte Verständnis des »*iure bellare*« (rechtmäßig Krieg führen) von Confessio Augustana Art. XVI im Kontext des Völkerrechts. Sie geben lutherisch geprägte anthropologische und sozialethische Aspekte für die Friedensthematik zu bedenken und reflektieren auf die mit Flucht und Migration verknüpften religiösen Konflikte und ihre Einhegung. Dass in den Diskussionen um die Friedensethik ›die‹ ostdeutsche Perspektive eigens wahrzunehmen ist und von welchen Prägungen diese gerade im Blick auf das Verhältnis zu Russland bestimmt ist, führt der engagierte und authentische Beitrag von Regionalbischöfin Friederike Spengler vor Augen. Nicht zuletzt gehen sie der friedensethischen Praxis des gottesdienstlichen Lebens der Kirche nach, die vom Friedensgruß des auferstandenen Gekreuzigten und seiner Versöhnung lebt und sie weitergibt in die Welt.

Dieses *Setting* der Beiträge ist verstanden als begleitende Ergänzung zu der neuen Friedensdenkschrift der EKD, die für den Herbst 2025 angekündigt ist, und dient zugleich der Erhellung der Debattenlage, die im Vorfeld ihrer Veröffentlichung und in Auseinandersetzung mit der Denkschrift von 2007 geführt wurde.

Der VELKD sei ausdrücklich gedankt für die Möglichkeit, mit der wissenschaftlichen Tagung sowie der Arbeit im Theologischen Ausschuss und nun auch der Veröffentlichung des Bandes an der friedensethischen Debatte beteiligt zu sein. Den Autorinnen und Autoren gilt ein herzlicher Dank dafür, dass sie, oft mitten aus der weiteren Beteiligung an den Diskursen heraus, ihre Beiträge erstellt und zur Verfügung gestellt haben. Der Evangelischen Verlagsanstalt sei gedankt für die bewährte, zuverlässige Begleitung und dann zügige Herstellung des Bandes.

Wir hoffen, dass die Beiträge dem friedensethischen Diskurs und einer christlichen Haltung in dieser Welt dienen.

Göttingen und Hannover, im Juli 2025

Christine Axt-Piscalar Andreas Ohlemacher

Inhalt

Reinhard Müller

Krieg und Frieden im Alten Testament

Meinen ukrainischen Freunden
Anna Danylchuk und Roman Ostrovsky

1. Historische und religionsgeschichtliche Hintergründe

Seitdem im 19. Jahrhundert die monumentalen Reste der altorientalischen Zivilisationen zutage kamen, hat sich immer klarer gezeigt, dass das Alte Testament tief in der Religions- und Kulturgeschichte des Alten Orients verwurzelt ist. Von der Sintflut erzählte man an Euphrat und Tigris tausend Jahre, bevor das Alte Testament geschrieben wurde, die weithin berühmte Gesetzessammlung des babylonischen Königs Hammurapi aus dem 18. Jahrhundert v. Chr. wird im Buch Exodus zitiert, das frühestens im 8. Jahrhundert entstand, und von Gott als freundlichem Menschenhirten sprach man nicht nur in Psalm 23, sondern auch in den viel älteren Hochkulturen Mesopotamiens und Ägyptens.

Ins Licht der Geschichte traten diese Kulturen stets als Königtümer. Sie wurden von Monarchen regiert, die behaupteten, von den Göttern mit der Herrschaft betraut worden zu sein. Die politische Geschichte dieser Reiche verlief höchst konfliktreich. Schon die frühen Stadtstaaten im südlichen Irak führten harte Kriege um die Vorherrschaft, und der steile Aufstieg der Pharaonen war nur möglich, weil die Rivalen besiegt waren und Ägypten gewaltsam geeint worden war. In dem Bild, das von den Königen gezeichnet wurde, sind daher allerorts Krieg und Frieden die entscheidenden Pole. Dies verdichtete sich im Mythos des Chaoskampfes, der in den altorientalischen Königtümern in unterschiedlichen Versionen begegnet. Die Grunderzählung ist stets dieselbe: Die Lebenswelt des Menschen steht immerfort in Gefahr, von feindlichen Mächten, die in peripheren Weltregionen lauern, ins Chaos gestürzt und unbewohnbar gemacht zu werden. Die Menschen brauchen lebensfreundliche Götter, die ihnen helfen, die lebensfeindlichen Mächte in Schach zu halten. Das wichtigste Mittel der göttlichen Hilfe ist das Königtum: Die Götter haben es in früher Urzeit auf Erden gestiftet. Seither ist der König zum wehrhaften Hüter der Weltordnung bestimmt.[1] Er ist von den Göttern beauftragt, sein Reich vor Feinden zu schützen, die von dämonischen Mächten entsandt sind. Der königliche Abwehrkampf ist in rechtlichen Kategorien gedacht. Gerechtigkeit, die sich den Göttern verdankt, materialisiert sich in der geordneten menschlichen Lebenswelt. Aus diesem Grund hat der König eine zweifache Aufgabe: Durch kriegerisches Handeln muss er äußere Feinde abwehren, die gegen seine rechtmäßige Herrschaft aufbegehren. Im Innern seines Reiches muss er die Geltung des Rechts durchsetzen und über Kapitalverbrecher letztinstanzlich richten. Frieden herrscht, wenn beides gelungen ist: Die äußeren Feinde sind unterworfen, und die Verbrecher wurden zur Rechenschaft gezogen.

Mit dem skizzierten Idealbild des Königtums, das untrennbar mit dem mythischen Denken verwoben ist, ließen sich indes politische Vorgänge verbrämen, die für die Betrof-

---

[1] Vgl. STEFAN MAUL, Der assyrische König – Hüter der Weltordnung, in: KAZUKO WATANABE (Hrsg.), Priests and officials in the ancient Near East. Papers of the second colloquium on the ancient Near East – The city and its life, Heidelberg 1999, 201–214.

fenen ganz anders aussahen, nämlich als rücksichtslose Expansionspolitik, die alles überrollte, was sich ihr in den Weg stellte. Die sogenannte Pax Assyriaca des neuassyrischen Reiches, des bis dato mächtigsten Reiches der Menschheitsgeschichte, das im 8. und 7. Jahrhundert seinen Zenit erreichte, war de facto eine fortwährende Ausdehnung des Herrschaftsbereichs, der zahlreiche kleine Königtümer, die an den ständig wachsenden Grenzen lagen, nach und nach zum Opfer fielen. Die assyrischen Großkönige sprachen freilich vom Frieden, gegen den sich die Nachbarn unrechtmäßig auflehnten, weshalb es unumgänglich sei, die Rebellen niederzuschlagen.[2]

Das Bild, das im Alten Testament vom Gottesvolk Israel gezeichnet wird, hat sich in allen Zügen als unhistorisch erwiesen.[3] Historisch trat Israel in der Eisenzeit ins Licht der Geschichte, also im frühen 1. Jahrtausend v. Chr., und zwar als ein relativ kleines Königreich, ebenso das noch kleinere Juda, das von einem Burgflecken namens Jerusalem aus regiert wurde. Dass diese Königreiche in der kleinräumigen Landschaft Palästina entstanden, einem Durchzugsgebiet von Nord nach Süd, das zwischen den alten Hochkulturen Mesopotamiens und Ägyptens lag, hängt mit dem Ende der spätbronzezeitlichen Epoche zusammen, die in Syrien und Palästina von reichen Stadtkönigtümern geprägt gewesen war. Ab ca. 1250 v. Chr. wurden die spätbronzezeitlichen Städte nach und nach gewaltsam zerstört. Für mindestens dreihundert Jahre kam es zu einer Folge von Kleinkriegen, deren Anlässe und Verlauf weitgehend im Dunkeln liegen. Der historische

---

2 Vgl. ECKART FRAHM, Assyria. The Rise and Fall of the World's First Empire, London 2023, 63 f. u. ö.

3 Vgl. REINHARD GREGOR KRATZ, Historisches und biblisches Israel, Tübingen [2]2017, 1–78.

David, der im letzten Drittel dieser Epoche auftrat, war ein Bandenführer und War Lord, der von Raubzügen und Schutzgelderpressung lebte. Gut hundert Jahre später setzte sich im zentralpalästinischen Bergland die Familie der Omriden durch, baute die Hauptstadt Samaria und stellte das Königreich Israel auf eine neue Grundlage. Seine Stütze waren Pferdezüchter und Streitwagenkämpfer, die als Militärunternehmer zu Macht und Reichtum gekommen waren. Als in der Mitte des 9. Jahrhunderts zwölf syrisch-palästinische Könige den Assyrern entgegentraten, lieferte der omridische König Ahab, der an dem Bündnis beteiligt war, das größte Kontingent an Streitwagen. Im Alten Testament ist dieses Ereignis unerwähnt geblieben.[4]

Auf Dauer war man in Israel und Juda aber längst nicht stark genug, es mit den expansiven mesopotamischen Großreichen aufzunehmen. Vom 8. bis zum 6. Jahrhundert erlitten Israel und Juda dasselbe Schicksal wie die meisten anderen Kleinkönigtümer im Umkreis der Großreiche. Wiederholt versuchte man, meist im Bündnis mit anderen, sich zur Wehr zu setzen, was aber immer scheiterte. Für Israel und Juda kam es insgesamt sieben Mal zur politischen Katastrophe, die stets dieselben strukturellen Gründe hatte: 732, 722 und 720 v. Chr. wurde das Königreich Israel von den Assyrern geschlagen, was zum Ende des Königtums führte, 701 wurden Teile Judas von den Assyrern verwüstet, 609 wurde der Jerusalemer König Josia von den nicht weniger aggressiven Ägyptern hingerichtet, und 597 und 586 kam es zum etappenweisen Ende des Jerusalemer Königtums durch den babylonischen Groß-

---

4 Vgl. Manfred Weippert, Historisches Textbuch zum Alten Testament, ATD.E/GAT 10, Göttingen 2010, 257.

könig Nebukadnezar. Jahrhunderte der Fremdherrschaft folgten, zunächst durch die Babylonier, dann die Perser, schließlich die Griechen. Im 2. und 1. Jahrhundert v. Chr. kam es noch einmal zu einer kürzeren Epoche der Eigenstaatlichkeit, als es den hasmonäischen Herrschern gelang, die Fremdherrschaft der Seleukiden loszuwerden. Im Jahr 63 v. Chr. machten die Römer dem wiedererrichteten Jerusalemer Königtum ein Ende.

Das Alte Testament wurde in einem Zeitraum von mindestens 800 Jahren geschrieben, teils in der israelitisch-judäischen Königszeit, zum größten Teil aber danach. Die literaturgeschichtliche Wasserscheide ist das Ende des Königtums.[5] Die ältesten Texte, die im Alten Testament zu lesen sind, gehen auf die Königtümer Israel und Juda zurück. Sie spiegeln ein intaktes Königtum wider und erweisen sich als genuin altorientalische Literatur. Als aber das Königtum in Israel und Juda unterging, erfuhr die Verehrung des Gottes Jahwe, des Schutzgottes der beiden Reiche, eine tiefgreifende Transformation. Auf den Trümmern der Königreiche Israel und Juda bildete sich in einem jahrhundertelangen Prozess, der historisch weitgehend im Dunkeln liegt, eine Religionsgemeinschaft, die sich Israel nannte und ihre Mitte in der ausschließlichen Verehrung des einstigen Staatsgottes Jahwe fand. In dieser Religionsgemeinschaft, die lange sehr klein gewesen sein dürfte, wurde das Gros des Alten Testaments verfasst. Es enthält Gedanken, die kultur- und religionsgeschichtlich vollkommen neu gewesen sind und sich teils als geradezu modern

---

5 Bis heute grundlegend: Julius Wellhausen, Prolegomena zur Geschichte Israels, Berlin [6]1905 (ND Berlin 2001), 1–14; vgl. Christoph Levin, Das Alte Testament, München [5]2018.

erweisen.[6] Für das Judentum, das aus der kleinen Jahwegemeinde der persischen und hellenistischen Zeit hervorging, wie für das Christentum, das als eine jüdische Sekte entstand, sind diese Gedanken zur Wurzel geworden.

2. Krieg und Frieden in Texten aus der Königszeit

Die ältesten Texte des Alten Testaments stammen großenteils vom Königshof. Sehr auffällig sind die sogenannten Königspsalmen, die in ihrer ursprünglichen Gestalt für den König gedichtet wurden.[7] Ihr Sitz im Leben waren die rituellen Begehungen, die die Herrschaft des Königs legitimierten. Die Thronbesteigung des Königs wurde als ein Ritual inszeniert, in dem sich die Vorstellungen von Gott, Welt und Mensch verdichteten, die man am Hof pflegte.[8]

Wie überall im alten Orient stilisierten sich die Könige in Israel und Juda als heldenhafte Krieger. Der Schutzgott des Königreiches hatte den König beauftragt, seine Feinde abzuwehren. Ein literarisch eindrucksvolles Zeugnis findet sich in Psalm 18 (V. 33–43*):[9]

---

[6] Vgl. REINHARD MÜLLER, Das Neue am Alten Testament, ZThK 120 (2023), 257–280.

[7] Vgl. REETTAKAISA SOFIA SALO, Die judäische Königsideologie im Kontext der Nachbarkulturen. Untersuchungen zu den Königspsalmen 2, 18, 20, 21, 45 und 72, ORA 25, Tübingen 2017.

[8] Vgl. CHRISTOPH LEVIN, Das Königsritual in Israel und Juda, in: DERS./ REINHARD MÜLLER (Hrsg.), Herrschaftslegitimation in vorderorientalischen Reichen der Eisenzeit, ORA 21, Tübingen 2017, 231–260.

[9] Vgl. CHRISTOPH LEVIN/REINHARD MÜLLER, Die Psalmen in ihrer Urgestalt. Rekonstruiert und ausgelegt, München 2024, 44–55.

Der Gott, der mich mit Kraft umgürtet hat,
ließ meinen Weg eben sein.

Er machte meine Füße den Hirschkühen gleich
und stellte mich auf meine Höhen.

Er lehrte meine Hände für die Schlacht,
dass meine Arme den Bogen spannten.

Ich jagte meinen Feinden nach und holte sie ein
und kehrte nicht zurück, bis ich sie aufgerieben hatte.

Ich zerschmetterte sie, dass sie nicht aufstehen konnten,
sie fielen unter meine Füße.

Und ich zermalmte sie wie Erdenstaub,
wie Gassenkot zerstampfte ich sie.

Wie etwa in den assyrischen Inschriften handelt der königliche Krieger ganz allein. Die zerschmetterten und niedergetretenen Feinde erinnern an eine uralte ikonische Tradition aus Ägypten, die zeigt, wie der Pharao mit dem Zepter seine Feinde niederschlägt. In Samaria, dem Sitz der Könige von Israel, hat sich eine Kopie dieses Motivs gefunden.[10]

---

[10] Othmar Keel/Christoph Uehlinger, Göttinnen, Götter und Gottessymbole. Neue Erkenntnisse zur Religionsgeschichte Kanaans und Israels aufgrund bislang unerschlossener ikonographischer Quellen, Fribourg ^{6}2010, 298 f.

Elfenbeinschnitzerei aus Samaria (8. Jahrhundert v. Chr.)

Der martialische Ton von Psalm 18 sollte nicht übersehen lassen, dass der König eng mit seinem Gott zusammenwirkt: Es ist der Gott, der ihn mit Kraft ausgestattet und im Kriegshandwerk unterwiesen hat. Im Bild des heldenhaften Kriegers spiegelt sich die Gottheit selbst: Nach Psalm 93 ist es Jahwe, der sich mit Kraft gegürtet hat (V. 1), und nach einem Hymnus, der bei Amos und Micha zitiert wird, schreitet Jahwe über die Höhen der Erde (Am 4,13; Mi 1,3).

Wenn der König über seine Feinde triumphiert, setzt er Gerechtigkeit durch. Das geht aus Psalm 45 hervor, wo der König mit folgenden Worten angeredet wird (V. 4–7*):[11]

> Gürte dein Schwert um die Hüfte, du Held,
> deine Hoheit und deinen Glanz!
>
> Besteige den Wagen für die treue und gerechte Sache,
> und deine Rechte lehre dich furchtbare Taten!

---

[11] Vgl. Salo, Königsideologie, 150–204; Levin/Müller, Psalmen, 121–128.

Deine Pfeile seien geschärft
im Herzen der Feinde des Königs!

Dein Thron wird immer und allezeit bleiben,
ein Zepter des Rechts ist das Zepter deines Königtums.

Die Abwehr der Feinde und die Herrschaft des Rechts gehören untrennbar zusammen. Dass der König für beides sorgt, verleiht seiner Herrschaft Dauer. Wenn das Königtum wehrhaft bleibt und dem Recht Geltung verschafft, wird es – so meinte man – niemals enden.

Dem Recht schrieb man göttlichen Ursprung zu, wie Psalm 72 zeigt (V. 1–17*):[12]

Jahwe, übergib dein Recht dem König
und deine Gerechtigkeit dem Königssohn!

Die Berge mögen ›Heil‹ (*šālôm*) tragen
und die Hügel Gerechtigkeit.

Lang lebe er vor der Sonne
und vor dem Mond von Geschlecht zu Geschlecht.

Er komme herab wie der Regen über die Mahd,
wie Wassergüsse, die die Erde tränken.

Es blühe in seinen Tagen Gerechtigkeit
und ›Heil‹ (*šālôm*) in Fülle, bis der Mond nicht mehr ist.

Es sei Korn die Fülle im Land,
auf dem Gipfel der Berge woge es.

---

12 Vgl. Salo, Königsideologie, 205–273; Levin/Müller, Psalmen, 160–166.

Wie der Libanon blühe seine Frucht,
und seine Halme wie das Kraut der Erde.

Sein Name bleibe für alle Zeit,
vor der Sonne sprosse sein Name.

Die gerechte Herrschaft des Königs hat kosmische Dimensionen: Sie ist so dauerhaft wie Sonne und Mond. Sie gleicht dem lebensnotwendigen Regen und spendet Getreide im Überfluss. Das »Heil«, der Schalom (*šālôm*), lässt sich von der Gerechtigkeit nicht trennen. Die königliche Dynastie, die niemals endet, setzt das göttliche Recht durch und verleiht dem Land Wohlfahrt.

Das deutsche Wort »Frieden« erfasst den Sinn des hebräischen *šālôm* nur teilweise, als Übersetzung ist es eher missverständlich. *šālôm* ist nicht einfach die Abwesenheit von Krieg. Die hebräische Wurzel, die dem Wort zugrundeliegt, bedeutet »bezahlen«, »erstatten«, »einen Ausgleich schaffen«.[13] *šālôm* ist ein Zustand, in dem die rechtmäßigen Ansprüche ausgeglichen und befriedigt sind. Nach dem Selbstverständnis des Königtums wurde dieser Zustand auf zweierlei Weise erreicht: Die äußeren Feinde, die die geordnete Lebenswelt ins Chaos stürzen wollten, mussten besiegt sein. Und diejenigen, die im Innern des Reiches das Recht gebrochen und die Ansprüche anderer geschädigt hatten, mussten dazu gebracht worden sein, für den Rechtsbruch zu bezahlen.

---

[13] Vgl. Gillis Gerleman, Art. שלם *šlm* genug haben, in: THAT II, München und Zürich, 1976, 919–935, bes. 923–925; Andrew Chin Hei Leong, A Cognitive Semantic Study of Biblical Hebrew. The Root *šlm* for Completeness-Balance, Studies in Semitic Languages and Linguistics 104, Leiden/Boston, 2021, 293–296.

3. Die Feinde als Jahwes Werkzeuge

Die skizzierte Theologie des Königtums erwies sich so lange als plausibel, wie sie zu den politischen Verhältnissen passte. Als die Königtümer Israel und Juda mit der aggressiven Expansionspolitik der Assyrer und Babylonier konfrontiert wurden, zerbrach die traditionelle Sicht der Welt. Das wichtigste Zeugnis ist die prophetische Literatur des Alten Testaments.

Prophetie war in Israel und Juda wie andernorts im Alten Orient meist höfische Heilsprophetie. Ihr wichtigster Sitz im Leben war der Krieg. Vor der Schlacht sprach ein Prophet dem König den Sieg zu (Jes 41,10):

> Fürchte dich nicht, denn ich bin mit dir!
> Hab keine Angst, denn ich bin dein Gott!
>
> Ich stärke dich, ja ich stehe dir bei,
> ja ich stütze dich mit der rechten Hand meiner Gerechtigkeit.

Als die Assyrer im 8. Jahrhundert nach Palästina vorrückten, wurden der traditionellen Heilsprophetie neue Koordinaten aufgezwungen. Ein wichtiger politischer Schritt war, dass der Jerusalemer König sich der überlegenen Militärmaschinerie Assurs unterwarf und Vasall des assyrischen Großkönigs wurde. Der Prophet Jesaja, der am Jerusalemer Hof wirkte, scheint den Schritt unterstützt zu haben. Das zeigte sich, als die benachbarten Königreiche Israel und Aram-Damaskus in einem Verzweiflungsakt ein größeres Bündnis zu schmieden versuchten, um sich den Assyrern zu widersetzen. Als der Jerusalemer König sich weigerte, dem Himmelfahrtskommando beizutreten, drohten die Könige von Samaria und Damaskus, das judäische Königtum zu unterwerfen und in das antiassyrische Bündis zu zwingen. Jesaja machte daraufhin am

Jerusalemer Hof ein Orakel des Gottes Jahwe auf eine höchst ungewöhnliche Weise publik; er gab einem Sohn, der ihm gerade geboren worden war, einen zeichenhaften Namen (Jes 8,3 f*):

> Und Jahwe sprach zu mir: »Nenne seinen Namen: Raubebald-Eilebeute. Denn bevor der Knabe zu rufen lernt: Mein Vater!, und: Meine Mutter!, wird man den Reichtum von Damaskus und die Beute von Samaria vor den König von Assur tragen.«

Dass der Kleine »Raubebald-Eilebeute« genannt wurde, sollte ankündigen, dass die feindlichen Nachbarn Jerusalems Damaskus und Samaria bald vom assyrischen König, dem man sich in Jerusalem unterworfen hatte, erobert sein würden. Indem Jahwe dies in Aussicht stellt, erscheint er als wahrer Lenker der Ereignisse, der den Großkönig von Assur zu seinem Werkzeug macht, um die feindlichen Mächte Damaskus und Samaria abzuwehren. In einem anderen Orakel zeichnet der Prophet den assyrischen Großkönig in mythischen Farben (Jes 28,2):

> Siehe, einen Starken und Gewaltigen hat mein Herr,
> wie ein Guss voller Hagel, ein Sturm, der Verderben bringt,
>
> wie ein Guss gewaltiger, flutender Wasser
> wirft er zu Boden mit Macht!

Jahwe, den Jesaja hier seinen Herrn (Adonai) nennt, schickt den gewaltigen Herrscher wie einen Hagelsturm und eine Sintflut gegen seine Feinde. Die Bilder lehnen sich an die Selbstdarstellung der assyrischen Könige an, die ihre Heeresmacht mit der zerstörerischen Kraft von Flut und Sturm verglichen.[14]

---

14 Vgl. Friedhelm Hartenstein, Tempelgründung als »fremdes Werk«.

Gegen Ende des 8. Jahrhunderts änderte der Jerusalemer Königshof seine Politik um hundertachtzig Grad. Nachdem man knapp zwanzig Jahre Vasall der Assyrer gewesen war, entschloss sich der König Hiskia wegen einer vermeintlichen Schwächung des assyrischen Reiches, gemeinsam mit einigen Nachbarstaaten von den Assyrern abzufallen. Jesaja scheint energisch vor dieser brandgefährlichen Politik gewarnt zu haben, was im Königspalast aber ungehört blieb.[15] Der Gedanke, dass der assyrische König ein Werkzeug des Jerusalemer Schutzgottes Jahwe ist, musste sich in Jesajas Augen ins glatte Gegenteil wenden: Weil man in Jerusalem den Assyrern die Treue aufgekündigt hatte, drohte Jahwe nun, den assyrischen König gegen das judäische Königtum zu schicken. Diese Wendung von der Heils- zur Unheilsprophetie, die sich durch die Kehrtwende des Jerusalemer Königs ergab, hat sich in der Fortsetzung des Orakels von Raubebald-Eilebeute in Jes 8 niedergeschlagen (V. 5–8*):

> Und Jahwe redete noch einmal mit mir und sprach: ›Weil dieses Volk verworfen hat die sanft fließenden Wasser des Siloah [die aus der Jerusalemer Quelle durch einen Kanal ins Stadtinnere geleitet wurden], darum, siehe, wird mein Herr über sie die großen und starken Wasser des Euphrat-Stromes bringen, der wird über all seine Betten steigen, über all seine Ufer gehen und über Juda dahinfließen, es überschwemmen und überströmen, und die Spannweite seiner Flügel wird die Fülle der Weite deines Landes sein!

Beobachtungen zum »Ecksteinwort« Jesaja 28,16–17, in: DERS., Das Archiv des verborgenen Gottes. Studien zur Unheilsprophetie Jesajas und zur Zionstheologie der Psalmen in assyrischer Zeit, BThSt 74, Neukirchen-Vluyn 2011, 31–61, hier 33–35.

15 Vgl. REINHARD MÜLLER, Ausgebliebene Einsicht. Jesajas »Verstockungsauftrag« (Jes 6,9–11) und die judäische Politik am Ende des 8. Jahrhunderts, BThSt 124, Neukirchen-Vluyn 2012.

Mit der gewaltigen Euphratflut, die Juda überschwemmt, ist der assyrische Vergeltungsfeldzug des Jahres 701 im Blick, durch den das kleine Königreich schwer verwüstet wurde und an den Rand des Untergangs geriet. Dass es zu dieser Katastrophe kam, wird mit dem mangelnden Vertrauen des politisch verantwortlichen Staatsvolks in die sanft fließenden Wasser des Teiches Siloah begründet. Das steht für die unterwürfige Haltung gegenüber den Assyrern, die man mutwillig aufgegeben hatte. Die späteren Tradenten der Jesajaprophetie haben das mangelnde Vertrauen auf das Gottesverhältnis bezogen: Das Volk habe nicht auf Jahwe vertraut, weshalb dieser es durch den assyrischen König hart gezüchtigt habe.

In den Auseinandersetzungen mit den Assyrern und gut hundert Jahre später den Babyloniern entstand in einem verwickelten Prozess die alttestamentliche Unheilsprophetie, die große Teile der prophetischen Bücher des Alten Testaments füllt. Auf der politischen Bühne eroberten die mesopotamischen Großreiche die kleinen Völkerschaften in Syrien und Palästina und beraubten sie ihrer Identität.[16] In der Schriftprophetie aber, die darauf reagierte, wurde Jahwe, der Gott der einstigen Königreiche von Samaria und Jerusalem, immer mächtiger. Im Alten Testament ist er derjenige, der den Fremdherrschern Macht verleiht. Er benutzt die Großreiche als seine Werkzeuge, um sein Volk, das ihm untreu geworden ist, zu strafen, es aber auch wieder zu sich zu führen, nachdem es seine Schuld gebüßt hat.

---

[16] Vgl. Julius Wellhausen, Israelitische und jüdische Geschichte, Berlin ^{7}1914 (ND Berlin ^{10}2004), 106.

4. Der Jahwekrieg

Obwohl das Alte Testament tief verwurzelt ist in der Überlieferung der Königreiche Israel und Juda, ist es diesem Wurzelgrund entwachsen. Dies führte zu einer tiefgreifenden Umformung der alten Königstheologie. Ein wichtiger Aspekt dieses Prozesses war, dass das Königtum vollkommen neu bewertet wurde. Das Gottesvolk Israel, von dem das Alte Testament erzählt, ist von seinen Ursprüngen her nicht als Königtum verfasst. Als nach königslosen Jahrhunderten irgendwann auch in Israel ein Königtum eingeführt wird, erscheint dies als eine Abkehr von der ursprünglichen Gottunmittelbarkeit des Volkes (Ri 8,22–23; 1Sam 8,7; 10,19; 12,12).[17]

Mit dem Königtum rückte der Krieg in ein anderes Licht. Der Ursprungstext für die Neubewertung des kriegerischen Handelns ist die Erzählung von Israels Rettung am Meer (Ex 14). Sie lautet in der ältesten Fassung (V. 9–28*):

> Und die Ägypter jagten hinter ihnen her und holten sie ein, als sie am Meer lagerten vor Baal-Zefon. Da erhoben die Israeliten ihre Augen, und siehe: Ägypten war aufgebrochen hinter ihnen her! Und sie fürchteten sich sehr. Mose aber sprach zum Volk: »Fürchtet euch nicht! Jahwe wird für euch kämpfen, ihr aber sollt still sein!« Und Jahwe ließ das Meer durch einen starken Ostwind gehen, die ganze Nacht hindurch, und machte das Meer zu trockenem Boden. Und in der Morgenwache schaute Jahwe zum Heer Ägyptens und brachte das Heer Ägyptens in Verwirrung. Und er löste die Räder seiner Wagen und ließ

---

[17] Vgl. Timo Veijola, Das Königtum in der Beurteilung der deuteronomistischen Historiographie. Eine redaktionsgeschichtliche Untersuchung, Annales Academiae Scientiarum Fennicae B 198, Helsinki 1977; Reinhard Müller, Königtum und Gottesherrschaft. Untersuchungen zur alttestamentlichen Monarchiekritik, FAT II/3, Tübingen 2004.

> sie nur mühsam vorankommen. Da sprach Ägypten: »Ich will vor Israel fliehen, denn Jahwe kämpft für sie gegen Ägypten!« Und das Meer kehrte, als der Morgen anbrach, zu seinem Bett zurück, und die Ägypter flohen ihm entgegen, und Jahwe schüttelte die Ägypter mitten ins Meer. Nicht einer von ihnen blieb übrig.[18]

Die Traditionen des Königtums stehen noch deutlich im Hintergrund. Mose tritt als traditioneller Heilsprophet auf, der dem Volk vor der Schlacht den Sieg zuspricht: »Fürchtet euch nicht! Jahwe wird für euch kämpfen.« Dass nur die Gottheit kämpft, während ihre Schützlinge nicht zur Waffe greifen müssen, ist auch bei den Assyrern belegt: In einer Inschrift erzählt der assyrische Großkönig, wie die Göttin Ischtar allein in den Kampf gegen die Feinde zog und ihm gebot, nicht in das Kampfgeschehen einzugreifen.[19] In Exodus 14 sind die traditionellen Rollen aber auf den Kopf gestellt: Mose richtet sein Heilsorakel nicht an einen König, sondern an eine Schar von Sklaven, die ihren Treibern entflohen ist. Als sie am Schilfmeer lagern, werden sie von ägyptischen Streitwagen eingeholt. Es scheint unabwendbar, dass sie eingefangen oder niedergemetzelt werden. Jahwe aber kämpft für sie und lässt die Ägypter im Meer untergehen. Zwischen den Zeilen lässt sich der Schrecken erahnen, den die assyrische Militärmacht bei ihren Opfern ausgelöst hat. Als Gegenbild dazu verleiht die Erzählung denjenigen, die sich Israel nennen, eine neue Identität: Israel ist nicht mehr das gescheiterte Königreich, sondern eine Gruppe machtloser Menschen, die ihr Überleben allein dem rettenden Handeln ihres Gottes Jahwe verdankt.

---

18 Ex 14,9*.10*.13*.14*.21*.24*.25.27*.28*.

19 REINHARD MÜLLER, Jahwekrieg und Heilsgeschichte, ZThK 106 (2009), 265–283, hier 270 f. (mit Beleg).

In der literarischen Überlieferung wurde der Jahwekrieg von Exodus 14 zum Urbild des göttlichen Wirkens im Krieg. Die Motivik des kämpfenden Jahwe wurde in die anderen Kriegserzählungen eingearbeitet.[20] Die ältere Motivik des heldenhaften königlichen Kriegers schimmert oft noch durch. Ein markantes Beispiel ist die Erzählung von Davids Sieg über Goliat (1Sam 17). Sie entstand erst in einer Zeit, als man bereits jahrhundertelang keinen König mehr hatte. Der Hirtenjunge David vertritt die militärisch machtlose Religionsgemeinde, die darauf vertraut, von ihrem Gott vor der Vernichtung bewahrt zu werden (V. 45–47):

> Und David sprach zu dem Philister: »Du bist zu mir gekommen mit Schwert, Speer und Sichelschwert. Ich aber bin zu dir gekommen im Namen Jahwes der Heerscharen, des Gottes der Schlachtreihen Israels, die du geschmäht hast. An diesem Tag wird dich Jahwe ausliefern in meine Hand, und ich werde dich erschlagen und deinen Kopf von dir abtrennen, und die Leiche des Philisterheeres werde ich an diesem Tag den Vögeln des Himmels und dem Getier der Erde geben, sodass die ganze Erde erkennt, dass Gott bei Israel ist. *Und diese ganze Gemeinde soll erkennen, dass Jahwe nicht durch Schwert und Speer rettet, denn Jahwe gehört der Krieg, und er wird euch in unsere Hand geben!*«

Die martialischen Töne, die in Davids Worten anklingen, sind Reminiszenzen der alten Königstheologie, wie sie namentlich in Psalm 18 bezeugt ist. Entscheidend ist aber nicht der Sieg als solcher, der sich dem überraschenden Triumph des Hirtenjungen über den Riesen Goliat verdankt. Ein solcher Überraschungserfolg gelang auch den makkabäischen Kriegern im 2. Jahrhundert, als sie die seleukidischen Besatzungstruppen aus dem Land werfen konnten. Davids Heldentat zielt viel-

---

[20] MÜLLER, Jahwekrieg, 272–277.

mehr darauf, eine zweifache Erkenntnis zu bewirken: An ihr erkennen die Völker, dass Gott Israel beisteht, und die Religionsgemeinde Israels, in der sich das entstehende Judentum spiegelt, soll sich bewusst werden, dass Jahwe allein das kriegerische Tun bewirkt. Dieser quietistische Zug, der gar nicht in die Erzählung passt, entspricht dem alleinigen Handeln Jahwes in Exodus 14.

Das eigentümliche Zusammenwirken des göttlichen Kriegers mit den kämpfenden Israeliten ist auch in den Erzählungen von Israels Landnahme zu finden. Wie die Archäologie längst bewiesen hat, haben diese Erzählungen keinerlei historischen Kern: Das frühe Israel kam nicht von außen ins Land, sondern ging aus der kanaanäischen Bevölkerung hervor, die dort schon immer gelebt hat. Von der gewaltsamen Einnahme des Landes begann man erst zu erzählen, als das Königtum untergegangen war und man das Land verloren hatte. In einer Situation der Machtlosigkeit imaginierte man, dass die Vorfahren einst das Land in einem großen Kriegszug erobert hätten. Dass die Israeliten dabei durchaus aktiv mit dem Schwert hantierten, ist erneut ein Echo der alten Königstheologie, deren Erinnerung auch in den nachköniglichen Jahrhunderten gepflegt wurde. Zugleich boten sich die Erzählungen von der kriegerischen Landnahme an, im Sinne des Jahwekriegs von Exodus 14 stilisiert zu werden. Die spektakulärste Motivik findet sich in Josua 10 (V. 11–14*):

> Als sie [scil. die Kanaanäer] vor Israel flohen, warf Jahwe auf sie Steine vom Himmel bis Aseka, dass sie starben; es waren mehr, die durch die Hagelsteine starben, als die Israeliten mit dem Schwert töteten. Damals redete Josua zu Jahwe und sprach: »Sonne, erstarre in Gibeon, und Mond, im Tal von Ajalon!« Da erstarrte die Sonne und der Mond blieb stehen, bis sich das Volk an seinen Feinden gerächt hatte. Und wie diesen Tag gab es keinen anderen, weder zuvor noch hernach,

> dass Jahwe so auf die Stimme jemandes hörte; denn Jahwe kämpfte für Israel.

Dass Jahwes Kampf für Israel sogar den Lauf der Gestirne beeinflusste, ist der schriftprophetischen Gerichtseschatologie entlehnt: Die unheimlichen kosmischen Phänomene, die für die Endzeit prophezeit sind (vgl. Joel 3,3 f.; 4,15; Hab 3,11), hatten sich hier schon einmal ereignet, und schon damals hatte sich Israel an seinen Feinden gerächt, weil sie es vernichten wollten.

Weil Urzeit und Endzeit im Alten Testament einander spiegelbildlich entsprechen, taucht das Motiv des Krieges beim endzeitlichen Gericht wieder auf.[21] Am bevorstehenden Tag Jahwes wird es zu einer Entscheidungsschlacht kommen, bei der Jahwe die Völker dafür zur Rechenschaft zieht, dass sie ihre Rolle als Werkzeuge des Gerichts am Gottesvolk nicht anerkannt, sondern um der eigenen Machtvollkommenheit willen missbraucht haben (Joel 4,9–12*):

> Ruft dies aus unter den Völkern:
>
> Heiligt einen Krieg, erweckt die Helden,
> dass herbeikommen und hinaufziehen alle Männer des Krieges!
>
> Schmiedet eure Pflugscharen zu Schwertern um
> und eure Winzermesser zu Lanzen!
> Der Schwächling spreche: »Ich bin ein Held!«

---

[21] Vgl. Christoph Levin, Erinnerung der Zukunft. Ein Grundzug biblischer Geschichtsschreibung, ZThK 111 (2014), 127–147; Ders., Die unendliche Endkatastrophe, in: Andreas Höfele/Beate Kellner (Hrsg.), Naturkatastrophen. Deutungsmuster vom Altertum bis in die Neuzeit, Paderborn 2023, 17–38.

Die Völker sollen sich aufmachen und hinaufziehen
zum Tal Joschafat,

denn dort werde ich sitzen,
um alle Völker von ringsum zu richten.

Wie die endzeitliche Schlacht ablaufen wird, bleibt offen. Sie wird aber so ausgehen, dass Jahwes Volk für immer vor dem Vernichtungswillen der Völker geschützt ist.

5. Aspekte des Schalom und das Ende des Krieges

Oft wird gesagt, das hebräische Schalom (*šālôm*) bedeute Ganzheit, umfassender Frieden, vollkommenes Heil.[22] Das lässt sich nicht halten. Das Verb šlm (piʿel), von dem das Nomen gebildet ist, bedeutet »bezahlen« oder »vergelten«; *šālôm* ist der Zustand, der daraus resultiert. Was damit gemeint ist, kann ganz unterschiedlich zugespitzt sein.[23] Ein einheitlicher Begriff oder ein geschlossenes Konzept von Schalom ist im Alten Testament nicht zu finden.[24]

---

22 Grundlegend für diese Annahme ist vor allem JOHANNES PEDERSEN, Israel. Its Life and Culture, Bd. I–II, London und Copenhagen [5]1963, 311–335; vgl. z.B. FRANZ JOSEF STENDEBACH, »Ganzheit« oder »Genüge«? Vorarbeiten zum Artikel *šālôm* im ThWAT, in: 329–344; DERS., Art. שָׁלוֹם *šālôm*, in: ThWAT VIII, Stuttgart u. a. 1995, 12–46.

23 S. Anm. 13.

24 Nach wie vor instruktiv sind HANS HEINRICH SCHMID, šalôm. »Frieden« im Alten Orient und im Alten Testament, SBS 51, Stuttgart 1971, und ODIL HANNES STECK, Friedensvorstellungen im alten Jerusalem. Psalmen – Jesaja – Deuterojesaja, ThSt 111, Zürich 1972; vgl. ECKART OTTO, Krieg und Frieden in der Hebräischen Bibel und im Alten Orient. Aspekte für eine

Ein wichtiger Aspekt, in dem der alte königstheologische Gebrauch des Wortes nachwirkt, ist in dem Brief enthalten, den Jeremia an die Deportierten im siegreichen Babylon gesandt haben soll (Jer 29,7):

> Sorgt für die Wohlfahrt (den *šālôm*) der Stadt, in die ich euch weggeführt habe, und betet für sie zu Jahwe! Denn durch ihre Wohlfahrt wird euch Wohlfahrt geschehen.

Dass diese Stadt keine Kriege führt, ist nicht im Blick. Vielmehr geht es darum, dass sie Wohlergehen und Prosperität genießt, weil dies denen zugutekommt, die als Fremde dorthin verschleppt worden waren.

Einen ganz anderen Sinn hat Schalom in dem Satz, mit dem der aaronitische Segen schließt (Num 6,26):

> Jahwe erhebe sein Angesicht zu dir
> und gebe dir Frieden!

Das Motiv des göttlichen Angesichts entstammt dem Vorstellungskreis der königlichen Audienz.[25] Wenn der königliche Gott sich dem Einzelnen freundlich zuwendet, führt das zu tiefer Zufriedenheit, weil in der Nähe Gottes die Fülle des Lebens zu finden ist. Das ist ganz situativ gedacht, wie das Abendlied von Psalm 4 zeigt, in dem der aaronitische Segen anklingt (V. 9):

Friedensordnung in der Moderne, Theologie und Frieden 18, Stuttgart 1999; Rüdiger Liwak, Art. Friede/Schalom (2011), in: Michaela Bauks/Michael Pietsch (Hrsg.), WiBiLex – Das wissenschaftliche Bibellexikon im Internet (https://bibelwissenschaft.de/stichwort/26245/, abgerufen am 17. Oktober 2024).

25 Friedhelm Hartenstein, Das Angesicht JHWHs. Studien zu seinem höfischen und kultischen Bedeutungshintergrund in den Psalmen und in Exodus 32–34, FAT 55, Tübingen 2008, 182–198.

> In ›Frieden‹ (*šālôm*) lege ich mich nieder und schlafe sogleich ein,
> denn du, Jahwe, du allein – sicher lässt du mich wohnen.

Ein paar Verse zuvor spricht der Beter von Lügnern, die seine Ehre zuschanden machen (V. 3). Dass er dennoch ruhig schlafen kann, verdankt er allein Jahwe. Solche Zufriedenheit erhoffte man auch für das Gottesvolk (Jes 32,17 f.):

> Und das Werk der Gerechtigkeit wird Frieden (*šālôm*) sein
> und der Ertrag der Gerechtigkeit Ruhe und Sicherheit für immer.
>
> Und mein Volk wird wohnen auf einer Aue des Friedens (*šālôm*),
> in sorgenfreien Wohnungen und sorglosen Ruhesitzen.

Wie in dem königstheologischen Psalm 72 wird dieser Zustand der Sicherheit und Sorglosigkeit als Folge der Gerechtigkeit beschrieben und lässt sich davon nicht trennen.

Umgekehrt verschärfte sich in der jüngeren alttestamentlichen Literatur das Bewusstsein, dass viele die göttlichen Gebote missachteten und ihren wirtschaftlichen Erfolg missbrauchten, um die Frommen, die wenige und oft sozial schwach waren, auszubeuten. In den Prophetenbüchern und den Psalmen wird der Konflikt zwischen den frommen »Armen« und den ausbeuterischen »Frevlern« breit entfaltet.[26] Ein Ausruf im Jesajabuch handelt vom *šālôm*, der den Frevlern verweigert ist (Jes 48,22/57,21):

> Es gibt keinen Frieden – spricht Jahwe – für die Frevler!

[26] Vgl. Christoph Levin, The Poor in the Old Testament. Some Observations, in: Ders., Re-Reading the Scriptures. Essays on the Literary History of the Old Testament, FAT 87, Tübingen 2013, 280–300.

Weil der scheinbare Triumph der Frevler über die Schwachen Gottes Gerechtigkeit infrage stellt (vgl. Ps 73), ist diese Korrektur des schönen Bildes aus Jesaja 32 unverzichtbar. Die Lehre der Allversöhnung kann sich nicht auf das Alte Testament berufen.

An einigen Stellen verleiht das Alte Testament der Hoffnung Ausdruck, dass die weltweiten Kriege einmal aufhören werden. Dies wird immer auf Gott selbst zurückgeführt. In der berühmten Weissagung von der Völkerwallfahrt zum Zion wird das Ende des Kriegshandwerks damit begründet, dass Jahwe die Streitfälle der Völker schlichtet; Völkerfrieden ist also nicht zu haben, ohne dass Gott zuvor Gerechtigkeit hergestellt hat (Mi 4,3 f.):

> Und er wird zwischen vielen Völkern richten
> und starke Völker zurechtweisen bis in die Ferne.
>
> Und sie werden ihre Schwerter zu Pflugscharen umschmieden
> und ihre Lanzen zu Winzermessern.
>
> Kein Volk wird gegen ein anderes mehr das Schwert erheben,
> und sie werden das Kriegshandwerk nicht mehr lernen.

Während die Völker hier – umgekehrt wie in Joel 4 – ihre Kriegswaffen zu Ackergeräten umbauen, ist es in Psalm 46 Jahwe selbst, der die Kriegswaffen zerstört (V. 10 f.):

> Er macht den Kriegen ein Ende bis an den Rand der Erde,
> zerbricht die Bögen, schlägt ab die Spieße,
> verbrennt die Wagen mit Feuer.
>
> »Lasst ab und erkennt, dass ich Gott bin!
> Ich erhebe mich unter den Völkern, erhebe mich auf der Erde.«

Der Weltfrieden kann demnach nicht von Menschen bewirkt werden, sondern nur von Gott. Sein Handeln zielt darauf, dass die Völkerwelt ihn als Gott erkennt.

6. Der Beitrag des Alten Testaments zur Friedensethik

Was ist aus dem Alten Testament für moderne Überlegungen zu Krieg und Frieden zu lernen? Dazu einige Thesen, die in der gegenwärtigen Lage hilfreich sein können:

1. Der altorientalische Mythos des göttlichen Abwehrkampfes gegen chaotische Mächte, der im Hintergrund der königszeitlichen Texte des Alten Testaments steht, hat eine bleibende politisch-ethische Bedeutung, weil er betont, dass menschliches Leben des Schutzes vor zerstörerischen Mächten bedarf. Zugleich lehrt die Geschichte Israels, dass der Mythos für Missbrauch anfällig ist, was namentlich in der prophetischen Überlieferung des Alten Testaments anklingt.
2. Das hebräische Wort *šālôm* ist zu vielschichtig und in seiner Bedeutung zu abhängig vom Kontext, um als ethischer Leitbegriff verwendet zu werden.
3. Statt abstrakt von *šālôm* zu reden, legt das Alte Testament immer wieder Gewicht darauf, dass Gerechtigkeit erreicht wird. Laut den Texten aus der Königszeit, die in der altorientalischen Vorstellungswelt verwurzelt sind, setzt Gerechtigkeit in einem Gemeinwesen militärische Wehrhaftigkeit nach außen und strafbewehrte politische Macht nach innen voraus. Für die nachkönigliche Religionsgemeinde, die unter jahrhundertelanger Fremdherrschaft entsteht, rückt

stattdessen die Hoffnung auf Gottes richtendes Handeln ins Zentrum.

4. Die kriegführenden Völker werden in den prophetischen Schriften als Werkzeuge des Gottes verstanden, der sein Volk richtet. Weil sie aber die ihnen verliehene Macht missbrauchen, werden sie ihrerseits von Gott gerichtet werden.
5. Der Gott des Alten Testaments verhindert, dass sein Volk von seinen Feinden vernichtet wird.
6. Er steht auf der Seite der sozial Schwachen und politisch Wehrlosen und greift um ihretwillen in das politische und kriegerische Weltgeschehen ein.
7. Das Ende der weltweiten Kriege kann nach alttestamentlichem Verständnis nur von Gott selbst bewirkt werden. »Schwerter zu Pflugscharen« ist nach dem Alten Testament keine pazifistische Parole, die dazu aufruft, Machtmissbrauch und gebrochenes Recht wehrlos hinzunehmen. Das Wort verleiht vielmehr der Hoffnung Ausdruck, dass Israels Gott die Streitfälle der Völker entscheiden wird und die Völker sich von ihm unterweisen lassen werden.

Susanne Luther

Friedensstifter in dieser Welt

Neutestamentliche Akzente im Nachdenken über Frieden

1. Das Neue Testament als Grundlage einer Friedensethik?

Die EKD-Denkschrift *Aus Gottes Frieden leben* konstatiert: »Die Kirche tritt für den Frieden der Welt ein, indem sie zuallererst den Frieden Gottes bezeugt«,[1] wie er bei der Geburt Jesu verkündet (Lk 2,14), von Jesus verheißen (Mt 5,9) und den Jüngern hinterlassen (Joh 14,27) wurde. Der Friede gründe »in der von Gott gewährten Versöhnung der Menschen mit ihm und untereinander«[2] und habe sein Ziel im kommenden Reich Gottes, das gekennzeichnet sei durch »Gerechtigkeit und Frieden und Freude im heiligen Geist« (Röm 14,17). Wenngleich somit »Ursprung und Vollendung des Friedens [...] für menschliches Handeln unverfügbar« seien,[3] so liege die Ausbreitung des Friedens in der Welt in der Verantwortung der Jüngerinnen und Jünger, der Christinnen und Christen, die den Frieden, den der Auferstandene gegeben habe, empfangen, vergegenwärtigen und weitergeben (Joh 20,21).[4] Insbesondere unter

---

1 EKD, Aus Gottes Frieden leben – Für gerechten Frieden sorgen. Eine Denkschrift des Rates der Evangelischen Kirche in Deutschland, Gütersloh 2007, 28.

2 A. a. O., 51.

3 Alle Zitate ebd.

4 Vgl. a. a. O., 32: »Denn Jesus von Nazareth verkündigt die Liebe Gottes, er

Rekurs auf die Bergpredigt wird daher postuliert, »[d]as christliche Ethos [sei] grundlegend von der Bereitschaft zum Gewaltverzicht (Mt 5,38 ff.) und vorrangig von der Option für die Gewaltfreiheit bestimmt«, wenngleich »[i]n einer nach wie vor friedlosen, unerlösten Welt [...] der Dienst am Nächsten aber auch die Notwendigkeit einschließen [kann], den Schutz von Recht und Leben durch den Gebrauch von Gegengewalt zu gewährleisten (vgl. Röm 13,1–7)«.[5]

Die neutestamentlichen Texte gehen jedoch weit über diese den Schutz von Recht und Leben rechtfertigende, notwendige Gewaltausübung hinaus und lassen eine deutliche Bereitschaft zur Machtausübung und Gewaltanwendung erkennen. Sie weisen sogar ein inhärentes Aggressionspotenzial auf, wenn etwa der matthäische Jesus offenbart »Ich bin nicht gekommen, Frieden zu bringen, sondern das Schwert« (Mt 10,34) oder wenn Jesus im Lukasevangelium den Jüngern empfiehlt »... wer's nicht hat, verkaufe seinen Mantel und kaufe ein Schwert« (Lk 22,36).[6] Von einem unbedingten Frie-

---

verkündigt Gott als Liebe. Von dieser Botschaft inspiriert, kennt das Neue Testament viele Wege zur Ausbreitung des Friedens: den Verzicht auf Vergeltung, um die Spirale der Gewalt zu unterbrechen (Röm 12,19 f.); die Vergebung, die einen Neuanfang ermöglicht (Eph 4,32); das Zurückstellen eigener Interessen, um in Konflikten Möglichkeiten des Ausgleichs zu finden (Phil 2,3 f.); das Ertragen von Unrecht gegen die eigene Person um des Friedens der Gemeinschaft willen (1Kor 6,7). Die deutlichste Weisung ist jedoch das Gebot der Feindesliebe (Mt 5,43 ff.), das jedem Freund-Feind-Denken die Grundlage entzieht.«

5 A. a. O., 42.

6 HUBERT FRANKEMÖLLE, Friede und Schwert. Frieden schaffen nach dem Neuen Testament, Mainz 1983, 37, spricht von den »prophetisch-provozierenden Verhaltensweisen« Jesu, die im Kontext der Erzählungen als nicht friedensfördernd wahrgenommen werden.

denswillen des frühen Christentums lassen auch die Polemik und verbale Gewalt der neutestamentlichen Autoren und der Erzählfiguren nicht ausgehen,[7] wenngleich sich keine Aussagen finden, die aggressive (Sprach)Handlungen explizit rechtfertigen.[8] Gerade Bilder des Friedens werden oftmals unter Verwendung gewaltbetonender Metaphorik und kämpferischer Sprache entworfen und die Erlangung des Friedens (mit Gott und der Welt) als gewaltsamer Akt dargestellt – verwiesen sei hier z. B. auf die Darstellung der Passion und Kreuzigung Jesu, auf Gerichtsworte im Matthäusevangelium sowie auf die apokalyptische Vision der endzeitlichen Überwindung. Zugleich ist die Frage zu stellen, welche Intention und Motivation diesen gewaltbetonenden Texten unterliegt und welcher Zusammenhang zwischen ihnen und der Friedensbotschaft des Neuen Testaments besteht. Es wird aufzuzeigen sein, inwiefern gewaltbetonende Aussagen – die in der Diskussion über Frieden häufig vernachlässigt werden – auf sprachliche Kontexte und Sprachbilder der Adressatinnen und Adressaten zurückgreifen und dennoch ebenfalls der Durchsetzung einer gerechten Friedensordnung zuträglich sein können. Es ist also gerade die Vielfalt des neutestamentlichen

7 Vgl. z. B. ODA WISCHMEYER/LORENZO SCORNAIENCHI (Hrsg.), Polemik in der frühchristlichen Literatur. Texte und Kontexte, Berlin/Boston 2010; GERD THEISSEN, Aggression und Aggressionsbearbeitung im Neuen Testament. Ein Beitrag zur historischen Psychologie des Urchristentums, in: ZNT 9 (2006), 31–40.

8 Vgl. ULRICH LUZ, Feindesliebe und Gewaltverzicht. Zur Struktur und Problematik neutestamentlicher Friedensideen, in: ANDREAS HOLZEM/BERND WEGNER (Hrsg.), Krieg und Christentum. Religiöse Gewalttheorien in der Kriegserfahrung des Westens, Paderborn 2009, 137–149, 137; zudem DERS., Absolutheitsanspruch und Aggressionspotential im frühen Christentum, in: Evangelische Theologie 64 (2004), 268–284.

Zeugnisses in Bezug auf Frieden und Gewalt, die im Folgenden zu erheben, zu differenzieren und auf die Vision der Verwirklichung von Frieden hin zu befragen sein wird.

Zugleich lag der Einflussbereich, in dem die frühen Christusgläubigen Frieden erwirken konnten, nicht auf (welt)politischer Ebene, weshalb im Neuen Testament »Ordnungsvorschläge hinsichtlich der Frage, wie Frieden hergestellt bzw. erhalten werden könnte oder wie die Bedingungen des historisch tatsächlich bestehenden Friedens verändert werden könnten – etwa mit dem Ziel, mehr Freiheit oder größere Gerechtigkeit für die Menschen zu schaffen« – fehlen.[9] Im Gegenüber zu den alttestamentlichen Schriften, die eine Friedensvision mit durchaus politischen Dimensionen zeichnen,[10] thematisieren die neutestamentlichen Schriften, auf anthropologischen und theologischen Reflexionen zu Gerechtigkeit

---

9 ANDREAS LINDEMANN, Der Friede Gottes und der Friede der Welt. Zum Friedensverständnis im Neuen Testament, in: KLAUS GARBER/JUTTA HELD (Hrsg.), Der Frieden. Rekonstruktion einer europäischen Vision, Bd. 1: Erfahrung und Deutung von Krieg und Frieden. Religion – Geschlechter – Natur und Kultur, München 2001, 45–62, 59; FRANKEMÖLLE, Friede und Schwert (s. Anm. 6), 43: »Da die Christen nicht Träger der politischen Macht sind, sehen neutestamentliche Theologen keinen Grund, die Macht umfassend theologisch zu reflektieren. Die Friedensprobleme liegen auf anderen Ebenen [...]«.

10 Vgl. GERD THEISSEN, Christliche Friedensethik – neuzeitliches Konstrukt oder Fortsetzung der biblischen Geschichte?, in: International Journal of Orthodox Theology 8 (2017), 7–50, 27–29; vgl. auch a. a. O., 42: »Das AT zeigt in visionären Bildern das Ziel eines Friedens in Gerechtigkeit, das NT zeigt den Weg zu diesem Ziel«. Daher gilt: »Erst wenn beide Motive verbunden werden, gelangt man zu einer christlichen Friedensethik als Anweisung für menschliches Handeln in einem politischen Kontext. Solch eine Friedensethik ist ein gesamtbiblisches Konstrukt, das erst der Leser schafft, der beide Testamente zusammen liest« (a. a. O., 22 f.).

und Versöhnung aufbauend, die grundlegende Möglichkeit sowie strukturelle Voraussetzungen zur Verwirklichung von Frieden im alltäglich-zwischenmenschlichen Bereich.[11]

Dies bedeutet jedoch nicht, dass neutestamentliche Aussagen zum Frieden »nur« eine theologische oder gar »eine nur noch historische Bedeutung [haben]. Natürlich ist die unmittelbare Übertragung neutestamentlicher Aussagen auf politische Probleme der Gegenwart fragwürdig. Aber die *theologische Grundlage* des Friedensverständnisses im Neuen Testament ist sehr wohl übertragbar auch auf gegenwärtige Fragestellungen«.[12] Aus den einzelnen, kontextgebundenen Schriften des Neuen Testaments lässt sich zwar kein übergreifendes, einheitliches Friedensverständnis ableiten, jedoch wird in den folgenden Ausführungen die Frage leitend sein, ob aus den neutestamentlichen Aussagen zu Frieden und dem den neutestamentlichen Texten inhärenten Aggressionspotenzial eine theologische Grundlage und eine ethische Grundkonzeption zu erheben sind, die Impulse für aktuelle Debatten über eine politische Friedensethik bieten. Dazu richtet der Beitrag den Fokus unter der Perspektive einer mimetischen Ethik auf die neutestamentlichen Aussagen zum »Friedensstiften«.

---

11 Vgl. Lindemann, Der Friede Gottes (s. Anm. 9), 59 und 62.

12 A. a. O., 60; vgl. Ders., »... und auf Erden Frieden.« (Lk 2,14). Zum Friedensverständnis im Neuen Testament, in: Bibel und Kirche 61 (2006), 142 f. (Kursivierung S. L.).

2. Gott, Christus und die Menschen als Friedensstifter

Der Begriff εἰρήνη wird im Neuen Testament sowohl in politischer als auch in theologischer Bedeutung verwendet, wie in bereits vorliegenden Untersuchungen umfassend dargelegt wurde.[13] Im Folgenden soll der Fokus – so gebietet es der Kontext der Fragestellung in diesem Band – anhand beispielhaft ausgewählter neutestamentlicher Texte auf dem Aspekt des Friedens*handelns* liegen.

2.1 Gott als Friedensstifter

Im Neuen Testament wird die alttestamentliche Vorstellung der Verwirklichung des Friedens durch Gott rezipiert. Aussagen zu Gott als Friedensstifter finden sich z. B. in Kol 1,15–20:

---

13 Vgl. z. B. Tanja Forderer, Frieden in den neutestamentlichen Schriften, in: Elisabeth Gräb-Schmidt/Julian Zeyher-Quattlender (Hrsg.), Friedensethik und Theologie. Systematische Erschließung eines Fachgebiets aus der Perspektive von Philosophie und christlicher Theologie, Baden-Baden 2018, 117–136; Michael Dormandy, How to Understand What Passes All Understanding: Using the Documentary Papyri to Understand εἰρήνη in Paul, in: NTS 67 (2021), 220–240; zudem Egon Brandenburger, Frieden im Neuen Testament. Grundlinien urchristlichen Friedensverständnisses, Gütersloh 1973; Peter Stuhlmacher, Der Begriff des Friedens im Neuen Testament und seine Konsequenzen, in: Wolfgang Huber (Hrsg.), Historische Beiträge zur Friedensforschung, Stuttgart/München 1970, 21–69; Willard M. Swartley, Covenant of Peace. The Missing Peace in New Testament Theology and Ethics, Grand Rapids 2006. Vgl. zudem die Unterscheidung von individuellem, kosmologischem, sozialem, ökonomischem, ökologischem und ekklesialem Frieden bei Frankemölle, Friede und Schwert (s. Anm. 6), 51–54.

> [15] Er ist ein Bild des unsichtbaren Gottes, Erstgeborener aller Schöpfung, [16] denn in ihm wurde alles geschaffen in den Himmeln und auf der Erde, das Sichtbare und das Unsichtbare, seien es Throne, seien es Herrschaften, seien es Mächte, seien es Gewalten; alles ist durch ihn und auf ihn hin geschaffen; [17]und er ist vor allem, und alles besteht in ihm, [18]und er ist das Haupt des Leibes, der Kirche; der ist Ursprung, Erstgeborener aus den Toten, damit er in allem der Erste sei; [19]denn es gefiel Gott, alle Fülle in ihm wohnen zu lassen [20]und durch ihn alles zu versöhnen auf ihn hin, indem er Frieden machte (εἰρηνοποιήσας) durch das Blut seines Kreuzes [durch ihn], sei es auf der Erde, sei es in den Himmeln.

Der Hymnus spricht von Christus als dem Erstgeborenen vor aller Schöpfung, in ihm wurde alles geschaffen (ἐν αὐτῷ ἐκτίσθη τὰ πάντα) und durch ihn und auf ihn hin ist alles geschaffen (τὰ πάντα δι' αὐτοῦ καὶ εἰς αὐτὸν ἔκτισται). Während zunächst vom präexistenten Christus und von der Schöpfung gesprochen wird, geht der Text daraufhin auf den auferstandenen Christus und die Versöhnung durch ihn und auf ihn hin ein (δι' αὐτοῦ ἀποκαταλλάξαι τὰ πάντα εἰς αὐτόν). Wenngleich Christus im Zentrum des Hymnus steht, so wird doch deutlich, dass Gott das handelnde Subjekt ist, denn »es gefiel Gott, alle Fülle in ihm wohnen zu lassen und durch ihn alles zu versöhnen auf ihn hin« – oder gar »das Universum zu versöhnen« (ἀποκαταλλάξαι τὰ πάντα).[14] Dieser Friede, der durch Gott geschaffen, aber durch Christus gewirkt wird, gilt nicht nur den Menschen, sondern allem, »sei es auf der Erde oder in den Himmeln«, der gesamten Schöpfung. »In diesem allumfassenden Sinn können wir wie schon im Alten Testament auch hier verstehen, dass Gott es ist, der Frieden schafft. Das

[14] HANS-ULRICH RÜEGGER, Die sich für den Frieden einsetzen. Lexikalische Studie zur siebten Seligpreisung, in: ZThK 121 (2024), 1–18, 14.

Neue liegt darin, dass er *durch Christus* Frieden geschaffen hat.«[15]

Paulus greift diesen Aspekt in Röm 5 anhand der Terminologie der Versöhnung auf:

> 1 Da wir nun gerecht gesprochen sind durch den Glauben, haben wir Frieden mit Gott durch unseren Herrn Jesus Christus (εἰρήνην ἔχομεν πρὸς τὸν θεὸν διὰ τοῦ κυρίου ἡμῶν Ἰησοῦ Χριστοῦ). 2 Durch den wir auch den Zugang erlangt haben [im Glauben] zu dieser Gnade, in der wir stehen, und rühmen uns der Hoffnung auf die Herrlichkeit Gottes. [...] 6 Denn Christus starb, als wir noch schwach waren, für die zu dieser Zeit noch Gottlosen. 7 Nun wird kaum jemand für einen Gerechten sterben; denn allenfalls für den Guten wagt einer vielleicht zu sterben. 8 Gott aber erweist seine Liebe zu uns darin, dass Christus für uns starb, als wir noch Sünder waren. 9 Um wieviel mehr werden wir daher, da wir jetzt in seinem Blut gerecht gesprochen worden sind, durch ihn errettet werden vor dem Zorn. 10 Denn wenn wir mit Gott versöhnt wurden durch den Tod seines Sohnes, als wir noch Feinde waren (εἰ γὰρ ἐχθροὶ ὄντες κατηλλάγημεν τῷ θεῷ διὰ τοῦ θανάτου τοῦ υἱοῦ αὐτοῦ), um wieviel mehr werden wir errettet werden in seinem Leben, nachdem wir versöhnt sind. 11 Nicht allein aber dies, sondern wir rühmen uns auch Gottes durch unsern Herrn Jesus Christus, durch den wir jetzt die Versöhnung empfangen haben (τὴν καταλλαγὴν ἐλάβομεν).

15 A. a. O., 13 f.; Zitat a. a. O., 14. Vgl. dazu auch KLAUS WENGST, Frieden stiften. Impulse des Neuen Testaments, in: ZNT 11 (2003), 14–20, 14 f., der das in Kol 1 erwähnte Friedenstiften in Christus in 2Kor 5,17–19 implizit angelegt sieht, zur Beschreibung des »in-Christus-Seins« in Gal 3,28 und Kol 3,11 in Beziehung setzt und folgert: »Auf der Ebene der Gemeinden, auf der Ebene der Kirche hieße das also Frieden zwischen den Geschlechtern, Frieden zwischen den sozialen Klassen, Frieden zwischen den Völkern – und zwar Frieden als gleichberechtigte Teilhabe« – oder gar »Frieden zwischen den Kulturen« (a. a. O., 15).

Röm 5,1–11 nimmt die Friedensthematik in Bezug auf die Gottesbeziehung aus theologisch-soteriologischer Perspektive auf. V. 1 beschreibt die Gegenwart der Glaubenden: Als Gerechtfertigte leben sie bereits in einer neuen Wirklichkeit, in der Gott durch Jesus Christus eine qualitativ neue Beziehungsebene eröffnet hat, die zugleich mit der endzeitlichen Hoffnung auf Rettung verbunden ist. Diese These erläutert Paulus durch den Verweis auf den Tod Jesu, der als aktives, rechtfertigendes Versöhnungshandeln Gottes an den Menschen verstanden wird und den Eintritt in eine befriedete Gottesbeziehung ermöglicht.[16] Die Versöhnung (καταλλαγή) der ehemals in Feindschaft mit Gott lebenden Glaubenden wird von Paulus – im Sinne der antiken Diplomatie – als »Befriedung eines Konflikts zwischen zwei verfeindeten Personen oder zwischenstaatlichen Parteien durch diplomatische Verhandlungen« beschrieben und die »relationale Wirkung des stellvertretenden Sterbens Jesu im Sinne eines Friedens zwischen Gott und Menschen« hervorgehoben.[17] Dennoch ist nicht die politische Dimension im Blick, sondern »eine weitgehende Identifikation von Friede und Heil als befreiende Gemeinschaft mit Gott durch Jesus Christus«,[18] d. h. eine christologische Definition von Friede, die sich v. a. in den paulinischen Schriften, dem Johannesevangelium und im lukanischen Geschichtswerk aufweisen lässt. Zugleich dient diese Definition von Frieden aber als theologische

---

16 Vgl. FORDERER, Frieden in den neutestamentlichen Schriften (s. Anm. 13), 125–127, mit Verweis auf die paulinische Rezeption von Motiven aus der antiken Friedensdiplomatie und Freundschaftsethik.

17 A. a. O., 129 f.

18 STUHLMACHER, Der Begriff des Friedens (s. Anm. 13), 61.

Grundlage für ein Friedenshandeln nach dem Neuen Testament.[19]

Die neutestamentlichen Schriften zeichnen Gott als Friedensstifter, sie bezeichnen ihn zudem geradezu formelhaft als »Gott des Friedens« (ὁ θεὸς τῆς εἰρήνης, vgl. z. B. Röm 15,36; 16,20; 1Kor 14,33; 2Kor 13,11; Phil 4,9; 1Thess 5,23; Hebr 13,20),[20] d. h. als Gott, der durch seine Gegenwart (Phil 4,9; 2 Kor 13,11; Röm 15,33) und durch die durch ihn bewirkte Heiligung der Glaubenden (1Thess 5,23; Hebr 13,20) Frieden schafft und bewahrt.[21] Doch birgt die Vorstellung von Gott als Friedensstifter zudem Implikationen für die paulinische Ethik: In 2Kor 13,11 formuliert Paulus »haltet Frieden, und der Gott der Liebe und des Friedens wird mit euch sein«, wodurch ein relationales Verhältnis angedeutet wird, in dem die Gegenwart des Gottes des Friedens denjenigen angekündigt wird, die friedvoll handeln, zugleich aber auch der Zuspruch des Beistandes Gottes in den Bemühungen um friedvolles Handeln ausgedrückt wird.[22]

---

[19] So mahnte Otto Schnübbe, Der Friede (shalom) im Alten und Neuen Testament – eine notwendige Korrektur, Vorlagen N. F. 17, Hannover 1992, 28–41, 62, zu Recht: »Denken vom Zentrum des christlichen Erlösungsglaubens her, das ist die ›notwendige Korrektur‹, die in die Friedensdebatte einzubringen ist. Im Glauben an unsere Erlösung gründet das Miteinander von Nächstenliebe, Freiheit und Vernunft.«

[20] Vgl. Wengst, Frieden stiften (s. Anm. 15), 17. Vgl. auch Renato Carlos Raasch, Der Gott des Friedens. Das paulinische Gotteszeugnis zur Zeit der *Pax Augusta*, Diss. masch., Göttingen 2014.

[21] Vgl. Egon Brandenburger, Perspektiven des Friedens im NT, in: Bibel und Kirche 37 (1982), 50–60, 51.

[22] Vgl. dazu Thomas Schmeller, Der zweite Brief an die Korinther, EKK VIII/2, Neukirchen-Vluyn 2015, 403 f.

2.2 *Christus als Friedensstifter*

Der »Gott des Friedens« inthronisiert Christus als den »König des Friedens« (Hebr 7,3: βασιλεὺς Σαλήμ, ὅ ἐστιν βασιλεὺς εἰρήνης in Bezug auf Hebr 5,8–10), 2Thess 3,16 bezeichnet ihn als »Herrn des Friedens« (ὁ κύριος τῆς εἰρήνης).[23] Wenngleich der Begriff »Friede« im Rahmen der Verkündigung Jesu nicht prominent figuriert, so wird doch in den Evangelien die alttestamentliche Vorstellung des Messias- und Friedenskönigs in der Hoffnung auf das Reich Gottes fortgeschrieben. Der Friedensbotschaft kommt unter dieser Perspektive eine zentrale Rolle zu:[24] Zu der in den Evangelien überlieferten Ethik Jesu zählen das Gebot der Feindesliebe (Mt 5,44 f./Lk 6,27 f.35) und die Aufforderung zum Gewaltverzicht (Mt 5,39–41/Lk 6,29 f.), die ein die Spirale von Gewalt und Gegengewalt unterbrechendes Verhalten fordern und zugleich ein Element von Protest und Aufbegehren enthalten.[25] Das radikale Ideal der Gewaltlosigkeit und der Feindesliebe spiegelt sich dann in Jesu eigenem Verhalten in der Passion (vgl. 1Petr 2,21–24), und sein Vorbild wird in der Rezeption im frühen Christentum auf die Gemeindesituationen hin adaptiert.[26]

---

23 Vgl. Brandenburger, Perspektiven des Friedens (s. Anm. 21), 51; vgl. aber auch den (welt)politischen Anspruch von Lk 2,14, der den Friedensanspruch der römischen Kaiser infrage stellt, vgl. Frankemölle, Friede und Schwert (s. Anm. 6), 94.

24 Vgl. Gerd Theißen, Kriegserfahrung und Friedensbotschaft im Urchristentum, in: Sylvie Thonak/Gerd Theißen (Hrsg.), Militärseelsorge. Das ungeliebte Kind protestantischer Friedensethik?, Heidelberger Studien zur Praktischen Theologie 25, Berlin 2020, 43–72, 51.

25 Vgl. Luz, Feindesliebe und Gewaltverzicht (s. Anm. 8), 141; vgl. Walter Dietrich/Moisés Mayordomo, Gewalt und Gewaltüberwindung in der Bibel, Zürich 2005, 204.

Im Epheserbrief (Eph 2,13–18) wird Christus als Friedensstifter in zwischenmenschlichen Kontexten vorgestellt, indem seine Vermittlung zwischen »Beschnittenen« und »Unbeschnittenen« als Friedensstiftung gedeutet wird:

> [13] Jetzt aber, in Christus Jesus, seid ihr, die ihr einst weit weg wart, ganz nahe durch das Blut Christi. [14] Denn er ist unser Friede (αὐτὸς γάρ ἐστιν ἡ εἰρήνη ἡμῶν), er hat aus den beiden eins gemacht und die Wand der Feindschaft, die uns trennte, niedergerissen durch sein Leben und Sterben. [15] Das Gesetz mit seinen Geboten und Bestimmungen hat er aufgehoben, um die beiden in seiner Person zu einem einzigen, neuen Menschen zu erschaffen, [16] Frieden zu stiften (ποιῶν εἰρήνην) und die beiden durch das Kreuz in einem Leib mit Gott zu versöhnen; zerstört hat er die Feindschaft durch seine eigene Person. [17] Und er kam und verkündigte Frieden euch, den Fernen – und Frieden den Nahen. [18] Denn durch ihn haben wir beide in einem Geist Zugang zum Vater.[27]

Auch in dieser Passage des Epheserbriefs werden Friede und Versöhnung nebeneinandergestellt; sie beziehen sich einerseits auf das Verhältnis der Menschen untereinander, d. h. der Menschen mit jüdischem und der mit nicht-jüdischem Hintergrund, andererseits auf das Verhältnis der Menschen zu Gott. Durch Christus ist diese Friedensstiftung zwischen den Menschen möglich: »Die Bedeutung des Kreuzestodes wird nicht allein in der Versöhnung mit Gott, sondern in der Friedensstiftung zwischen Menschen in Bezug auf Gott gedeutet«.[28]

---

[26] Vgl. dazu ausführlich LUZ, Feindesliebe und Gewaltverzicht (s. Anm. 8), 141–144.

[27] Übersetzung der Vv. 14–16 nach RÜEGGER, Die sich für den Frieden einsetzen (s. Anm. 14), 14.

[28] A. a. O., 14.

Besondere Bedeutung kommt dem Frieden als Zuspruch und Gabe im Johannesevangelium zu – in den Abschiedsreden spricht Jesus seinen Jüngern den Frieden zu, bevor er zum Vater geht: »Frieden lasse ich euch, meinen Frieden gebe ich euch; nicht wie die Welt gibt, gebe ich euch. Euer Herz erschrecke nicht und verzage nicht!« (Joh 14,27). Der Verfasser des Johannesevangeliums thematisiert hier – vielleicht im Gegenüber zur *Pax Romana*[29] – den Frieden, den Gott gibt und dem sich der Kosmos entzieht, indem er die Offenbarung nicht anerkennt. In der Welt herrscht nicht Friede, sondern Angst, aber durch die Überwindung des *kosmos* durch Christus wird den Glaubenden in der Welt die Befreiung von Angst und die Teilhabe am Frieden zugesagt (Joh 16,33). Deshalb kann der Auferstandene seinen Jüngern auch mit dem Friedensgruß begegnen (»Friede sei mit euch«, Joh 20,19) und sie mit der Weitergabe dieses Friedens beauftragen (Joh 20,21). Auch das Friedensverständnis des Johannesevangeliums ist somit definiert durch eine theologische, vom Glauben ausgehende Erkenntnis – dass es nämlich Jesus alleine ist, der Frieden geben kann. In der johanneischen Differenzierung zwischen dem Frieden des Kosmos und dem Frieden, den Christus gibt, schwingt ein politischer Unterton mit.[30]

---

[29] Vgl. WENGST, Frieden stiften (s. Anm. 15), 18. Die *Pax Romana* wird im Neuen Testament v. a. als »mit militärischer Gewalt etabliert[er] und zum Vorteil des Imperium Romanum erhalten[er]« Befriedungszustand dem auf gewaltfreier Zuwendung Gottes basierenden dauerhaften Frieden gegenübergestellt, vgl. FORDERER, Frieden in den neutestamentlichen Schriften (s. Anm. 13), 117–120, 119; vgl. zudem THEIẞEN, Kriegserfahrung und Friedensbotschaft (s. Anm. 24).

[30] Vgl. LINDEMANN, Der Friede Gottes (s. Anm. 9), 58: »Gewiß ist Jesus im Johannesevangelium ebensowenig wie in der Überlieferung der synopti-

2.3 Menschen als Friedensstifter

Zudem wird im Neuen Testament der Aspekt der Menschen als Friedensstifter entfaltet. Man kann drei Weisungen in Bezug auf das menschliche Verhalten unterscheiden:

> »›Frieden halten‹ (εἰρηνεύειν Mk 9,50; 2Kor 13,11; 1Thess 5,13): der bestehende Friedenszustand der Eintracht, des Zusammenlebens ohne Streit und Feindschaft soll bewahrt bleiben. ›Nach Frieden trachten‹ (εἰρήνην διώκειν): etwas, das nicht oder kaum vorhanden ist, soll eingeholt, also Wirklichkeit werden (so Röm 14,19; vgl. Hebr 12,14; 2Tim 2,22). ›Frieden machen‹ bzw. ›stiften‹ (εἰρήνην ποιεῖν Jak 3,18; vgl. Mt 5,9): ein Zustand von Streit oder Feindschaft wird beigelegt.«[31]

Die paulinischen Briefe und die Evangelien bieten diverse Aussagen zum zwischenmenschlichen friedfertigen Verhalten in Konfliktsituationen – so fordert Paulus in Röm 12,9–21 den Verzicht auf Rache und Vergeltung sowie ein Streben nach Eintracht (vgl. hierzu auch 1Thess 5,12–24; 2Kor 13,11–13).[32] In Röm 12,18 mahnt er dazu, Frieden mit allen Menschen zu halten – und ergänzt: »soweit es von euch abhängt«; dies impliziert die Annahme, dass kein Frieden geschaffen werden kann, solange sich nur eine Partei dafür einsetzt.[33]

---

schen Evangelien als ein ›politischer Messias‹ verstanden. Dennoch enthält das scheinbar so unpolitische, rein auf Christus bezogene Friedensverständnis im Vierten Evangelium einen deutlich politischen, weil ideologiekritischen Bezug: Jesus allein *gibt* Frieden – mag der *kosmos* möglicherweise auch noch so viel vom Frieden *reden*.«

31 BRANDENBURGER, Perspektiven des Friedens (s. Anm. 21), 57.

32 Vgl. FORDERER, Frieden in den neutestamentlichen Schriften (s. Anm. 13), 136.

33 Vgl. WENGST, Frieden stiften (s. Anm. 15), 16.

Die Seligpreisung in Mt 5,9 überträgt die Aufgabe des Friedensstiftens nach dem Vorbild Gottes und Christi auf die Menschen:[34] »Selig sind die, die Frieden machen, denn sie werden Kinder Gottes genannt werden.« Der Begriff εἰρηνοποιός kommt im Neuen Testament nur hier vor; üblicher und in Septuaginta, frühjüdischer und neutestamentlicher Literatur belegt ist εἰρηνικός (›den Frieden betreffend‹, ›friedlich‹, ›friedfertig‹), das hier aber nicht verwendet wird. Die häufig dargebotene Übersetzung »selig sind die Friedfertigen« berücksichtigt somit nicht die hier gebrauchte spezifische Formulierung.[35] Die Wortbildung εἰρηνο-ποιός lässt ein Bedeutungsfeld erwarten, »das mit der Herstellung von Frieden verbunden ist, sei es zwischen anderen ›Frieden zu stiften‹ (ποιεῖν εἰρήνην) oder selbst mit anderen ›Frieden zu machen‹ (ποιεῖσθαι εἰρήνην).«[36] »Eirēnopoioí sind entweder solche, die einen Konflikt vermeiden, oder solche, die einen Konflikt zwischen anderen schlichten, oder solche, die einen Konflikt selbst lösen«[37] – sie sind Friedensstifter oder Friedensvermittler. Mit dem Begriff εἰρηνοποιοί wird ein antikes Königsprädikat auf alle Menschen übertragen, es wird »allen Menschen die Aufgabe des Friedensstiftens zu[gemutet]«.[38]

In diesem Zusammenhang ist zudem Jak 3,13–18 von Bedeutung:

---

[34] Vgl. Rüegger, Die sich für den Frieden einsetzen (s. Anm. 14), 17 f.

[35] So Hans-Ulrich Rüegger, Selig sind die Friedfertigen? Deutungen der siebten Seligpreisung in der Antike und der frühen Neuzeit, in: ZThK 119 (2022), 128–143, 131 f.

[36] A. a. O., 131.

[37] Ders., Die sich für den Frieden einsetzen (s. Anm. 14), 1.

[38] Theißen, Christliche Friedensethik (s. Anm. 10), 29 und 34.

> [13] Wer unter euch ist weise und verständig? Er soll aus dem guten Wandel seine Werke in Sanftmut der Weisheit aufzeigen.[14] Wenn ihr aber bittere Eifersucht und Streit in eurem Herzen habt, rühmt Euch nicht und lügt nicht gegen die Wahrheit. [15] Diese ist nicht die Weisheit, die von oben kommt, sondern eine irdische, menschliche, dämonische.[16] Denn wo Eifersucht und Streit sind, dort sind Unordnung und jegliche schlechte Tat.[17] Die Weisheit von oben aber ist zuerst rein, dann friedfertig (εἰρηνική), gütig, gehorsam, voller Erbarmen und guter Früchte, unparteiisch, nicht heuchlerisch. [18] Die Frucht der Gerechtigkeit aber wird in Frieden gesät zuhanden derer, die Frieden stiften (τοῖς ποιοῦσιν εἰρήνην).

Diese Passage kritisiert eine Weisheit, die keine Weisheit ist, sondern die als irdisch, menschlich und teuflisch charakterisiert wird, die unter den Adressaten Neid und Streit verursacht, welche wiederum zu Unordnung und weiterem Übel (πᾶν φαῦλον πρᾶγμα) führen. Dieser Weisheit steht die Weisheit von oben gegenüber, die zweifach mit Frieden verbunden wird – sie ist friedfertig (εἰρηνική), und denen, die Frieden stiften (τοῖς ποιοῦσιν εἰρήνην), wird die Frucht der Gerechtigkeit gesät in Frieden.[39] Der Text des Jakobusbriefs rekurriert hier auf die Zukunftsvision, die in Jes 32,17 formuliert wird: »Und der Gerechtigkeit Frucht wird Friede sein, und der Ertrag der Gerechtigkeit wird Ruhe und Sicherheit sein auf ewig.« Da V. 18 grammatikalisch unterschiedliche Übersetzungen erlaubt, werden in der Exegese mehrere Interpretationen diskutiert: Im Gegenüber zur Lutherübersetzung, die von der Frucht der Gerechtigkeit spricht, die gesät wird »in Frieden *für die*, die Frieden stiften«, übersetzt Metzner »die Frucht rechten Tuns in Frieden wird gesät *von denen*, die Frieden tun« und be-

---

[39] Vgl. RÜEGGER, Die sich für den Frieden einsetzen (s. Anm. 14), 17.

tont damit den Zusammenhang menschlichen Handelns in Gerechtigkeit und Frieden und die Auswirkungen dieses Handelns in Frieden.[40] Rüegger hingegen argumentiert:

> »Wäre es möglich, in diesem Satz die Ausführung zu verstehen, wie die Weisheit, die von oben herabkommt, mit Frieden verbunden ist (εἰρηνική)? Es würde bedeuten, dass die Menschen, die Frieden machen, die Frucht der Gerechtigkeit nur vermehren können aufgrund des Umstandes, dass mit der Weisheit von oben der Frieden in die Welt kommt. Die Zuwendung in diesem Sinn wäre nicht endzeitlicher Ertrag, sondern gegenwärtige ›Zuhandenheit‹«.[41]

Der Vers wäre dann zu übersetzen als: »Es wird eine Frucht der Gerechtigkeit in Frieden gesät zuhanden derer, die Frieden machen«, d. h. Frieden zu schließen oder zu schaffen würde dazu führen, dass sich eine Frucht der Gerechtigkeit in der Welt vermehrt, die aber mit der Weisheit von oben in die Welt kommt, d. h. von Gott gegeben ist, nicht von den Menschen selbst hervorgebracht wird.[42]

Wenngleich der Begriff ›Friede‹ in der fünften und sechsten Antithese keine Verwendung findet, so stellen die Forderung nach Vergeltungsverzicht (Mt 5,38–42) und die Mahnung zur Feindesliebe (Mt 5,43–48) zentrale Texte für die Frage nach einer neutestamentlichen Friedensethik dar. In Mt 5,38–42 wird, ausgehend von der alttestamentlichen Talionsformel, gefordert, nicht Unrecht mit Unrecht zu vergelten, aber Un-

---

40 Vgl. Rainer Metzner, Der Brief des Jakobus, Theologischer Handkommentar zum Neuen Testament, Leipzig 2017, z. St.; vgl. zudem EKD, Aus Gottes Frieden leben (s. Anm. 1), 52.

41 Rüegger, Die sich für den Frieden einsetzen (s. Anm. 14), 17.

42 Vgl. ebd.

recht auch nicht passiv zu erleiden, sondern vielmehr aktiv handelnd dem Unrecht entgegenzutreten und dem selbst erlebten und erlittenen Unrecht mit einer friedlichen Gegenreaktion zu begegnen und so die Gewaltspirale zu brechen:

> 39 Ich aber sage euch: Widersteht nicht dem Bösen; sondern: Welcher
> dich auf [deine] rechte Backe schlägt, dem wende auch die andere zu.
> 40 Und dem, der mit dir rechten will und dir dein Gewand nehmen,
> dem lass auch das Obergewand. 41 Und welcher dich eine Meile nötigt,
> geh mit ihm zwei. 42 Gib dem, der dich bittet, und den, der von dir leihen will, weise nicht ab.

Die drei angeführten Beispiele, die eine Gewalthandlung mit öffentlicher Ehrverletzung, eine Pfändung und eine Nötigung in den Fokus rücken, zeigen auf, wie es den Betroffenen möglich ist, aus ihrer Rolle auszubrechen und in die Rolle der aktiv Handelnden zu wechseln, um das erlittene Unrecht durch unerwartetes und deutlich provokatives Handeln kenntlich zu machen, ohne dadurch in die Täterrolle zu geraten.[43] »In einer Welt, in der Gewalt ›natürlich‹ ist, ändert sich die Dynamik erst durch das Unnatürliche, Unerwartete und Überraschende einer gewaltfreien Antwort.«[44] Zugleich bietet dieses fast zeichenhafte Handeln dem Gegenüber die Möglichkeit, sein bzw.

---

43 Vgl. MARKUS VOGT, Versöhnung als Prinzip christlicher Friedensethik, in: Amosinternational 14 (2020) 3, 3–9, 6: »Eine solche Geste der Verachtung weist man durch Selbstbeherrschung zurück und gerade nicht, indem man sich auf die Ebene gewaltsamer Auseinandersetzung einlässt. Die überlegene, friedenstiftende Reaktion ist hier nicht Gegenwehr, sondern Souveränität, die die Demütigung ins Leere laufen lässt und mit offenem Blick eine Begegnung auf Augenhöhe einfordert.«

44 DIETRICH/MAYORDOMO, Gewalt und Gewaltüberwindung (s. Anm. 25), 204.

ihr Handeln zu reflektieren.[45] Vv. 43–48 gehen vom alttestamentlichen Gebot der Nächstenliebe aus und fordern eine Ausweitung auf die Feinde, die mit dem Vorbild des Handelns Gottes begründet wird: Wie Gott in gleicher Weise gegenüber Guten und Bösen handelt, so sollen dies auch die Glaubenden tun.[46] Diese *imitatio Dei* wird als Kennzeichen der Kinder Gottes beschrieben.

Doch ist die Forderung nach Gewaltverzicht in Mt 5,39–42 auch anders zu lesen: Werden zunächst die aggressiv Handelnden als überlegen dargestellt, so führt V. 42 einen weiteren Deutungsaspekt ein, der die vorangegangenen Verse rückblickend in einem neuen Licht erscheinen lässt. Die (freiwillig) Gebenden bzw. Hinnehmenden sind überlegen, denn »[d]ie demonstrative Gewaltlosigkeit soll den anderen moralisch verpflichten, ihn zum ›Schuldner‹ machen, der dem Handelnden etwas zu geben verpflichtet ist. Weil der andere freiwillig mehr erhält, als er verlangt hat, wird der Angreifer und Bedränger zum ›Schuldner‹ dessen, an dem er seine Macht ausüben wollte«.[47] Dies legt den Schluss nahe: »In Gewaltverzicht

---

45 Vgl. Forderer, Frieden in den neutestamentlichen Schriften (s. Anm. 13), 132 f.

46 Vgl. a. a. O., 134. Dietrich/Mayordomo, Gewalt und Gewaltüberwindung (s. Anm. 25), 208, betonen: »Die Pointe der Anweisung Jesu liegt nicht darin, dass man Feinde wie Freunde behandelt, sondern dass man den Feinden *als Feinden* mit Liebe begegnet.«

47 Theißen, Christliche Friedensethik (s. Anm. 10), 35. Ähnlich auch Dorothy J. Weaver, Transforming Nonresistance. From *Lex Talionis* to »Do Not Resist The Evil One«, in: Willard M. Swartley (Hrsg.), The Love of Enemy and Nonretaliation in the New Testament, Louisville 1992, 32–71, bes. 55 f., die betont, dass hier »the power to act in the face of evil« zugesprochen wird (a. a. O., 56); »through the word of Jesus the community of disciples finds itself empowered and impelled to respond to the evildoer with initiatives

und Feindesliebe steckte von Anfang an ein politisches Potenzial«, welches sich darin erweist, dass dieses Verhalten »sich weder dem Stärkeren beugt, noch zur Gewalt greift«.[48] Diese Interpretation stellt neben die Forderungen der Bergpredigt, Frieden zu stiften und zu erhalten, die Rechtfertigung des intentionalen Gebrauchs von Macht und des impliziten Anspruchs, Gewalt über andere auszuüben. Die Forderung nach Gewaltverzicht fokussiert nicht auf Passivität und Wehrlosigkeit, sondern fordert eine »aktive Entfeindungsliebe«[49], »active nonviolent resistence«,[50] die natürlich auch eine Komponente der Macht bzw. der bewussten Machtverschiebung oder gar der bewussten Herbeiführung von Machtüberlegenheit beinhaltet, wenngleich mit dem Ziel, die Gewaltspirale zu durchbrechen.

Dies wirft die Frage auf, ob die Ausübung von Macht in der Absicht, Frieden zu erhalten oder zu schaffen, nicht ein inhärenter Zug der neutestamentlichen Texte, wenn nicht sogar der neutestamentlichen Friedensethik insgesamt ist. Wenngleich im Neuen Testament »zwar keine direkte Rechtfertigung aggressiver Handlungen zu finden [ist], sofern man ›Aggression‹ im üblichen Sinn des Wortes als eine absichtliche und wirkliche Schädigung des Betroffenen versteht«, so gilt

of its own which are as daring and unexpected as they are positive and life-affirming« (a. a. O., 57).

48 THEIẞEN, Christliche Friedensethik (s. Anm. 10), 38.37.

49 PINCHAS LAPIDE, Wie liebt man seine Feinde?, Mainz [5]1987.

50 Aber eben nicht um »voluntarily undergoing humiliation and the mortification of the ego«, so WALTER WINK, Neither Passivity nor Violence. Jesus' Third Way (Matt. 5:38–42), in: WILLARD M. SWARTLEY (Hrsg.), The Love of Enemy and Nonretaliation in the New Testament, Louisville 1992, 102–125, 102 f.

doch: »Weitet man aber die Definition von Aggression aus und schließt verbale und relationale Aggressionen, d. h. direkte Polemik, aggressive Phantasien [etc.] ein, so wird auch der neutestamentliche Befund ambivalent«.[51]

3. Das Ideal des Friedensstiftens in Gefahr?

Diese Infragestellung des unbedingten Friedenswillens und der passiven Erduldung allen Unrechts spiegelt sich auch in anderen neutestamentlichen Texten wider. So wird beispielsweise im Kontext von Ermahnung und Lehre, aber auch in der Auseinandersetzung mit gegnerischen Parteien vielfach polemische Sprache in Form von Invektiven, Tadel, Verleumdung, Schmähung, Ironie, Schelte oder Kritik mit dem Ziel der Unterstellung, Diffamierung oder moralischen Diskreditierung verwendet, um die eigenen Argumente zu bekräftigen (vgl. z. B. Gal 3,1; Mt 23,15.17).[52] Der Gebrauch von Polemik liegt in den neutestamentlichen Schriften z. B. in der dringlichen ethischen Ermahnung begründet, in der situationsbedingten Notwendigkeit

---

51 Luz, Feindesliebe und Gewaltverzicht (s. Anm. 8), 137 und 144–148. Vgl. dazu auch Michael Desjardins, Peace, Violence, and the New Testament, The Biblical Seminar 46, Sheffield 1997.

52 Vgl. zu Formen, Funktionen und traditionsgeschichtlichen Kontexten der neutestamentlichen Polemik Wischmeyer/Scornaienchi, Polemik in der frühchristlichen Literatur (s. Anm. 7), 2011; vgl. dort insbesondere Severin Koster, Invektive und Polemik in der Antike. Suche nach einer Verhältnisbestimmung, 39–53, der folgendermaßen unterscheidet: »Kritik zielt a potiori auf eine emotionsfrei wertende, sachlich-rationale Beurteilung einer Person oder Sache, Polemik auf aggressiveren Ausdruck von Meinungsverschiedenheiten über eine Sache oder Person und Invektive auf die vernichtende Herabsetzung einer Person« (a. a. O., 39).

der Abgrenzung gegenüber Irrlehre oder in der Bekämpfung gegnerischer Positionen.[53] Die Rechtfertigung sprachlicher Gewalt bemisst sich dabei maßgeblich an der Intention der Sprechenden und der Wahrnehmung ihrer Verantwortlichkeit für die Nächsten und liegt – z. B. nach Mt 18,15–18 oder Jak 5,19 f. – in der geschwisterlichen Liebe begründet, die den anderen und die andere vor dem Gericht zu bewahren sucht und dadurch eine eschatologische (Friedens)Vision in den Blick bringt. Scharfe Polemik und herausfordernde Rhetorik werden in bestimmten Situationen im Sinne einer verantwortungsvollen Nächstenliebe angesichts des bevorstehenden Gerichts als zulässig oder gar notwendig erachtet.

Auch die Verwendung kriegerischer Motivik in den neutestamentlichen Texten ist hier anzuführen, z. B. in der Aussage, dass Christen die Waffen Gottes ergreifen sollen, um für das Evangelium des Friedens einzutreten (Eph 6,15), um »mit friedlichen Waffen, mit Wahrheit, Gerechtigkeit, Glauben und mit dem Wort Gottes (Eph 6,14–17)«[54] zu kämpfen, wie es der Epheserbrief fordert.[55] Die Metaphorik der Apokalyptik hingegen, die Kriege »als krisenhaftes Durchgangsstadium auf dem Weg zur Heilszeit«[56] versteht, ist geprägt durch die eschatologische Erwartung eines endzeitlichen Sieges Gottes über

---

53 Vgl. J. PUNT, ›Unethical‹ Language in the Pauline Letters? Stereotyping, Vilification and Identity Matters, in: RUBEN ZIMMERMANN et al. (Hrsg.), Moral Language in the New Testament. The Interrelatedness of Language and Ethics in Early Christian Writings, WUNT II/296, Tübingen 2010, 212–231.

54 THEIßEN, Christliche Friedensethik (s. Anm. 10), 10.

55 Vgl. dazu DIETRICH/MAYORDOMO, Gewalt und Gewaltüberwindung (s. Anm. 25), 126, die das Fehlen der Angriffswaffen in der Anweisung als einen Fokus auf Verteidigung, nicht auf Vernichtung deuten und die Rüstung im »Dienst des Friedens und des Heils« verorten.

56 THEIßEN, Kriegserfahrung und Friedensbotschaft (s. Anm. 24), 56 f.

die Mächte des Bösen. Gewalt und Krieg werden nicht direkt gegen das römische Reich ausgetragen, sondern zukünftig durch Gottes Handeln erwartet; der Text der Offenbarung schildert dieses kriegerische Eingreifen Gottes in ausdrucksstarken Bildern, die in der Forschung als Strategie zur Verarbeitung einer akuten Krisenerfahrung gedeutet werden.[57] Zugleich wird der eschatologische Sieg Gottes anhand der – aus der frühjüdischen Tradition rezipierten und die gewaltbetonende Motivik brechenden – Visionen der endzeitlichen Herrschaft des geschlachteten, messianischen Lammes (Offb 5,6; 17,12–14; 22,3; vgl. Joh 19,31 ff. in Verbindung mit Jes 53) imaginiert.[58]

Diese Beispiele lassen erkennen, dass die neutestamentlichen Texte in der Thematisierung von Krieg und Gewalt nicht nur menschlich-irdisches gewaltsames Handeln spiegeln, das der Sünde zuzuschreiben und anthropologisch zu rechtfertigen wäre.[59] Vielmehr wird Gewalt vielfach gezielt an-

---

57 Vgl. DIETRICH/MAYORDOMO, Gewalt und Gewaltüberwindung (s. Anm. 25), 174–182. Vgl. zudem KLAUS WENGST, Erfahrungen und Bilder von Krieg und Frieden in der Offenbarung des Johannes, in: GERHARD BINDER/BERND EFFE (Hrsg.), Krieg und Frieden im Altertum, Bochumer Altertumswissenschaftliches Colloquium 1, Trier 1989, 45–67, 60: »Seine [Johannes'] Bilder halten gegen alle behaupteten Einlösungen die Hoffnung wach, daß die Gewalt nicht durch noch größere Gewalt besiegt wird, sondern daß gerade den ohnmächtig leidenden Opfern die Zukunft gehört. Dafür steht der gekreuzigte Christus, das geschlachtete Lamm, ein – und mit ihm Gott.«

58 Vgl. REINHARD FELDMEIER, Das Lamm und die Raubtiere. Tiermetaphorik und Machtkonzeption im Neuen Testament, in: ROLAND GEBAUER/MARTIN MEISER (Hrsg.), Die bleibende Gegenwart des Evangeliums. FS Otto Merk, MThSt 76, Marburg 2003, 205–211.

59 Vgl. dazu EKD, Aus Gottes Frieden leben (s. Anm. 1), 29: »Zum Menschen gehört die Sehnsucht nach Frieden ebenso wie die Neigung zur Rivalität

gewandt und Machtüberlegenheit angestrebt, um weitergreifende (friedensfördernde) Absichten in der Wahrnehmung der je eigenen Verantwortlichkeit für die Nächsten zu realisieren. Insbesondere das zentrale neutestamentliche Ereignis, der Tod Jesu, ein in all seiner physischen und mentalen Grausamkeit in absoluter Machtlosigkeit hingenommener Verbrechertod, der selbst wiederum den Vertretern des Römischen Reiches zur Befriedung aufständischer Provinzialer diente,[60] und seine frühchristliche Interpretation als Wille Gottes und als das Zeichen des ultimativen Sieges Gottes über die Mächte der Welt zeigt die enge und unabdingbare Verbindung von Gewalt und Gewaltlosigkeit, von Machtlosigkeit und Macht.

4. Hermeneutische Erwägungen

Diese Einsicht in die Ambivalenz des neutestamentlichen Befundes führt zu der Frage, ob der Fokus der neutestamentlichen Friedensethik sich nicht von den häufig in themenbezogenen Argumentationen referenzierten einzelnen materialen und situationsbezogenen Weisungen – die wie bereits angezeigt, von einem anderen Begriff von Frieden ausgehen als wir ihn heute im Rahmen der Friedensethik voraussetzen und die keine weltpolitischen Kontexte im Blick haben, sondern den alltäglich-zwischenmenschlichen Bereich oder gar den Ge-

bis hin zur Gewaltbereitschaft. Menschen sind zum Guten wie zum Bösen fähig; sie sind nicht nur auf Kooperation angelegt, sondern tendieren auch dazu, die eigenen Interessen ohne Rücksicht auf andere durchzusetzen. Für den christlichen Glauben ist dieser destruktive Hang Ausdruck der Sünde, nämlich Folge eines verkehrten Verhältnisses zu Gott.«

60 Vgl. Frankemölle, Friede und Schwert (s. Anm. 6), 41.

meindekontext[61] – weg und auf *grundlegende Normen* und *theologische Argumentationsmuster* hin richten sollte, um aus diesen neue Impulse für aktuelle Diskurse zu erheben.[62]

Die oben behandelten Texte, die Gott und Christus als »Friedensstifter« thematisieren, haben gezeigt, dass die

> »Quelle menschlicher Friedensfähigkeit und Grundlage jedes wahrhaften Friedens [...] nach christlicher Überzeugung die versöhnende Zuwendung Gottes [ist], die die gestörte Beziehung der Menschen zu ihm zurechtbringt und menschliche Schuld nicht zurechnet (2Kor 5,19; Röm 5,10 f.). Die von Gott gewährte Versöhnung mit ihm ermöglicht ein entsprechendes neues Verhältnis der Menschen untereinander, das sich zeichenhaft in der christlichen Gemeinde realisiert und ihr als umfassender Dienst der Versöhnung (2 Kor 5,18) aufgetragen ist«.[63]

---

61 Vgl. FORDERER, Frieden in den neutestamentlichen Schriften (s. Anm. 13), 122: »Wie sich Friede in den Gemeinden realisiert, wird über die weiteren Ermahnungen ersichtlich, die den Kontext der Friedensaussagen bilden. Paulus verbindet je nach Gemeindesituation die Forderung friedvoll zu sein mit Ermahnungen zur Eintracht (1 Thess 5,12–24; 2 Kor 13,11–13) und mit der Bereitschaft, auf Rache oder Vergeltung zu verzichten (Röm 12,9–21). Röm 12,18 stellt hierbei einen Spitzensatz dar, liegt Paulus an dieser Stelle daran, Friede nicht als eine rein innergemeindliche Angelegenheit zu begreifen. Vielmehr sollen die Glaubenden, sofern es ihnen möglich ist, mit allen Menschen friedlich zusammenleben (εἰ δυνατὸν τὸ ἐξ ὑμῶν, μετὰ πάντων ἀνθρώπων εἰρηνεύοντες).«

62 Vgl. dazu allg. auch MATTHIAS KONRADT, Neutestamentliche Wissenschaft und Theologische Ethik, in: ZEE 55 (2011), 274–286 und ULRICH H. J. KÖRTNER, Das Neue Testament als Quelle theologischer Ethik. Anmerkungen zum Verhältnis von theologischer Ethik und neutestamentlicher Wissenschaft aus systematisch-theologischer Sicht, in: ZEE 55 (2011), 287–300. Zudem wird angesichts der Vielfalt an neutestamentlichen Friedenskonzeptionen deutlich, dass es in der heutigen Rezeption nicht um eine Erfüllung einzelner, situativ formulierter, historischer Weisungen gehen kann, sondern vielmehr um eine Übertragung von Friedensmodellen auf aktuelle Fragestellungen, eine Aktualisierung möglicher Konkretisierun-

Frieden hat nach neutestamentlicher Vorstellung seinen Ursprung in Gott und kann daher auch im irdischen Bereich nur in Bezogenheit auf ihn erlangt und eschatologisch durch ihn dauerhaft verwirklicht werden. Der Auftrag des zwischenmenschlichen Friedensstiftens unterliegt daher letztlich der Bewussthaltung des Gebundenseins an die eigene Gottesbeziehung. Zugleich gilt:

> »Menschen, die ethische Entscheidungen zu treffen haben, also alle Menschen, stehen stets in der Gefahr, durch ihr Handeln (oder durch ihr Unterlassen) schuldig zu werden. Der christliche Glaube sagt aber dem handelnden Menschen zu, dass er oder sie in dieser Schuld von Gott angenommen ist. Die Botschaft von der Rechtfertigung ist dabei gerade nicht als Verzicht auf die Anwendung ethischer Normen zu interpretieren: Dem als gerechtfertigten Sünder handelnden Menschen wird gesagt, dass er es wirklich mit Gott zu tun hat, vor dem er Rechenschaft ablegen wird. Nehmen wir ernst, dass wir es in unserem Handeln mit Gott zu tun haben, dann kann es durchaus geschehen, dass wir in unserem Handeln irren, aber beim objektiv besten Willen; es ist aber ausgeschlossen, dass wir verantwortungslos handeln, uns selbst und andere in unserem Handeln belügen oder nachlässig und fahrlässig handeln – gerade auch dort, wo es um den Frieden, um dessen Bewahrung oder Wiederherstellung geht.«[64]

Die neutestamentlichen Texte charakterisieren Gott und Christus als »Friedensstifter« und übertragen dieses antike Königsprädikat auf alle Glaubenden, welchen angetragen wird, auf

---

gen christlichen Friedenshandelns, wie sie die neutestamentlichen Schriften bezeugen, die zugleich einen Handlungsspielraum offenhalten, »da in den konkreten Modellen [...] nur Grundzüge, Prinzipien, Strukturen und Perspektiven [...] vorgegeben sind«, vgl. FRANKEMÖLLE, Frieden und Schwert (s. Anm. 6), 170.

63 EKD, Aus Gottes Frieden leben (s. Anm. 1), 45 f.

64 LINDEMANN, ... und auf Erden Frieden (s. Anm. 12), 143.

der Grundlage der vorausgehenden, versöhnenden und Frieden stiftenden Zuwendung Gottes Charaktereigenschaften auszubilden, die in Gott ihren Ursprung haben, die Christus eigen sind und die es den Glaubenden ermöglichen, der Versuchung zur Gewalt in einer von Gewalt geprägten Welt zu widerstehen. Zudem fordert das Neue Testament die aktive Übernahme weiterer friedensfördernder Normen und »die Einübung von Charaktereigenschaften, die dem Verzicht auf Gewalt förderlich sind«,[65] wie etwa Barmherzigkeit (Jak 3,17), Demut (Kol 3,12; 1Petr 3,8), Erbarmen (Kol 3,12; 1 Petr 4,3), Freundlichkeit (Gal 5,22), Friede (Gal 5,22; Jak 3,17), Mitleid (Eph 4,32; 1 Petr 3,8), Vergebungsbereitschaft (Eph 4,32) und Liebe (Joh 15) und rezipiert diverse, in der antiken Umwelt gepriesene, jedoch mit Gewalt verbundene Handlungsnormen – wie z. B. Tapferkeit – nicht.[66] Aber auch rhetorisch oder handlungsbezogen aggressiv erscheinende Verhaltensmuster können – wie oben dargelegt – im Weiteren diese friedensfördernden Normen stützen. Die an Christus gebundene Identität der Glaubenden greift somit auf eine Vorbildethik zurück,[67] die die in den neutestamentlichen Schriften Christus zugeschriebenen Charakteristika und Verhaltensweisen als zu erstrebendes Ideal zeichnet und von den Glaubenden ein Handeln als Friedensstifter in zwischen-

---

65 DIETRICH/MAYORDOMO, Gewalt und Gewaltüberwindung (s. Anm. 25), 134.

66 Vgl. dazu a. a. O., 135.

67 Vgl. dazu SWARTLEY, Covenant of Peace (s. Anm. 13), 383: »the experiential reality of our justification and sanctification precedes and empowers our peacemaking«; die neue Identität »in Christus« führt zum Streben nach einer *imitatio* Christi, nur Gott hat das Recht, zu richten und durch Gewalt das Böse zu überwinden, Menschen sind an die *imitatio* des friedliebenden Gottessohnes gebunden (a. a. O., 397 f.).

menschlichen wie auch öffentlichen Kontexten einfordert (vgl. Joh 20,21; 1 Petr 2,23, vgl. auch 1Joh 3,16).[68]

Die rechtfertigende Versöhnung als Voraussetzung und der den Menschen aufgetragene Friedensdienst sind in den neutestamentlichen Texten festgehalten, die vollumfängliche Umsetzung jedoch unterliegt dem eschatologischen Vorbehalt: Es bleibt, auch angesichts der je gegenwärtigen unfriedlichen Wirklichkeit, die Hoffnungsperspektive auf die endzeitliche, dauerhafte Verwirklichung des allumfassenden Friedens durch Gott, die den Menschen aber schon jetzt anfänglich »im Friedenshandeln anderer geschenkt wird und die [sie] selbst im eigenen Friedenshandeln anderen eröffnen« können.[69]

---

68 Vgl. THEIßEN, Christliche Friedensethik (s. Anm. 10), 41: »Das Alte Testament enthält eine großartige Vision vom Frieden zwischen den Völkern und bettet sie ein in einen umfassenden Frieden durch Gerechtigkeit. Hier finden wir das Ziel. Der Weg dahin bleibt undeutlich. Allenfalls die Hoffnung auf einen idealen Heilskönig deutet seine Realisierung auch durch Menschen an. Im Alten Testament wird keine Friedensethik entfaltet, sondern ein Friedenstraum geträumt. Das Neue Testament zeigt dagegen konkrete Schritte in Richtung auf den Frieden, die auch Menschen ohne Macht gehen können. Was sonst Sache von Königen und Machthabern war, wird im NT zur Angelegenheit aller Menschen – aber es bleibt undeutlich, ob dabei ein umfassender politischer Frieden als Überwindung von Gewalt und Ungerechtigkeit im Blick ist. Wir können exegetisch nur so viel sagen: Friedensmachen, Feindesliebe und Gewaltverzicht sind nicht ausschließlich privatisierend gemeint.«

69 FRANKEMÖLLE, Friede und Schwert (s. Anm. 6), 54, der auch aufgrund der Weitergabe des Friedensgrußes im Rahmen performativer Sprechakte in Gemeinde und Welt diese Friedenswirklichkeit bereits jetzt aktiv geschaffen sieht, a. a. O., 167 f.; vgl. auch ULRICH LUZ, Die Bedeutung des biblischen Zeugnisses für kirchliches Friedenshandeln, in: DERS. et al. (Hrsg.), Eschatologie und Friedenshandeln. Exegetische Beiträge zur Frage christlicher Friedensverantwortung, SBS 101, Stuttgart 1981, 195–214, 208 f.

Volker Stümke

Verteidigungstauglich

Ein Plädoyer für das Leitbild des Gerechten Friedens

Die Friedensdenkschrift der EKD (»Aus Gottes Frieden leben – für gerechten Frieden sorgen«) von 2007 scheint in die Jahre gekommen zu sein; es gibt Stimmen, die nach einer neuen Denkschrift oder zumindest nach Modifikationen rufen.[1] Trotzdem darf sie als Meilenstein der gegenwärtigen evangelischen Ethik bewertet werden, weil sie erstens konsensual beschlossen wurde, zweitens mit dem Zentralbegriff des »Gerechten Friedens« einen klaren Impuls gesendet hat und drittens zu einem diskursiven Verständigungsprozess aufgerufen und damit das Themenfeld in den Fokus der öffentlichen Wahrnehmung gerückt hat.

Dass die teilweise heftig und kontrovers diskutierten Positionierungen dieser Schrift dennoch von den unterschiedlichen Vertretern der Kammer einstimmig verabschiedet worden sind, markiert erstens, dass der Öffentliche Protestantismus, wie von der »Münchner Schule« gefordert, in den gesellschaftlichen Debatten auch durch Besonnenheit besticht und den unterschiedlichen Positionierungen einen Raum eröffnet, der immer noch als gemeinsame Basis akzeptiert und

---

1 Vgl. bspw. Evangelisches Kirchenamt für die Bundeswehr (Hrsg.), Maß des Möglichen. Perspektiven evangelischer Friedensethik angesichts des Krieges in der Ukraine, Berlin (Schriften der evangelischen Seelsorge in der Bundeswehr) 2023.

vertreten werden kann. Es ist gut, dass man so miteinander geredet, gestritten und gerungen hat, dass diese Einstimmigkeit gewahrt bleiben konnte. Aber zugleich ist mehr bei den Beratungen herausgekommen als ein »gut, dass wir darüber geredet haben«, nämlich zweitens der Leitbegriff des »Gerechten Friedens«, der als zentraler christlicher Impuls in den aktuellen Debatten um den Frieden angesichts der kriegerischen Auseinandersetzungen in der Gegenwart gelten darf. Damit kann auch die Grundforderung des Öffentlichen Protestantismus, wie er von der »Heidelberger Schule« profiliert worden ist, als erfüllt gelten: Es gibt ein christliches Profil. Ein christlicher und nicht nur ein evangelischer Impuls, denn das Leitbild des Gerechten Friedens war zuvor bereits von der Friedensdenkschrift der deutschen Bischöfe in den Vordergrund gerückt worden, so dass es sich um eine gelungene Ökumene handelt. Darüber hinaus hat die Denkschrift drittens dazu geführt, dass zahlreiche Protagonisten dieses Leitbild tiefergehend analysiert haben; inzwischen sind 26 Bände allein in der Reihe der FEST unter Federführung von Ines-Jacqueline Werkner veröffentlicht worden.[2]

Die in diesen Bänden dokumentierten Kontroversen haben allerdings teilweise schärfere Töne angeschlagen als in der Denkschrift, so dass die damalige Einstimmigkeit vielleicht nur dadurch erreicht worden sein könnte, dass man im Allgemeinen verblieb, also bei den »dünnen« Werten, auf die man sich leichter verständigen konnte, solange sie nicht (wie in den anschließenden Debatten) durch konkrete politische Implikationen »angedickt« waren. Derzeit scheint also das Tren-

2 Vgl. VOLKER STÜMKE, Gerechter Friede in der Debatte; in: Theologische Rundschau 85, Tübingen 2020, 311–392.

nende dominanter geworden zu sein, so dass die Protagonisten gleichsam von unterschiedlichen Seiten die Denkschrift in ihre Richtung zu ziehen suchen. Eine Neuauflage sollte demzufolge deutlicher eine bestimmte Position einnehmen – nämlich die der jeweiligen Protagonisten. Solche Meinungsstreitigkeiten sind innerhalb der evangelischen Kirche aber nichts Neues; sie sind in den letzten Jahren dadurch verstärkt worden, dass es politische Veränderungen gegeben hat, auf die reagiert werden sollte – und dadurch wird die Frage, in welche Richtung die kirchliche Friedensethik angesichts dieser Veränderungen ausschlägt, so drängend. Die Misserfolgsgeschichte vieler humanitärer Interventionen und militärischer Auslandseinsätze, der spürbar werdende Klimawandel, der politische Rechtsruck in vielen Ländern, die zunehmende Migration, der russische Angriffskrieg auf die Ukraine und der Terroranschlag der Hamas samt der israelischen Gewalt-Antwort sind nur einige dieser Herausforderungen, aber schon diese Zusammenstellung belegt, dass auch sie divergente Themenfelder umfassen und demzufolge den Richtungsstreit eher befeuern können.

Angesichts dieser Situationsbeschreibung werde ich im Folgenden für das Konzept und die Leitidee der Denkschrift von 2007 argumentieren. Dass die veränderten Herausforderungen zu neuen Äußerungen der Kirche führen können oder zumindest konkrete Richtungsanzeigen erforderlich machen, stelle ich nicht in Abrede. Solche Konkretionen sind aber eben konkret und daher nicht im Rahmen einer Denkschrift zu formulieren. Mein Fokus liegt vielmehr darauf, mittels meiner Bewertung schlechte und überzogene Einwände gegen den Gerechten Frieden zurückzuweisen (2. Abschnitt) und exemplarisch die Positionierung von 2007 zum Thema Atomwaffen zu verteidigen (3. Abschnitt). Zunächst möchte ich aber darlegen, was es für mich bedeutet, aus der Perspektive evangelischer Sozialethik zu argumentieren (1. Abschnitt). Dabei werde ich jeweils eine These formulieren und sie hernach entfalten.

1. Friedensethik ist ein Anwendungsfeld der politischen Ethik bzw. der Sozialethik. Die von mir vertretene lutherische Perspektive verortet sich näherhin innerhalb der Friedensethik und nicht über ihr. Es geht also darum, im Bereich der Friedensthematik christliche Impulse in der Lesart der Reformation zu formulieren und diskursiv zu vertreten – wie es auch sowohl der Öffentliche Protestantismus als auch die Öffentliche Theologie fordern.

Im Anschluss an die von Markus Mühling vorgelegte Verhältnisbestimmung von Dogmatik und Ethik verstehe ich Ethik demnach nicht (klassisch lutherisch) als Folge der Dogmatik – weder biographisch (erst der Glaube, dann die guten Werke) noch systematisch (erst *iustificatio*, dann *sanctificatio*).[3] Denn diese Reihung ist bestenfalls auf die einzelne Person anwendbar, die erst von Gott her (innerlich) befreit werden muss, um dann gute Werke ohne die falsche Bürde einer Werkgerechtigkeit tätigen zu können. Aber selbst bei diesem Konzept wird der Ansatz der Ethik unklar, sofern man behauptet, dass der Christ durch das Handeln Gottes gleichsam ein guter Baum geworden sei, der von sich aus Äpfel (und keine Dornen)[4] trage, denn solche Naturalisierung widerspricht der ethischen Perspektive – und sie wird dann ja auch in der Lehre durch das

3 Vgl. MARKUS MÜHLING, Systematische Theologie: Ethik. Eine christliche Theorie vorzuziehenden Handelns, Göttingen 2012, 40–44; er bezeichnet das von mir favorisierte und gleich dargestellte Modell als »Dogmatiküberlappende Ethik« (42).

4 Vgl. MARTIN LUTHER, Von weltlicher Obrigkeit (1523), WA 11, 250, 15–18.

peccator in re (oder das *simul*) sofort wieder mit Blick auf den realen Menschen relativiert, der augenscheinlich nicht nur Äpfel trägt. Doch genau dieser reale Mensch ist im Fokus der Ethik – und zwar sowohl als einzelne Person wie auch als Bürger, als soziales und geschichtliches Wesen. Darüber hinaus sind die menschlichen Werke eben nicht so eindeutig klassifizierbar wie Äpfel und Dornen, augenscheinlich bedürfen auch christliche Menschen doch der (ethischen) Hinweise, was Äpfel und was Dornen sind, welche Werte und Haltungen also von Gott geboten und für das Wohl der Menschen hilfreich sind.

Auch die Einordnung der Ethik in die Dogmatik (K. Barth) oder der Dogmatik in die Ethik (R. Rothe) halte ich nicht für weiterführend. In beiden Fällen wird der sowohl inhaltliche als auch methodische Eigengehalt des jeweiligen Fachs unterschätzt, indem das eine Fach dem anderen untergeordnet wird. Anstelle eines Dominanzverhältnisses favorisiere ich ein Nebeneinander von Dogmatik und Ethik, sie behandeln unterschiedliche Themen des christlichen Glaubens mit den dazu geeigneten wissenschaftlichen Methoden, aber jeweils aus systematisch-theologischer Perspektive, also mit dem Ziel einer nicht nur deskriptiven, sondern auch normativen Analyse, die »auf dem Boden des biblischen Zeugnisses und im Horizont der (kirchen-)geschichtlichen Tradition als Funktion der Kirche den auf Offenbarung beruhenden christlichen Glauben nach seinen zentralen Inhalten (Dogmatik) und nach seinen praktischen Handlungsorientierungen (Ethik) auf wissenschaftliche Weise, d. h. methodisch, begründend und kritisch, und systematisch, also als klares und gegliedertes Ganzes, denkend entfaltet, auf die jeweilige Situation bezieht und so die christliche Wahrheit als eine gegenwärtige verantwortet«[5]. Demzufolge stehen Dogmatik und Ethik nicht beziehungslos nebeneinander, vielmehr gibt es auch Überlappungen. Es gibt also teilweise Sondermengen (Taufe ist bspw. kein Themenfeld der Ethik, Subsidiarität keins der Dogmatik), teilweise Schnittmengen (freier Wille gilt als Voraussetzung von Ethik, wird aber dogmatisch mit Blick auf die Gottesbeziehung des Menschen in der lutherischen Tradition zurückgewiesen)[6], bei denen es zu inhaltlichen Kontroversen inner-

---

5 HERMANN FISCHER, Systematische Theologie. Konzeptionen und Probleme im 20. Jahrhundert, Stuttgart 1992, 237.

6 Aus sehr lutherischer Perspektive wird bisweilen auf dessen Lehre vom unfreien Willen in »De servo arbitrio« verwiesen. Dort betont der Reformator, dass der freie Wille ausschließlich ein Gottesprädikat sei. Der Mensch habe hingegen keinen freien Willen, er könne sich also nicht freiwillig für oder gegen Gott entscheiden. Vielmehr sei er wie ein Reittier, das entweder von Gott oder vom Teufel geritten werde. Aus soteriologischer Perspektive zieht Luther hier die Konsequenzen des »sola gratia«. Aus ethischer Sicht haben sich jedoch zwei Fehler eingeschlichen: Erstens räumt Luther zwar ein, dass der Mensch in irdischen Dingen über ein Willensvermögen (Handlungsfreiheit) verfüge. Aber diese Konstellation denkt Luther häufig (und eben auch 1525) hierarchisch: Die Dinge über dem Menschen entzögen sich seiner Verfügung und seinem Willen, hier werde der Mensch von anderen beherrscht. Hinsichtlich der untergeordneten Dinge hingegen stehe der Mensch in einer Herrschaftsposition, hier habe er Handlungsfreiheit. Was Luther hingegen nicht einbezieht, ist eine soziale Verhältnisbestimmung des Menschen zu anderen Menschen auf Augenhöhe – und darum geht es in der Ethik. Zweitens tritt der Begriff der Sünde noch hinzu. Der Mensch wird nicht nur geritten und damit von einem anderen Willen dominiert, dieser Wille wird zudem normativ aufgeladen: Es sei entweder der gute Wille Gottes oder der böse Wille des Teufels. Damit wäre jeglicher Handlungsfreiheit der Boden entzogen, wie es auch das Bildwort vom schlechten Baum und den entsprechenden Früchten (Mt 7,17) nahelegt. – Stellt man hingegen die himmlischen und irdischen Dinge nicht übereinander, sondern nebeneinander, kann die Freiheit des Menschen in den irdischen Dingen, zu denen auch Moral und Ethik zählen, weiter gefasst werden, ohne

halb der Systematischen Theologie (mit nicht vorab geklärtem Ergebnis) kommen kann.[7]

Innerhalb der politischen Ethik als Teilgebiet einer Angewandten Ethik geht es darum, im Austarieren von normativen und deskriptiven Aussagen zu Impulsen aus christlicher, näherhin evangelisch-lutherischer Perspektive zu gelangen.[8] In Übereinstimmung sowohl mit dem Öffentlichen Protestantismus (München) als auch der Öffentlichen Theologie (Heidelberg) gehe ich also davon aus, dass der christliche Glaube auch politische Impulse enthält, wobei »Politik« sowohl grundlegende Prinzipien des Zusammenlebens (*polity*) als auch inhaltliche Schwerpunkte (*policy*) und pragmatische Verfahren (*politics*) umfasst.[9] Gerade ein plurales und demokrati-

---

die soteriologischen Einsichten Luthers zu unterlaufen. In den himmlischen Dingen ist und bleibt der Mensch durch die Sünde verblendet und kann allein durch Gottes Zusage daraus befreit werden. In irdischen Dingen hat der Mensch, besser: haben die Menschen hingegen Handlungsfreiheit und können zwar, müssen aber nicht jeder Versuchung erliegen.

7 In der Sozialethik ist näherhin u. a. strittig, wie sich die Gestaltungsfreiheit des »zoon politikon« (H. Arendt), das etwas Neues beginnen könne, zu den sozialen Prägungen und Determinierungen des »homo sociologicus« (R. Dahrendorf) verhält, der gesellschaftskonform agiere.

8 Dieses Austarieren wird in der gegenwärtigen evangelischen Ethik häufig im Anschluss an John Rawls als Suche nach einem Überlegungsgleichgewicht (reflective equilibrium) bezeichnet; vgl. bspw. JOHANNES FISCHER, Grundkurs Ethik. Grundbegriffe philosophischer und theologischer Ethik, Stuttgart 2007, 108–113. VITTORIO HÖSLE, Moral und Politik. Grundlagen einer Politischen Ethik für das 21. Jahrhundert, München 1997, 165–204, hat von einem »gemischten Syllogismus« gesprochen, um so die Nähe zum klassischen Verfahren der ethischen Urteilsbildung besser zu dokumentieren, ohne aber der Einsicht von Rawls zu widersprechen.

9 Die Engführung von »Politik« auf parteipolitische Programme bzw. Protagonisten ist demnach nicht weiterführend und nimmt auch die faktische

sches Land wie Deutschland ist auf gesellschaftliche Impulse (auch aus der Kirche) angewiesen, soll sich praktische Politik nicht von der Gesellschaft entfernen.[10] »Impulse« meint konkrete Anregungen aus dem gelebten Glauben, die durchaus strittig und das heißt auch: irrig sein können.[11] »In der säkularen Gesellschaft darf eine exklusive, im Vornherein überlegene ethische Einsicht der Theologie nicht beansprucht werden«; wohl aber gibt es solche ethischen und eben auch

---

Situation der Evangelischen Kirche in Deutschland nicht wahr. Selbstverständlich sind eine Kirchengemeinde, die einen Kindergarten betreibt, ein Kirchenkreis, der sich an Bildungsprogrammen beteiligt, und eine Landeskirche, die Konzepte für den Religionsunterricht entwirft, politisch tätig. Und selbstverständlich befindet man sich dabei in Debatten mit anderen gesellschaftlichen und politischen Institutionen (politics), hat dabei eigene Prämissen und Ziele (policy) und steht auf dem Boden einer freiheitlichdemokratischen Grundordnung (polity).

10 Vgl. HERBERT WULF, Politikberatung und Dialog. Thesen zur friedensethischen Verantwortlichkeit der Kirchen; in: INES-JACQUELINE WERKNER/CHRISTINA SCHÜES (Hrsg.), Gerechter Frieden als Orientierungswissen, 2. Auflage Wiesbaden 2018, 89–105.

11 Vgl. JOHN D. BARTON, Better Religion: A Primer for Interreligious Peacebuilding, Waco 2022, 23–30 und VOLKER STÜMKE, Ein vernünftiger politischer Gottesdienst. Schlussfolgerungen aus Röm 12,1–2; in: »... der größte Gottesdienst ist die Predigt«. Festgabe der Luther-Akademie für Oswald Bayer zum 80. Geburtstag, hrsg. von Rainer Rausch et al., Tübingen 2019, 179–182: »Der Begriff [Impuls] stammt aus der klassischen Physik und wird inzwischen auch im übertragenen Sinn verwendet. Er bezeichnet eine externe Anregung (mechanisch: Kraftstoß), aus der eine Veränderung resultiert – wobei die Veränderung nicht identisch ist mit der Anregung, sondern die Eigenheit (mechanisch: Beharrungskraft) des Angeregten einbezieht. Dieses Verfahren, dass externe Anregungen unsere Politik verändern, aber nicht direkt aus politischen, sondern aus gesellschaftlichen Quellen stammen, entspricht sowohl unserer Demokratie wie dem Selbstverständnis der Kirche« (182).

sozialethischen Einsichten, die als Impulse in den gesellschaftlichen Diskurs eingespeist werden können und sollen.[12]

Als Rückenstärkung für diesen Fokus auf christliche Impulse interpretiere ich Martin Luthers Argumentation am Ende der Obrigkeitsschrift.[13] Hier behandelt er die Frage nach der Restitution von Eigentum und gibt dem Fürsten folgenden Ratschlag:

> »Ob Christ oder Nichtchrist, du sollst [als Fürst] im Blick auf die Rückerstattung folgendermaßen urteilen: Ist der Schuldner arm und kann es nicht zurückerstatten, und der andere ist nicht arm, dann sollst du hier dem Recht der Liebe freien Lauf lassen und den Schuldner lossprechen. Denn der andere ist auch nach dem Recht der Liebe verpflichtet, ihm das zu erlassen [...]. Ist aber der Schuldner nicht arm, so lass ihn so viel zurückerstatten, wie er kann, es sei das Ganze, die Hälfte, ein Drittel oder ein Viertel, so dass du ihm jedenfalls in angemessener Weise Haus, Nahrung und Kleidung für sich, seine Frau und seine Kinder lässt.«

Das hier ins Spiel gebrachte Recht der Liebe ist ein Impuls, der von Jesu Forderung inspiriert ist und sie als Anregung für alle Menschen, also auch konkret für den Fürsten und den Schuldner, unabhängig von ihrer Konfession, umformuliert. Jesu Gebot weist demzufolge über die Regulierung des christlichen Zusammenlebens hinaus und regt zu der Überlegung an, den

---

12 Zitat von Hartmut Kress; zitiert nach: NIKOLAS KEITEL, Ein Nein ohne jedes Ja? Der protestantische Streit um den status confessionis im 20. Jahrhundert, Tübingen 2022, 351.

13 Ich greife im Folgenden teilweise im Wortlaut auf meinen Aufsatz zurück: VOLKER STÜMKE, Frieden, Recht, Ordnung – Luthers Impulse für ein gegenwärtiges Staatsverständnis; in: DERS., Frieden und Macht. Beiträge zu einer lutherischen Ethik des Politischen, Leipzig 2023, 175–200. Das Lutherzitat steht WA 11, 279, 5–13.

Nächsten in seiner Not bei der weltlichen Rechtsprechung zu berücksichtigen.[14]

2. Für eine evangelisch-lutherische Friedensethik ist weiterhin die Denkschrift der EKD von 2007 weiterführend. Sie ist in die Kritik geraten, weil sie in zwei divergierende Richtungen ausgelegt und tradiert worden ist. Allerdings habe ich den Eindruck, dass derzeit von lutherischer Seite bisweilen politisch konservative Einstellungen eingefordert worden sind, die man dann mit theologischen Argumenten kaschiert hat. Auf sie werde ich mich jetzt beschränken, ohne zu leugnen, dass es auch »linke« Einwände gegeben hat, die teilweise schlecht theologisch argumentierten. Jedenfalls plädiere ich dafür, an dem Konzept von 2007 (Gerechter Friede) festzuhalten und nicht einem politischen Rechtsruck zu folgen.

In seiner Analyse des Richtungsstreits zwischen dem Münchner Öffentlichen Protestantismus und der Heidelberger Öffentlichen Theologie kommt Peter Dabrock zu der zutreffenden Bemerkung, dass es hier weniger um theologische oder

14 Wem das selbstverständlich zu sein scheint, möge bedenken, dass es zu Luthers Zeiten genügend Schuldtürme und Pranger und bisweilen auch noch Schuldknechtschaften gab, die ein anderes weltliches Verfahren mit Schuldnern dokumentieren. Wem das zu allgemein erscheint, möge bedenken, dass Luther einen Impuls formuliert und keinen Durchführungsbefehl. Ob dieser Impuls vernünftig ist oder nicht, lässt sich schwerlich allgemein beweisen. Doch indem Luther diese Anregung formuliert, fordert er den Fürsten und auch seine christlichen wie nichtchristlichen Leser auf, eine weltliche Konsequenz des Gebots der Nächstenliebe zu durchdenken und ihre Anwendbarkeit mit den kritischen Augen der Vernunft zu prüfen. Und dass dieser Impuls Luthers Übereinstimmungen mit dem aristotelischen Konzept der Billigkeit aufweist, spricht sicher nicht gegen ihn.

ethische, als vielmehr um politische Divergenzen gehe.[15] Das gilt m. E. auch für manche aktuellen Debatten in der evangelischen Friedensethik.[16] Die Denkschrift hat mit gutem Grund auf einen Konsens der unterschiedlichen Stimmen aufgebaut und so von allen Seiten des demokratischen politischen Spektrums Kompromissbereitschaft eingefordert und auch erhalten. Dass dieser Konsens knirscht, ist ein Wesensmerkmal von politischen Absprachen, so dass nicht die Proteste von beiden Seiten von mir kritisiert werden sollen.[17] Wenn die jeweilige politische Richtung jedoch durch schlechte theologische

---

15 Vgl. PETER DABROCK, »Nicht mit Wort und Zunge, sondern in Tat und Wahrheit« (1Joh 3,18). Gerechtigkeitsansprüche Öffentlicher Theologie; in: ULRICH H. J. KÖRTNER ET AL. (Hrsg.), Konzepte und Räume Öffentlicher Theologie. Wissenschaft – Kirche – Diakonie, Leipzig 2020, 187–203, 190. – Vergleichbar votiert auch Thomas Hoppe, Pluralismus in der Friedensethik – Legitimität und Grenzen; in: HENDRIK STOPPEL/CHRISTIAN POLKE (Hrsg.), Pluralität und Pluralismus in der evangelischen Friedensethik, Wiesbaden 2022, 77–99.

16 Allerdings ist die theologische Binnenwahrnehmung stärker geprägt durch ein als gefährlich angesehenes Abdriften nach »links« zum »Freikirchenparadigma« (bspw. BERND OBERDORFER, Gewaltfreiheit in der Nachfolge Jesu; in: HENDRIK STOPPEL/ANGELIKA DÖRFLER-DIERKEN (Hrsg.), Gewaltfreiheit zwischen Anspruch und Realität, Wiesbaden 2022, 129–144), während ich jetzt nicht den politischen Dissens unter Christen, wohl aber die theologische Kaschierung des politischen Konservatismus in den evangelischen Reaktionen monieren werde.

17 Aus Sicht der Friedens- und Konfliktforschung ist ein Konflikt oder Dissens noch lange nicht problematisch, sondern gehört zum politischen Alltag. Entscheidend ist vielmehr, wie man mit einem Konflikt umgeht, ob man ihn also mit friedlichen Mitteln zu lösen vermag. Dem würde auch eine Diskursethik zustimmen und zudem darauf insistieren, dass die friedlichen Mittel sich auf den »zwanglosen Zwang des besseren Arguments« fokussieren, dass also weder strukturelle noch kulturelle Gewalt die Problemlösung behindern dürfen.

Argumente verstärkt werden soll, dann besteht die von Isak Svensson nachgewiesene Gefahr der Sakralisierung eines Konflikts und damit der Aufbauschung der politischen (und völlig legitimen) Divergenzen zu theologischen Grundsatzdebatten.[18] Denn Theologumena sind aufgrund ihres Wahrheitsanspruchs und ihrer Bekenntnisverwurzelung kompromissavers,[19] was in Deutschland nach 1945 vor allem der Rekurs auf den »status confessionis« belegt.[20] Aber nicht nur das Ausrufen einer Bekenntnislage, sondern auch der Vorwurf der Werkgerechtigkeit, der Rekurs auf die Sündhaftigkeit von Menschen und der Vorwurf an die jeweils anderen, den gemeinsamen Boden zu verlassen und damit den christlichen Konsens aufzubrechen, können die Sakralisierung einer politischen Divergenz herbeiführen. Näherhin möchte ich vier solcher schlechten Argumente aus den aktuellen Debattenbeiträgen vorführen:

Das erste Argument ist das Beharren auf der Rede vom gerechten Krieg oder die Forderung, zu dieser Redeweise zurückzukehren und nicht mehr vom Gerechten Frieden auszugehen.[21] Damit würde der grundlegende Impuls der Denkschrift, vom Frieden und nicht vom Krieg aus zu denken (also *si vis*

---

[18] Vgl. ISAK SVENSSON, Ending Holy Wars: Religion and Conflict Resolution in Civil Wars. New Approaches to Peace and Conflict, Queensland 2012.

[19] Vgl. CHARLES KIMBALL, When Religion Becomes Evil. Five Warning Signs, San Francisco 2002.

[20] Vgl. NIKOLAS KEITEL, Ein Nein ohne jedes Ja? Der protestantische Streit um den status confessionis im 20. Jahrhundert, Tübingen 2022.

[21] Vgl. BERND OBERDORFER, Gerechtigkeit für eine Theorie. Zur Funktion der Lehre vom gerechten Krieg im Rahmen des gerechten Friedens; in: INES-JACQUELINE WERKNER/TORSTEN MEIREIS (Hrsg.), Rechtserhaltende Gewalt – eine ethische Verortung, Wiesbaden 2018, 9–19.

pacem, para pacem und nicht *para bellum* zu empfehlen), nivelliert, so dass man fürderhin nur noch debattieren könnte, welche militärischen Maßnahmen angemessen wären. Als Beleg wird angeführt, dass auch das neue Konzept eines Gerechten Friedens auf Kriterien rechtserhaltender Gewalt rekurriere, die weitgehend identisch seien mit den klassischen Kriterien. Demnach handele es sich um einen »semantischen Taschenspielertrick«,[22] schließlich habe man nur die Überschrift geschönt, nicht aber die Legitimität des Rückgriffs auf militärische Gewalt zurückgewiesen.

Diese Argumentation hat darin Recht, dass die Kriterien der Lehre vom gerechten Krieg im Konzept des Gerechten Friedens inhaltlich weitgehend übernommen worden sind. Weiterhin müsse militärische Gewalt legitimiert werden, sie könne es aber auch, wenn sie die »Kriterien einer Ethik rechtserhaltender Gewalt« erfülle.[23] Die Argumentation verkennt jedoch zum einen, dass die Bewertungskriterien in einen anderen Kontext gestellt und mit einer veränderten Intention aufgegriffen worden sind; es geht eben nicht mehr um die Legitimation eines militärischen Angriffs (als gerechter Krieg), sondern um die Verteidigung eines Rechtsstaates (notfalls durch

[22] ROCHUS LEONHARDT, Einleitung; in: VOLKER GERHARDT ET AL., Friedensethik in Kriegszeiten, Leipzig 2023, 13.

[23] Denkschrift Abs. 102. Näherhin werden folgende Kriterien aufgelistet: Erlaubnisgrund (klassisch: causa iusta), Autorisierung (zunächst auctoritas principis, später legitima potestas), richtige Absicht (recta intentio) und äußerstes Mittel (ultima ratio) aus dem ius ad bellum (Recht, kriegerische Maßnahmen zu ergreifen); ferner Verhältnismäßigkeit der Folgen sowie der Mittel und Beachtung des Unterscheidungskriteriums (Diskriminierung) als Bestimmungen des ius in bello (Verhaltensregeln während des Krieges).

rechtserhaltende Militärgewalt).[24] Zudem werden die Kriterien durch den normativen Rückbezug auf den Frieden in eine Prozesslogik eingespannt[25]: Militärische Gewalt ist dann zu akzeptieren, wenn sie das Recht erhält oder wiederherstellt, weil und sofern das Recht (gerade in der lutherischen Tradition)[26] ein zentrales Medium für friedliches Zusammenleben ist. Der Krieg wird demzufolge weder als hinzunehmendes »Naturereignis« verstanden noch als ein mögliches Mittel der Politik anderen politischen Maßnahmen gleichgestellt, vielmehr wird konzediert, dass es Situationen geben kann, in denen ein illegitimer und illegaler Krieg nicht anders als durch militärische Gegengewalt beendet und damit der rechtsstaatliche Zustand wiederhergestellt oder erhalten werden kann.[27] Wer hingegen

---

[24] Die klassische Lehre vom gerechten Krieg diente zwar auch dazu, Kriege dadurch einzudämmen, dass man sie moralischen Standards unterwarf. Aber diese Kriege waren vornehmlich Angriffe, mit denen Unrecht bestraft, Rache oder Satisfaktion geübt werden sollte. Solche Kriege sind seit 1928 (Briand-Kellogg-Pakt) völkerrechtlich geächtet. Problematisch sind die humanitären Interventionen, die rechtlich daher zum einen durch die Unterstützungsbitte seitens des überforderten Staates, zum anderen durch die Rede von einer subsidiären Übernahme der Schutzverantwortung (r2p) legitimiert und somit nicht als Kriege, sondern als Nothilfe kategorisiert werden.

[25] Vgl. Denkschrift Abs. 76 und das aktuelle Friedenswort der deutschen Bischöfe »Friede diesem Haus« (2024), Abs. 80.

[26] Vgl. MARCO HOFHEINZ, Lutheraner, Reformierte und die Ethik rechtserhaltender Gewalt. Ein Vergleich in Thesen; in: SARAH JÄGER/INES-JACQUELINE WERKNER (Hrsg.), Gewalt in der Bibel und in kirchlichen Traditionen, Wiesbaden 2018, 53–85.

[27] So bereits WOLF VON BAUDISSIN, Grundwert Frieden: in Politik – Strategie – Führung von Streitkräften Berlin 2004, 376: »Nach wie vor gilt das Wort von Clausewitz, dass es Ziel des Krieges ist, dem Gegner den eigenen politischen Willen aufzuzwingen. Nur, dass der politische Wille nicht

meint, dass dieser andere Kontext irrelevant sei, den verweise ich auf Luthers Verständnis von den guten Werken. Wäre das dann nicht ebenfalls ein Taschenspielertrick, weil die inhaltliche Bestimmung guter Werke bei Luther wie bei Thomas fast identisch ist (Nächstenliebe, Demut etc.) – nur eben in einem anderen Kontext und mit einer anderen Intention?

Zum anderen wird nicht bedacht, dass der Begriff »Krieg« seit 1928 (Briand-Kellogg-Pakt) und ebenso in der UN-Charta von 1945 Art. 2.3 (friedliche Konfliktlösung) und Art. 2.4 (keine Gewalt) als völkerrechtswidriges Verbrechen eingestuft wird. Es ist kein Zeichen überzogener Wokeness, sondern politischer Diplomatie, wenn man bspw. rassistische oder faschistische Begriffe und eben auch das Wort »Krieg« in normativer Verwendung zu vermeiden sucht. Das Leitbild des Gerechten Friedens ermöglicht es, die militärische Verteidigung der Ukraine normativ und begrifflich vom Angriffskrieg Russlands abzuheben. Während der Krieg Russlands völkerrechtswidrig und auch ethisch zu verurteilen ist, kann die Verteidigung der Ukraine gegebenenfalls (= wenn und solange die genannten Kriterien erfüllt sind, was m. E. weitgehend, also im Rahmen des Überlegungsgleichgewichts der Fall ist) als Recht erhaltende oder wiederherstellende Gewalt ethisch akzeptiert werden; diese Differenzierung sollte nicht nivelliert werden.[28]

mehr darauf abzielt, dem anderen etwas aufzuzwingen, was dessen politische Existenz bedroht. Es geht heute darum, sich dem Willen des Angreifers nicht selbst zu unterwerfen; nicht mehr um ›Siegen‹ geht es, sondern um ›Nicht-besiegt-werden‹«. Vgl. dazu Benedikt Bussmann, Ethisch Denken in Zeiten von Krieg und Frieden. Grundlegung einer Theorie ethischer Bildung im Anspruch Innerer Führung, Berlin 2024.

[28] So auch Matthias Gillner, Friedensorientiert – verteidigungsbereit – wehrhaft; in: Kompass. Die Zeitschrift des Katholischen Militärbischofs

Das zweite Argument ist der Ideologievorwurf oder in theologischer Sprache: der Vorwurf der Werkgerechtigkeit. Er lautet: Der Gerechte Friede als Leitbild oder regulative Idee könne von Menschen und auf Erden niemals verwirklicht werden.[29] Daher stünden alle politischen Verbesserungsvorschläge in der Gefahr, das Evangelium vom Frieden Gottes zum Gesetz zu verfälschen. Die soteriologische Pointe, dass der Friede ein Geschenk Gottes sei, welches sich der Mensch nicht zu erarbeiten brauche, ganz abgesehen davon, dass er dies niemals schaffen würde, werde zerstört, wenn der Friede nun doch in den Geltungsbereich menschlichen Handelns gerate. Zudem werde auch die eschatologische Hoffnung, dass Gott einen zeitlich wie räumlich umfassenden, also ewigen Frieden schaffen werde, vernebelt, wenn dies nun in die Hände der Menschen übergeben werde, die niemals solche ewigen Werke vollbringen könnten. In beiden Fällen sende diese Verschiebung weg von Gott und hin zu den Menschen ein fatales Signal (nämlich das der Machbarkeit des Friedens durch Menschen) aus, welches nur zum Scheitern (nämlich aufgrund von Überforderung) führen könne.[30] Und solche Warnung vor der Überforderung der Menschen sei nicht nur eine ethische oder sozialwissenschaftliche Aufgabe,[31] sondern eine theologische,

---

für die Deutsche Bundeswehr 03/24, 13. Er verweist zudem auf Art. 87a. Abs.1 GG (Bundeswehr dient zur Verteidigung und nicht zum Krieg).

29 Vgl. ULRICH KRONENBERG, Gerechter Frieden – Gerechter Krieg? Chancen und Grenzen zweier friedensethischer Denkmodelle, Leipzig 2019, 87 f.

30 Vgl. BERND OBERDORFER, »Gerechter Frieden« – mehr als ein weißer Schimmel? Überlegungen zu einem Leitbegriff der neueren theologischen Friedensethik; in: SARAH JÄGER/HORST SCHEFFLER (Hrsg.), Frieden und Gerechtigkeit in der Bibel und in kirchlichen Traditionen, Wiesbaden 2018, 13–30.

31 Vgl. NIKLAS LUHMANN, Paradigm lost. Über die ethische Reflexion der

so dass es eben nicht nur um ethische Differenzen, sondern um theologische Grundeinsichten gehe.

In der Tat wird hier auf auch für lutherische Theologie grundlegende Einsichten rekurriert. Aber indem diese Einsichten aus der Soteriologie und der Eschatologie direkt in das Feld der Politischen Ethik transponiert werden, werden sie entweder zu einem Totschlagargument oder zu einem Fehlschluss *a posse ad esse*. Ein solcher Fehlschluss besteht darin, dass eine Möglichkeit (*posse*) zu einer Realität (*esse*) verkehrt wird – aber diese beiden Modalkategorien können nicht einfach ausgetauscht werden.[32] Mit Blick auf die Denkschrift muss darauf verwiesen werden, dass sie selbst von einem Leitbild, von Prozessen und vom irdischen Frieden ausgeht, also den eschatologischen Vorbehalt und seine soteriologische Fundierung klar benennt.[33] Wer Schritte (Prozess) auf dem Weg hin zum Gerechten Frieden (Leitbild) unternimmt,

---

Moral, Frankfurt/Main 1990. Er behauptet, dass in einer modernen Gesellschaft, in der die Moral nicht mehr als Integrationsfaktor dienen und die Menschen jeweils an ihren Platz stellen könne, es die »vordringlichste Aufgabe der Ethik [ist], vor Moral zu warnen« (41).

32 Um es im Rückgriff auf das Beispiel aus der Einleitung zu verdeutlichen: So wie die Realität des Christen als einem guten Baum nicht ausschließt, dass er böse Früchte hervorbringen kann (was in der lutherischen Dogmatik durch das »simul iustus ac peccator« festgehalten wird), so gilt auch umgekehrt, dass die Möglichkeit, eine Tatsünde zu begehen, nicht identisch ist mit der Wirklichkeit, diese Sünde zu begehen. Nicht jede mögliche Sünde wird auch von jedem Christen verwirklicht.

33 Vgl. Aus Gottes Frieden leben – für gerechten Frieden sorgen. Eine Denkschrift des Rates der Evangelischen Kirche in Deutschland. Gütersloh 2007, Abs. 1: »Friede ist keine Selbstverständlichkeit. Ihn zu wahren, zu fördern und zu erneuern, ist eine immerwährende Aufgabe.« Und in der Einleitung spricht sie selbst von »Leitgedanken« und »Grundorientierung« (S. 9).

behauptet nicht, dieses Ziel zu erreichen oder gar ewig zu etablieren.

Ein Totschlagargument wäre das zweite Argument dann, wenn sein Rekurs auf die letzten Dinge keine Verbesserungen bei den vorletzten Dingen mehr zuließe, was man teilweise durch die Rede von der Sündhaftigkeit des Menschen noch verstärkt hat.[34] Dietrich Bonhoeffer hat mit seiner Unterscheidung der letzten und der vorletzten Dinge deutlich gemacht, dass ethisches Handeln, sofern es sich auf seinen Bereich der vorletzten Dinge fokussiert und beschränkt, hier durchaus Verbesserungen wie auch Verschlechterungen bewirken, aber keinesfalls die letzten Dinge (also die soteriologische Gnadenzusage Gottes und deren eschatologische Erfüllung) erreichen könne[35]. Aus friedensethischer Perspektive ist der Ideologievorwurf schlicht peinlich, denn er schießt ins Leere. Ich jedenfalls kenne keine Friedensethikerin und keinen Politikwissenschaftler, die, bei aller inhaltlichen Divergenz in ihren

34 Diese Gefahr habe ich bei ULRICH KRONENBERG, Gerechter Frieden – Gerechter Krieg? Chancen und Grenzen zweier friedensethischer Denkmodelle, Leipzig 2019, aufgezeigt, vgl. VOLKER STÜMKE, Und es gibt sie doch: Lutherische Friedensethik; in: DERS., Frieden und Macht, 11–30. – Auch HEINRICH ASSEL (»Man stellt es überall mit Freuden fest, dass der Krieg das Beste aus uns hervorgeholt hat« (Karl Holl, 1914) zu: Lutherrenaissance im Krieg und Nachkrieg; in: FRIEDEMANN STENGEL/JÖRG ULRICH (Hrsg.), Kirche und Krieg. Ambivalenzen in der Theologie, Leipzig 2015, 119–138) warnt überzeugend davor, »vom Kriegszustand als anthropologischer Konstante« (ebd. 138) auszugehen, und fordert einen diskursethischen Widerspruch gegen solche Rückkehr kriegstheologischer Formulierungen und Gedankengänge.

35 Vgl. DIETRICH BONHOEFFER, Ethik (1949); in: Werke. Sechster Band, hrsg. von ILSE TÖDT ET AL., Zweite überarbeitete Auflage Gütersloh 1998, 137–162.

politischen Forderungen, meinen, durch Versöhnungsarbeit[36], Diplomatie[37], Krisenprävention[38], Entschuldungsmaßnahmen etc. das Himmelreich auf Erden herbeiführen zu können[39]. Spießbürgerliche Ängste vor politischen Veränderungen, die sich dann mit theologischen Floskeln tarnen, sind mir hingegen leider nicht unvertraut.

---

36 Vgl. LOTTE MEINER, Every Day: Forgiving after War in Northern Uganda; in: CHERYL MATTINGLY ET AL. (Hrsg.), Moral Engines. Exploring the Ethical Drives in Human Life, New York 2023, 100–115. Sie stellt dar, dass solche Versöhnungsarbeit auf die Wiederherstellung normaler sozialer Beziehungen ehemals verfeindeter Familien in ihren alltäglichen Kontexten ausgerichtet sei.

37 Vgl. MICHELLE GARRED/MOHAMMED ABU-NIMER (Hrsg.), Making Peace with Faith: The Challenges of Religion and Peacebuilding (Peace and Security in the 21st Century), Lanham (Maryland) 2018, die einleitend festhalten, dass glaubensbasierte Akteure vor Ort so erfolgreiche Friedensarbeit leisten, dass Diplomatie und internationale Gremien in den letzten Jahren darauf aufmerksam geworden seien (17–22).

38 Wenn in der gegenwärtigen Debatte um Peacebuilding der Ideologievorwurf erhoben wird, dann ist er eher auf die unkritische Verwendung des (neo-)liberalen Paradigmas und auf sein ideologisches Festhalten an Marktwirtschaft, Demokratie und Menschenrechten als dem Königsweg zum Frieden im globalen Westen gemünzt – aber genau das ist auch strittig; vgl. die Debatte zwischen Beate Jahn und Kristoffer Lidén in: OLIVER P. RICHMOND/GËZIM VISOKA (Hrsg.), The Oxford Handbook of Peacebuilding, Statebuilding, and Peace Formation, Oxford 2021, 31–58.

39 Mit Recht hält ROGER MIELKE (Frieden und Gerechtigkeit. Überlegungen zu ihrem Verweisungszusammenhang im Horizont der christlichen Tradition; in: SARAH JÄGER/HORST SCHEFFLER (Hrsg.), Frieden und Gerechtigkeit in der Bibel und in kirchlichen Traditionen, Wiesbaden 2018, 53–76) fest, dass der eschatologische Vorbehalt einen guten theologischen Impuls gegen eine Überforderung der Politik enthält: Wahrer Friede bleibt eine Gabe Gottes. Aber zu unterstellen, dass jegliche Politik, die sich auf gegenwärtige Verbesserungen fokussiert, dieser Gefahr (eines »reinen Präsentismus«, der zu einem »moralischen Interventionismus« führe –

Das dritte Argument findet sich im Umgang mit Soldaten der Bundeswehr, denen die evangelische Kirche vor allem in den 1970er und 1980er Jahren sehr kritisch und distanziert gegenüberstand, gefolgt vom freundlichen Desinteresse seit den 1990er Jahren, während ich jetzt eine subkutane Kritiklosigkeit spüre. Die Formulierung: »Soldaten sind keine stumpfen, seelenlosen Befehlsexekutanten. Das dürfen sie nicht sein, und so dürfen sie auch nicht behandelt werden«[40], lässt jedenfalls den Unterschied von Person und Amt vermissen und tendiert zu einem normativistischen Kurzschluss, also dem logischen Fehler, aus einer Norm zu folgern, das Geforderte sei real.[41] Nur weil Soldaten das nicht dürfen, folgt noch lange nicht, dass nicht einige von ihnen Befehle stumpf befolgen und das auch von »kriegstauglichen« Soldaten erwarten. Hier ist von der Gefahr des Sündigens, der auch Soldaten ausgesetzt sind und die sich auch (gut lutherisch)[42] im Missbrauch eines guten

---

ebd. 61) erliege, würde zu weit gehen. Mielke formuliert zu Recht vorsichtiger, indem er diese Gefahr als Möglichkeit (»führen könne« – ebd.) und nicht als Realität kategorisiert.

40 SIGURD RINK, Können Kriege gerecht sein? Berlin 2019, 261.

41 Der normativistische Fehlschluss ist neben dem naturalistischen Fehler die reziproke Form des Sein-Sollen-Fehlschlusses. Während die naturalistische Variante aus dem Sein ein Sollen hervorzaubert (weil Frauen kleiner sind als Männer, sollen sie auch weniger Geld verdienen), wird normativistisch aus dem Sollen das Sein herbeigeredet (weil wir nicht betrunken Auto fahren sollen, macht das auch niemand von uns).

42 Vgl. WA 19, 624, 18–29. Luther verdeutlicht diese Differenz an einem bestechlichen Richter, aber auch bspw. ein mordender Soldat oder ein übergriffiger Pfarrer fallen unter diese Einsicht. Dabei ist beachtenswert, dass Luther mit dieser Unterscheidung einen doppelten ethischen Bewertungsmaßstab andeutet: Zum einen gibt es das Amt mit seinen sozialethischen Forderungen und mit den spezifischen Gefährdungen (bspw. Bestechlichkeit beim Richter). Zum anderen bleiben die personalethischen Verfehlun-

Amtes durch eine sündige Person zeigen kann, leider nicht die Rede. Aber Soldaten sind – gerade in diesen schwierigen Zeiten – auf kritische Solidarität angewiesen,[43] und das heißt für mich auch, einem Rechtsruck entgegenzutreten und damit die klare Mehrheit demokratischer Soldaten zu unterstützen.

Um diese verborgene Gefahr der subkutanen Kritiklosigkeit zu verdeutlichen, möchte ich auf eine eigene Erfahrung verweisen. Theoretisch wissen jeder Christ und auch jeder Soldat, dass Amt und Person nicht dasselbe sind. Luther folgend können sündige Menschen ein gutes Amt missbrauchen, sein Beispiel ist ein bestechlicher Richter, aber ebenso kann man auf einen übergriffigen Pastor und einen mordenden Soldaten verweisen – auch das dürfte keinen Widerspruch evozieren. Solche Menschen kann es geben, realistischerweise wird man sagen: wird es (leider) geben. Sobald ich aber mit Offizieren auf den Vorwurf »Soldaten sind Mörder« zu sprechen komme und ihn als Satz »Es gibt real Soldaten, die Mörder sind« mit dem Hinweis auf Massengräber, aus denen man durch Militärmunition hingerichtete Zivilisten ausgrub, belege, springen die meisten meiner Gesprächspartner auf die normative Ebene, verweisen also auf das gute Amt und auf die klare Befehlslage mit dem entsprechenden Verbot – wie im angegebenen Zitat: Soldaten dürfen das nicht, also machen sie es auch nicht. Dabei stammt dieses Beispiel von einem Offizier (der solche Gräber verifizieren musste) und kann verdeutlichen, welche realen Gefahren auf Soldaten zukommen. Und es kann sehr klar im Sinn der Inneren Führung ausgelegt wer-

---

gen, die häufig im Anschluss an klassische Tugenden formuliert wurden, bestehen (bspw. der faule Richter).

43 Vgl. DAVID LUBAN, Knowing when not to Fight; in: SETH LAZAR/HELEN FROWE (Hrsg.), The Oxford Handbook of Ethics of War, Oxford 2020, 185–203.

den, wenn man es mit den Folgefragen verbindet: Wer soll solche Mörder denn stoppen? Und wie kann man verhindern, dass diese »Stopper« dabei selbst zu Mördern werden? Aber es handelt sich eben um eine subkutane Gefahr, die theoretisch einsichtig gemacht werden kann, aber faktisch im Sog der institutionellen Verankerung immer wieder virulent wird.

Das vierte Argument ist das Insistieren auf dem Wortlaut der Komplementaritätsformel der Heidelberger Thesen von 1958. Die Thesen haben die in der evangelischen Kirche seit der Wiederbewaffnung und Neuaufstellung der Bundeswehr als einer deutschen Armee strittige Einstellung zur Atombewaffnung mit dieser Formel befrieden können, indem die achte These festhält, dass der Besitz von und die Drohung mit Atomwaffen zur Sicherung des Friedens »als eine heute noch mögliche christliche Handlungsweise« angesehen werden könne.[44] Das mag ein »dünner« Kompromiss gewesen sein, weil strittig blieb, ob dies ein dauerhafter Kompromiss im Atomzeitalter sei (so bspw. E. Schlink) oder ob es sich um den gegenwärtigen Standpunkt innerhalb eines dynamischen Prozesses handele (so bspw. H. Gollwitzer), der selbstverständlich im weiteren Verlauf zum Verzicht von Atomwaffen führen müsse. Aber immerhin war diese Formel konsensfähig (»Wir bleiben unter dem Evangelium zusammen und mühen uns um die Überwindung dieser Gegensätze«[45]) und eröffnete zudem der kirchlichen Seelsorge an jungen Männern, die vor der Entscheidung Wehrpflicht oder Kriegsdienstverweigerung

---

44 Frieden wahren, fördern und erneuern. Eine Denkschrift der Evangelischen Kirche in Deutschland, Gütersloh 1981, 83 (Abdruck der VIII. Heidelberger These) und 58 (Zustimmung zu dieser These durch die EKD 1981).

45 Frieden wahren, fördern und erneuern. Eine Denkschrift der Evangelischen Kirche in Deutschland, Gütersloh 1981, 81.

standen, eine beratungsoffene und auf die jeweilige Situation und Person konzentrierte Beratung.[46]

Manche konservativen Stimmen beharren nun auf einer Festschreibung der politischen Position von 1958, statt die Formel als kontinuierliche Suche nach einem Überlegungsgleichgewicht bei wechselseitiger Toleranz und Akzeptanz zu verstehen, wie es die Friedensdenkschrift von 1981 formulierte,[47] oder sie genereller als Sitzen zwischen zwei Stühlen als Ortsbeschreibung der Militärseelsorge zu interpretieren, wie es heute von Sylvie Thonak und Gerd Theißen vorgeschlagen worden ist.[48] Schon 1958 wurde diese Spannung deutlich, indem man einerseits klar erkannte, dass es sinnlos wäre zu versuchen, »die Weltmächte heute zum Verzicht auf die Atomrüstung« zu bewegen, andererseits aber festhielt, dass »der heutige Zustand nicht dauern darf«[49]. Demnach geht es um die Suche nach Verbesserungen (im Vorletzten), die aber nicht blauäugig oder realitätsblind sein dürfe. Die Denkschrift von 2007 hat nun eine Modifikation dieser Formel vorgenommen und formuliert, dass die Drohung mit Atomwaffen heute nicht mehr legitimierbar sei. Welche Konsequenz diese Veränderung hinsichtlich des Besitzes solcher Waffen haben könne, blieb allerdings 2007 strittig. Eine Argumentationslinie

---

46 Vgl. dazu VOLKER STÜMKE, Der Streit um die Atombewaffnung im deutschen Protestantismus; in: VOLKER STÜMKE/MATTHIAS GILLNER (Hrsg.), Friedensethik im 20. Jahrhundert, Stuttgart 2011, 49–69.

47 Frieden wahren, fördern und erneuern. Eine Denkschrift der Evangelischen Kirche in Deutschland, Gütersloh 1981, 56f.

48 Vgl. SYLVIE THONAK/GERD THEIßEN, Militärseelsorge. Das ungeliebte Kind protestantischer Friedensethik? Heidelberger Studien zur Praktischen Theologie 25, Münster 2020.

49 Frieden wahren, fördern und erneuern. Eine Denkschrift der Evangelischen Kirche in Deutschland, Gütersloh 1981, 86.

plädierte für eine vollständige nukleare Abrüstung in konkreten Schritten, während die andere Linie am Besitz der Atomwaffen festhalten wollte, schließlich könne man sie nicht wegerfinden, ohne aber damit explizit zu drohen.[50] Es hat also eine vorsichtige Suchbewegung stattgefunden, die aber keineswegs blauäugig genannt werden kann und die auch am politischen Dissens (der beiden Linien) festhält.

In einigen Veröffentlichungen wurde jedoch dieser klare Befund dahingehend verfälscht, dass behauptet wurde, die Denkschrift rede nicht mit einer Stimme oder widerspreche sich selbst.[51] Aber sie ist eindeutig, indem sie das Drohen ablehnt, die Konsequenzen hinsichtlich des Besitzes hingegen auf strittig stellt.[52] Allerdings versteht sich diese Modifikation

---

50 Vgl. Denkschrift Abs. 163 (»Friedensethisch geboten ist daher [. . .] die vollständige nukleare Abrüstung«) und Abs. 164: »Eine andere Argumentationslinie betont, man müsse sich, auch ohne jemandem explizit zu drohen, mit potentiellen Bedrohungen – nicht zuletzt durch die wachsende Zahl von atomar gerüsteten Staaten und die Gefahr, dass auch Terrorgruppen mit Massenvernichtungswaffen ausgestattet werden könnten – auseinandersetzen. Insofern bleibt die Abschreckung gültiges Prinzip.«

51 Vgl. INES-JACQUELINE WERKNER, Nukleare Abschreckung – eine »heute noch mögliche« ethische Option? in: INES-JACQUELINE WERKNER/THOMAS HOPPE (Hrsg.), Nukleare Abschreckung in friedensethischer Perspektive, Wiesbaden 2019, 1–11, 2; sowie HENDRIK STOPPEL, Einleitung; in: HENDRIK STOPPEL/CHRISTIAN POLKE (Hrsg.), Pluralität und Pluralismus in der evangelischen Friedensethik, Wiesbaden 2022, 1–18, 2.

52 Für mich ist folgende Analogie hilfreich, um diese Position nachzuvollziehen: Die ethische Forderung, mit seinem Reichtum nicht zu prahlen, ist nicht identisch mit der Forderung, die eigenen Reichtümer zu verringern oder abzuschaffen. So wie denkbar ist, reich zu bleiben und mit dem Geld auch zu arbeiten (als gültig bleibendes Prinzip), ohne damit anzugeben, ist nachvollziehbar, dass an dem Besitz von Atomwaffen festgehalten werden soll, ohne damit zu drohen. – Man mag einwenden, dass schon der Be-

keineswegs als Aufkündigung des evangelischen Konsenses, zumal sie erstens 2007 von der Kommission einstimmig beschlossen worden ist und zweitens den Freiraum und somit die Komplementarität für divergierende politische Überzeugungen beibehält.[53] Dass für evangelische Friedensethik sowohl die Kriegsdienstverweigerung als auch der Dienst an der Waffe weiterhin als heute noch legitime Äußerungen christlichen Glaubens gelten können, dass es demzufolge weiterhin eine evangelische Militärseelsorge gibt und geben soll, wird

---

sitz an sich als Drohung bzw. als Protzen empfunden werden könne, so dass die Unterscheidung der EKD 2007 künstlich anmute. Aber auch dies wäre erstens wieder ein Fehlschluss (a posse ad esse), der zudem zweitens das Merkmal einer pluralistischen Gesellschaft nicht bedenkt: In ihr wird es immer unterschiedliche Positionen und Empfindungen geben – wie es ja auch 1958 der Fall blieb. Die Differenzierung ist also ein Impuls, der die (aus meiner Überzeugung) richtige Richtung anzeigt (nämlich: Kritik an der atomaren Bewaffnung und Drohung) und zugleich eine nüchterne Beurteilung der Lage einbezieht, wobei diese Lagebeurteilung durch die jüngsten Ereignisse sicherlich nicht an Überzeugungskraft verloren hat.

[53] An dieser Stelle widerspreche ich also auch Reiner Anselm, Kategorien ethischen Urteilens im Konzept des gerechten Friedens; in: Ines-Jacqueline Werkner/Christina Schües (Hrsg.), Gerechter Frieden als Orientierungswissen, 2. Auflage Wiesbaden 2018, 49–65. Anselm stellt die Komplementaritätsformel in den Rahmen einer Grundsatzdebatte zwischen Barthianern und Lutheranern über die rechte Verhältnisbestimmung von Gesetz und Evangelium, so dass es sich nicht mehr um einen konkreten Kompromiss, sondern um einen eingefrorenen, weil unlösbaren Konflikt handeln würde. Aber das widerspricht nicht nur dem Wesen ethischer Kompromisse, es nimmt zudem nicht hinreichend wahr, dass auch das Verhältnis von Gesetz und Evangelium in der gegenwärtigen Theologie weitaus dynamischer beschrieben wird als in den konfessionalistischen Grundsatzdebatten. Zumindest bleibt Anselms Gesetzesverständnis sehr unscharf, weil er nicht klar ausführt, inwiefern es sich um biblische Gebote oder um natürliche oder gesellschaftliche Auflagen handele.

durch diese Modifikation nicht tangiert. Auch hier sind es also ausschließlich politische Vorbehalte gegenüber einer vorsichtigen Kritik an Atomwaffen, die man durch eine Dogmatisierung der Komplementaritätsformel als unveränderlichen Text theologisch-kirchlich aufbläht.

3. Neben dem immer bedrohlicher werdenden Klimawandel, der gefährlichen Lage im Gaza-Streifen und der zunehmenden Abkehr mehrerer Länder vom globalen Westen ist es vor allem Russlands Angriffskrieg gegen die Ukraine, der politische Rückfragen mit sehr unterschiedlichen Stoßrichtungen an die Denkschrift von 2007 evoziert. Diese politischen Kontroversen sollten in der evangelischen Kirche nicht zu Verfeindungen führen, sie erfordern allerdings das riskante Formulieren eines lutherischen Impulses.

Wahrscheinlich hat nicht erst die sogenannte Zeitenwende zu einem Wiedererstarken des politischen Realismus geführt – auch unter evangelischen Theologinnen und Pastoren.[54] Es steht mir nicht an, diese Entwicklung zu kritisieren, ich möchte lediglich, gleichsam als Nachklapp zur vorigen These, anmerken, dass man im Protestantismus die Begriffe »realis-

---

54 Die »Schwächen der Demokratisierung« und der »Siegeszug autoritärer Staatsformen« werden bereits von MATTHIAS DEMBINSKI (Gerechter Frieden in einer gespaltenen Welt. Die Potentiale von Anerkennung, Weltinnenpolitik und Zivilgesellschaft; in: INES-JACQUELINE WERKNER/MATTHIAS DEMBINSKI (Hrsg.), Gerechter Frieden jenseits des demokratischen Rechtsstaates, Wiesbaden 2019, 177–186, 178 f.) als aktuelle Herausforderung für das Konzept des Gerechten Friedens herausgestrichen. Und das aktuelle Friedenswort der deutschen Bischöfe listet drei grundlegende Themenkomplexe auf: neue »Gestalten der Gewalt«, der »Kollaps der internationalen Zusammenarbeit« und die »Brisanz kultureller und religiöser Identitäten« (»Friede diesem Haus«, 9).

tisch« und »nüchtern« zumindest dann auseinanderhalten sollte, wenn man sich in politischen Kontexten bewegt. Denn der nüchterne Blick auf Menschen, ihre Schwächen und Stärken und die damit einhergehende Ablehnung politischer Ideologien ist nicht identisch mit dem politischen Realismus und seiner Überzeugung, dass man Gewalt nur durch Gegengewalt im Zaume halten könne (*deterrence*).[55] Zumindest sollten wir als Christen bedenken, dass es noch andere Formen der Machtausübung neben der Gewalt gibt – wie das Wissen, die Verfügung über Ressourcen, das Einverständnis und nicht zuletzt religiöse Machtformen wie Charisma, Wort und Ehre.[56] Dem

---

[55] Eine aktuelle Übersicht über die politischen Theorien und ihren Einfluss auf die Friedensethik findet sich bei Ines-Jacqueline Werkner, Friedens- und Konfliktforschung. Eine Einführung, München 2020, 207 ff. Sie präsentiert folgende politikwissenschaftliche Lesarten mit ihren divergierenden Friedensstrategien: Realismus (Hobbes), Idealismus (Kant), Liberalismus (Locke) und Konstruktivismus. – Aus ethischer Sicht ist es das »nur«, das gegen eine realistische Lesart des Menschen spricht. Der politische Realismus leugnet damit die Relevanz der Ethik für politische Fragen und internationale Beziehungen. Wenn nur Gewalt hilfreich wäre, wäre sie alternativlos und dann gäbe es kein moralisches Abwägen von besseren und schlechteren Mitteln.

[56] Philipp Stoellger, Gewaltdeutung und Deutungsgewalt. Zu Religion und Gewalt im Horizont neuerer Gewaltforschung; in: Tatjana Lesch (Hrsg.), Religion und Gewalt: Freiburger literaturpsychologische Gespräche 2021 – Jahrbuch für Literatur und Psychoanalyse Band 40, Würzburg 2020, 75–148, hält zu Recht fest, dass es auch eine Sprachgewalt und eine Wortmacht gibt, die sich ambivalent äußern können. Allerdings ist sein Rekurs auf das Machtwort, das zur Durchsetzung der eigenen (sprachlichen) Position diene (ebd. 130), zu eng, weil es das Einverständnis (pejorativ: jemanden nach dem Munde reden) als Machtform nicht einbezieht. »Gewalt ist [nur – VS] eine Form der Machtausübung« (»Friede diesem Haus«. Friedenswort der deutschen Bischöfe, Abs. 61).

widerspricht nicht die (von mir nicht geteilte) Einschätzung des politischen Realismus, dass (militärische) Gewalt in der Zeitenwende das beste Mittel sei, solange deutlich bleibt, dass es nicht das einzige Machtmittel ist.

Die soeben dargestellte Kontroverse um die Komplementaritätsformel ist auch deshalb virulent, weil mit Russland eine Atommacht einen Krieg angezettelt hat und sich damit gegen das Völkerrecht sowie alle diplomatischen und politischen Friedensbemühungen positioniert hat. Daher ist nachvollziehbar, wenn Theologieprofessoren und Militärpfarrerinnen behaupten, dass die Modifikation von 2007 politisch kein Fortschritt, sondern ein Rückschritt gewesen sei und dass man stattdessen zu der Einsicht zurückkehren solle, »eine Sicherheitsordnung ohne atomare Abschreckung [sei] gegenwärtig kaum denkbar«[57]. Das ist eine klare politische Einschätzung, die nicht theologisch oder religiös verbrämt worden ist, sondern sich als argumentativ untermauerte Lesart der gegenwärtigen Weltlage auszeichnet und dabei starke Schnittmengen mit dem politischen Realismus aufweist.

Dementsprechend werde ich jetzt auch eine politische (und nicht theologische) Rückfrage an diese Position formulieren, bevor ich zum Abschluss einen lutherischen Impuls für die gegenwärtige Lage vorstellen möchte. Wenn derselbe Autor auf derselben Seite nachweist, dass man auch gegen eine Atommacht einen Krieg gewinnen könne und dabei auf Afghanistan verweist, das sowohl die Sowjetunion als auch die

---

[57] ULRICH H. J. KÖRTNER, Heidelberg revisited? Zur Aktualität der Komplementarität in der Friedensethik; in: INES-JACQUELINE WERKNER (Hrsg.), Friedensethik angesichts des Krieges in der Ukraine, Heidelberg 2024, 59–72, 66 unter Rückgriff auf eine Formulierung von Reiner Anselm, Katja Bruns und Roger Mielke.

Nato wieder vertrieben habe, dann ist mir unklar, wozu Atomwaffen und das Drohen mit ihnen in der jetzigen Lage hilfreich sein könnten. Abschreckung durch Atomwaffen funktioniere nur, so der Autor weiter, indem sie einen Angriff (auf einen Staat mit solchen Waffen) verhindere, hier böte sie zumindest »eine erhöhte Sicherheit vor einem Angriffskrieg«[58]. Daher gebe es derzeit, in Übereinstimmung mit der Denkschrift von 2007, gute Gründe, am Besitz von Atomwaffen festzuhalten, weil sie konkret einen Schutz der NATO vor der russischen Aggression bieten würden. Aber der aktuelle Fall hat noch eine andere Pointe: Die Atommacht greift an und eine legitime Verteidigung steht vor dem politischen und vor allem militärischen Problem, keinesfalls selbst zum Angriff zu mutieren (bspw. russisches Territorium zu betreten) und damit die Gefahr einer atomaren Eskalation zu verstärken. Ob »der Westen« mit seinen Atomwaffen droht oder nicht, spielt für den Krieg in der Ukraine keine Rolle. Die Atombomben sind somit der »Elefant im Raum«, jeder weiß darum, aber die Debatte wird umgangen, denn klar ist, dass nur der Verzicht auf diese Waffen friedensethisch einen Fortschritt bedeuten würde, aber das ist utopisch. Stattdessen greift man in der unklaren und gefährlichen Lage auf die alten politischen Muster (sprich: den Realismus) zurück. Ist das eine Übersprungshandlung? Oder eine Rückkehr in die vermeintlich gute, alte Zeit? Aber ist nicht demgegenüber das Zurückweisen des Drohens ein, wenngleich schwaches, Zeichen dafür, dass die Kirche nicht nachlässt, dieses Problem zu analysieren und Schritte auf dem Weg des Friedens vorzuschlagen?[59]

---

58 ULRICH H. J. KÖRTNER, ebd. 67.

59 Zumindest notiert werden soll, dass im Summit on Peace in Ukraine: Joint

Der theologische Impuls, wie man einer gefährlichen Situation der Machtlosigkeit begegnen könne, liegt im Verweis auf Buße und Demut.[60] Wir haben uns in eine Welt der Atomwaffen verrannt und können auch nicht einfach aus ihr ausbrechen – in der Tat sind anderslautende Formulierungen mancher Christen blauäugig und daher politisch gefährlich; aber falsch sind sie nicht. Die katholischen Friedensethiker Gerhard Beestermöller und Thomas Hoppe haben zu Recht auf den Vertrauensverlust gegenwärtiger Politik verwiesen – entstünde er daraus, dass die Politik hinter anonymisierten Handlungen verborgen, oder daraus, dass sie durch ausschließlich interessengeleitete Willkür unglaubwürdig werde.[61] Das betrifft auch die gegenwärtig kaum mögliche

---

Communiqué on a Peace Framework, Bürgenstock, Switzerland 16 June 2024 festgehalten worden ist: »Any threat or use of nuclear weapons in the context of the ongoing war against Ukraine is inadmissible.« Sobald man nicht mehr einseitig auf die Vorteile fokussiert ist, die der Besitz von Atomwaffen mit sich bringen könnte, sondern angesichts der aktuellen Lage in der Ukraine die Nachteile des Besitzes und des Drohens mit diesen Waffen einbezieht, wird die Formulierung der EKD von 2007 zu einem weiterhin aktuellen politischen Impuls.

60 ULRICH LINCOLN, Prekäre Geschöpflichkeit. Beiträge zum theologischen Gewaltdiskurs, Tübingen 2021, rekurriert ebenfalls auf die Buße als »epistemische Form christlicher Selbst-Kritik und Selbst-Auslegung im Licht des Evangeliums« (ebd. 423). Er bleibt allerdings allgemein und abstrakt, indem er die Buße festmacht an der Verletzlichkeit des Menschen, also an unserer unentrinnbaren Gewaltverstrickung, wohingegen ich Buße als konkrete Selbst-Kritik an der verfahrenen (durch uns hervorgebrachten) aktuellen Lage des Atomdilemmas verstehe.

61 Vgl. GERHARD BEESTERMÖLLER, Im Prinzip hat sich nichts geändert? Theologische Friedensethik im Umbruch der Zeiten; in: BERNHARD RINKE, Die harte Schule der neuen Gewalt. Denkwege theologischer Gewaltkritik in der Zeitenwende vor den Herausforderungen des 21. Jahrhunderts,

Möglichkeit, Atomwaffen abzurüsten. Dennoch gilt: »Es ist höchste Zeit, aus der Abschreckung mit nuklearen Mitteln auszusteigen.«[62] Die Grenze der Abschreckungsstrategie ist also deutlich sichtbar, weil Atomwaffen nicht nur einen Schutz vor Angriffen bieten, sondern auch bei eigenen Verstößen gegen das Völkerrecht Schutz vor strafrechtlichen Folgen bieten. Stehen wir also wieder einmal zwischen den Zeiten?[63]

Münster 2021, 203–276. Er hält fest, dass die gegenwärtige »Friedensethik häufig nicht hinreichend über ihren Subjektbezug reflektiert« (260), weil dieser Bezug des politischen Handelns auf Personen durch institutionelle Einbindungen, sachbezogene Argumente und anonymisierte Verfahren übersteuert werde. THOMAS HOPPE, Gewaltprävention als Leitperspektive; in: HENDRIK STOPPEL/ANGELIKA DÖRFLER-DIERKEN (Hrsg.), Gewaltfreiheit zwischen Anspruch und Realität, Wiesbaden 2022, 145–167. Er moniert, dass der Vertrauensverlust in der Politik durch die machtpolitischen Unterschiede und die einseitige Ausnutzung des Machtgefälles gewachsen sei (160 f.).

62 »Friede diesem Haus«. Friedenswort der deutschen Bischöfe, Abs. 207.

63 Mit Blick auf den Klimawandel habe ich im Rückgriff auf Argumente der Dark Ecology ebenso votiert; vgl. VOLKER STÜMKE, Schöpfungsethik und Klimawandel; in: RAINER RAUSCH ET AL. (Hrsg.), Lutherische Schöpfungstheologie. Skandinavische Prägung – heutige Verantwortung, Rostock 2023, 147–174.

Friedrich Lohmann

Das theologische Konzept der EKD-Friedensdenkschrift von 2007

Eine Kritik aus lutherischer Sicht

1. Das Leitbild des gerechten Friedens

Das theologische Leitkonzept der EKD-Friedensdenkschrift von 2007 ist das des »gerechten Friedens«, das als Alternative und Fortschritt gegenüber der traditionellen kirchlichen Lehre vom »gerechten Krieg« profiliert wird.[1] Die konzeptionellen Differenzen lassen sich folgendermaßen zusammenfassen:

(1) Das Leitbild des gerechten Friedens ändert den Bezugspunkt der kirchlichen Friedenstheologie; an die Stelle des Kriegs tritt der Frieden. Das ist zunächst eine absichtsvolle *terminologische* Differenz: Im Namen des Konzepts soll der Frieden, der auch in der Lehre vom gerechten Krieg immer das Woraufhin möglicher legitimierter Gewaltanwendung war, klar zum Ausdruck kommen. Zudem lässt die Rede vom *gerechten*

[1] Vgl. z. B. Kirchenamt der EKD (Hrsg.), Aus Gottes Frieden leben – für gerechten Frieden sorgen. Eine Denkschrift des Rates der Evangelischen Kirche in Deutschland, Gütersloh [2]2007, 9 (Vorwort): »Auch die Herausforderung durch den modernen internationalen Terrorismus rechtfertigt deshalb keine Wiederbelebung der Lehre vom ›gerechten Krieg‹. Vielmehr bewährt sich gerade in einer solchen Situation die Ausrichtung aller friedenspolitischen Überlegungen an der Leitidee des ›gerechten Friedens‹.«

Krieg vergessen, dass in der traditionellen Lehre Krieg niemals als per se »gerecht«, sondern als ein Übel angesehen wurde, das unter bestimmten Umständen legitimiert werden kann. Die Rede vom »gerechtfertigten Krieg« wäre daher eine angemessenere Bezeichnung dieses Konzepts. Die Rede vom »gerechten Frieden« ist frei von solchen terminologischen Unzulänglichkeiten; sie nimmt den Frieden als Leithorizont kirchlichen und staatlichen Handelns klar in den Blick und verknüpft ihn mit einem eindeutigen Bezug auf Gerechtigkeit.

(2) Die Ausrichtung am gerechten Frieden hat jedoch auch eine konkretere Implikation. Wo die Lehre vom gerechten Krieg lediglich in einer Situation des gebrochenen Friedens ansetzt und fragt, ob eine Berechtigung besteht, Gewalt anzuwenden, um den Frieden wiederherzustellen, reflektiert das Leitbild des gerechten Friedens auf den Frieden als solchen, indem es primär Bedingungen eines gerechten Friedens und eben nicht eines gerechten Kriegs untersucht. Das impliziert einen gehaltvollen Friedensbegriff. Die Denkschrift von 2007 identifiziert in diesem Sinne vier »Dimensionen« des gerechten Friedens, die über die Frage nach der Anwendung von Gewalt, die in der traditionellen Lehre im Mittelpunkt steht, weit hinausgehen: Schutz vor Gewalt, Förderung der Freiheit, Abbau von (ökonomischer) Not, Anerkennung kultureller Verschiedenheit.[2]

(3) Die Reflexion auf Friedensbedingungen hat im Leitbild vom gerechten Frieden einen moralischen, handlungsorientierenden Hintergrund: Sie nimmt in den Blick, was getan

---

2 Vgl. a. a. O., Ziffer 78–84.

werden muss, um Frieden zu ermöglichen, zu erhalten oder wiederherzustellen, denn Ungerechtigkeit im Bereich einer oder mehrerer der vier Dimensionen steht dem gerechten Frieden im Wege und ist konfliktfördernd. Das wird nicht zuletzt im Titel der EKD-Denkschrift von 2007 hervorgehoben: »für gerechten Frieden sorgen«. Dieser Fokus auf Konfliktprävention fehlt in der Lehre vom gerechten Krieg in ihrer traditionellen Ausprägung.

Die drei genannten Aspekte – Friede als Leithorizont, gehaltvoller Friedensbegriff und Fokus auf Prävention – markieren die Differenz des Leitbilds des gerechten Friedens von der Lehre vom gerechten Krieg. Andere Aspekte, die gelegentlich ebenfalls als Differenzmarker genannt werden, sind hingegen nicht entscheidend. (1) So besteht in beiden Konzepten Einigkeit dahingehend, dass der Einsatz von Gewalt so weit als möglich zu minimieren, aber grundsätzlich erlaubt ist. Es ist nicht korrekt, wenn in der kirchlichen Rezeption der Denkschrift[3] das Konzept des gerechten Friedens mit einem Fokus auf Gewaltfreiheit verbunden und dadurch gegenüber dem Konzept des gerechten Kriegs profiliert wird. Die Denkschrift enthält in den Abschnitten 3.2 und 3.3 ausdrücklich einen positiv gedeuteten Begriff der »rechtserhaltenden Gewalt«, der an die Erlaubniskriterien der Lehre vom gerechten Krieg an-

3 Vgl. Ökumenische Centrale/Arbeitsgemeinschaft Christlicher Kirchen (ACK) (Hrsg.), Gerechter Friede. Handreichung zum Diskussionsstand, Frankfurt am Main 2011 (vor allem Abschnitt 3: »Gewaltfreiheit – Kern des gerechten Friedens«); Synode der Evangelischen Kirche in Deutschland, Kundgebung der 12. Synode der Evangelischen Kirche in Deutschland auf ihrer 6. Tagung, Dresden 2019, 2: »Auf dem Weg der Gerechtigkeit und des Friedens hören wir Gottes Ruf in die Gewaltfreiheit.«

knüpft. Es sind, etwa in Fällen gravierender innerstaatlicher Unterdrückung, sogar Szenarien denkbar, in denen das Leitbild des gerechten Friedens eher zu einer gewaltsamen Intervention nötigt als die traditionell ja rein zwischenstaatlich gedachte Lehre vom gerechten Krieg. Das Leitbild ist gegenüber der traditionellen Lehre vom gerechten Krieg, aber eben auch gegenüber gewaltfreien Lesarten durch einen sehr starken Akzent auf nachhaltig gerechte Lebensverhältnisse charakterisiert, und es legitimiert den – begrenzten – Einsatz von Gewalt, wenn damit ungerechte und strukturell gewaltsame Umstände verhütet oder beseitigt werden können, weil diese eben einem nachhaltigen, gerechten Frieden im Wege stehen.[4]
(2) Lediglich graduell unterschiedlich ist zwischen beiden Konzepten die Relevanz, die dem Recht in seiner friedensfördernden Funktion gegeben wird: Wo im Leitbild des gerechten Friedens das Recht stellenweise als Königsweg zum Frieden erscheint (»Friede durch Recht«; »*rechts*erhaltende Gewalt«), ist es in einem der Kriterien des gerechten Kriegs – als *legitima auctoritas* – immer schon mitbedacht worden.[5]

---

4 Vgl. hierzu Lothar Brock, Rechtserhaltende Gewalt im Kontext einer komplexen Friedensagenda, in: Ines-Jacqueline Werkner/Torsten Meireis (Hrsg.), Rechtserhaltende Gewalt – eine ethische Verortung, Wiesbaden 2019, 117–148, 123: »Die Erweiterung des Friedensbegriffs kann also das friedensethische Gewaltproblem verschärfen, das darin besteht, dass Kritik und Legitimation von Gewalt eng aufeinander bezogen sind. Je kritischer bestehende Gewaltverhältnisse gesehen werden, desto eindringlicher stellt sich die Frage, ob ihnen nicht notfalls mit Gewalt begegnet werden muss.«

5 Vgl. zur Einführung in die lange Geschichte der Lehre vom gerechten Krieg und ihre aktuelle Auslegung: Heinz-Gerhard Justenhoven/William A. Barbieri, Jr. (Hrsg.), From Just War to Modern Peace Ethics, Berlin/New York 2012 (Arbeiten zur Kirchengeschichte 120); Ines-Jacqueline

Bei einer Einbeziehung all dieser Aspekte erscheint das Leitbild des gerechten Friedens eher als eine erweiternde Fortschreibung der Lehre vom gerechten Krieg und weniger als Alternative zu dieser. Die Aussagen der Denkschrift, die auf eine Alternativsetzung hinauslaufen und die Lehre vom gerechten Krieg für obsolet erklären, beruhen aus heutiger Sicht auf einer optimistischen Fehleinschätzung der Durchsetzungsmöglichkeiten von internationalem Recht.[6]

2. Theologische Kritik am Leitbild

Ehe ich auf die Frage eingehe, ob es eine spezifisch lutherische Kritik am Leitbild des gerechten Friedens gibt, möchte ich generell auf die theologische Kritik eingehen, die das Leitbild hervorgerufen hat. Ich beschränke mich dabei auf protestantische Stimmen und lasse die römisch-katholische Rezeption

---

Werkner/Klaus Ebeling (Hrsg.), Handbuch Friedensethik, Wiesbaden 2017, 189–339.

6 Vgl. vor allem Kirchenamt der EKD (Hrsg.), Frieden (s. Anm. 1), Ziffer 99: »Diese Prüfkriterien zielten ursprünglich auf die Disziplinierung, nicht etwa auf die Förderung der Bereitschaft zum Krieg. Nicht gegen Kriterien dieser Art als solche, wohl aber gegen die überkommenen Rahmentheorien des gerechten Kriegs, in die sie eingefügt waren, bestehen prinzipielle Einwände. Denn die Theorien des *bellum iustum* entstammen politischen Kontextbedingungen, in denen es eine rechtlich institutionalisierte Instanz zur transnationalen Rechtsdurchsetzung ebenso wenig gab wie eine generelle Ächtung des Krieges.« Aus einer historischen Entwicklung »prinzipielle Einwände« abzuleiten, ist ein Kategorienfehler, wie im politischen Kontext der gegenwärtigen »Welt in Aufruhr« (Herfried Münkler, Welt in Aufruhr. Die Ordnung der Mächte im 21. Jahrhundert, Berlin 2023 – ein Beispiel neben vielen anderen entsprechenden Analysen) schmerzlich bewusst wird.

des »gerechten Friedens« beiseite. Die Deutsche Bischofskonferenz hatte ja schon im Jahr 2000, einige Jahre vor der EKD-Friedensdenkschrift, eine Erklärung mit dem programmatischen Titel »Gerechter Friede« herausgegeben.[7] Meiner Wahrnehmung nach verlaufen die Debatten um dieses Thema im Katholizismus weitaus weniger kontrovers, was nicht heißen muss, dass dort alle mit einer Stimme sprechen.[8]

Bei der Benennung und Darstellung der drei ersten kritischen Einwände aus der protestantischen Diskussion um das Leitbild des gerechten Friedens knüpfe ich an deren Zusammenfassung in Marco Hofheinz' Habilitationsschrift an und aktualisiere die Belege.[9] Hofheinz bezieht sich auf Veröffent-

---

7 Sekretariat der Deutschen Bischofskonferenz (Hrsg.), Gerechter Friede, Bonn ²2000. Das Friedenswort der deutschen Bischöfe von 2024 knüpft ausdrücklich an diese Erklärung an und schreibt sie fort. Vgl. Sekretariat der Deutschen Bischofskonferenz (Hrsg.), »Friede diesem Haus«. Friedenswort der deutschen Bischöfe, Bonn 2024, v. a. Ziffer 3: »Wir haben zuletzt im Jahr 2000 einige grundlegende friedensethische Reflexionen in unserem Schreiben ›Gerechter Friede‹ vorgelegt und wir sind dankbar, dass das Paradigma des gerechten Friedens zum Leitbild der Friedenslehre und -praxis der katholischen Kirche in Deutschland wurde.« Zum Vergleich zwischen »Gerechter Friede« und »Aus Gottes Frieden leben – für gerechten Frieden sorgen« vgl.: Thomas Hoppe/Ines-Jacqueline Werkner, Der gerechte Frieden: Positionen in der katholischen und evangelischen Kirche in Deutschland, in: Ines-Jacqueline Werkner/ Klaus Ebeling (Hrsg.), Handbuch Friedensethik, Wiesbaden 2017, 343–359, 349–353.

8 Vgl. Heinz-Gerhard Justenhoven/Rolf Schumacher (Hrsg.), »Gerechter Friede« – Weltgemeinschaft in der Verantwortung. Zur Debatte um die Friedensschrift der deutschen Bischöfe, Stuttgart 2003 (Theologie und Frieden 2).

9 Marco Hofheinz, »Er ist unser Friede«. Karl Barths christologische Grundlegung der Friedensethik im Gespräch mit John Howard Yoder, Göttingen 2014 (FSÖTh 144), 579–595.

lichungen, die schon vor 2007, dem Erscheinungsjahr der EKD-Friedensdenkschrift, publiziert wurden. Die von ihm referierte Kritik ist nach wie vor aktuell.

(1) Utopismusvorwurf: Es wird kritisiert, dass das Leitbild des gerechten Friedens die grundsätzliche Konflikthaftigkeit menschlicher Beziehungen verharmlost, wenn es den Krieg gegenüber dem Frieden ins zweite Glied rückt und überdies ein Bild des vollständigen Friedens entwirft und diesen als innerweltlich machbar erscheinen lässt. Ein Beispiel für diese Kritik finden wir bei Martin Honecker: »Gerechter Friede ist ein moralisches Postulat. Aber er setzt eine Menschennatur voraus, die frei von Sünde ist. Die Gerechtigkeit des Sünders ist jedoch stets eine angefochtene. Und das Böse, die Sünde äußert sich auch in der Lüge und in der Verkehrung der Wahrheit. Die Friedensmöglichkeiten der Menschheit finden ihre Grenzen an der conditio humana.«[10] Und weiter: »›Iustitia et pax‹ war somit seit der Alten Kirche stehende Redewendung. Allerdings: Die politische Vorstellung eines gerechten Friedens wurde damit gerade nicht verknüpft. Gerechtigkeit und Friede (und Freude im Heiligen Geist) sind vielmehr Kennzeichen des Reiches Gottes. Auf eine Welt ohne Ungerechtigkeit und Unfriede hoffen Christen zwar im Glauben. Aber sie führen ihn nicht selbst herbei.«[11] Ulrich Körtner hat diese Kritik jüngst erneuert: »Zusammenfassend lautet die Kritik am Leitbild des gerechten Friedens, dass es zwar durchaus zwischen

---

[10] Martin Honecker, Gerechter Friede und/oder gerechter Krieg, in: Peter Dabrock et al. (Hrsg.), Kriterien der Gerechtigkeit. Begründungen – Anwendungen – Vermittlungen. FS Christofer Frey, Gütersloh 2003, 251–268, 266.

[11] A. a. O., 266 f.

dem Frieden Gottes, verstanden als Vollendung der Welt im Reich Gottes, und einer innerweltlichen politischen Friedensordnung zu unterscheiden weiß. [...] Doch vermengt sie am Ende die biblische Hoffnung auf das Reich des göttlichen Friedens mit der Utopie einer auf die Vereinten Nationen bauenden Weltfriedensutopie.«[12] Ähnlich hat sich auch der ehemalige Militärbischof Hartmut Löwe in einem in der FAZ erschienenen Leserbrief vom März 2022 geäußert.[13]

(2) Vorwurf semantischer Verschleierung: Hier geht es um die Distanzierung, die das Leitbild des gerechten Friedens gegenüber der Lehre vom gerechten Krieg vornimmt.[14] Da die diese Lehre maßgeblich tragenden Prüfkriterien für den Einsatz militärischer Gewalt weiterhin für gültig erklärt werden,[15] sei diese Distanzierung in der Sache nicht gerechtfertigt und eine bloß rhetorische Figur, eine »Flucht in die Rheto-

---

12 ULRICH H. J. KÖRTNER, Evangelische Friedensethik auf dem Prüfstand. Friedensethische Konsequenzen aus dem Ukrainekrieg, in: ThLZ 148 (2023, 9), 796–808, 801.

13 HARTMUT LÖWE, Der militärische Beitrag zum Frieden, FAZ 17.3.2022: »Die Botschaft Jesu vom Frieden muss sich bewähren unter den Bedingungen, in denen die Menschen und Völker leben. Die Kirche und noch mehr die Kirchentage haben dagegen Illusionen genährt, sicherheitspolitische Notwendigkeiten nur selten zur Kenntnis genommen, den militärischen Beitrag zur Wahrung des Friedens sträflich vernachlässigt, ja häufig diffamiert [...]. Eine verständliche Friedenssehnsucht hat elementare Voraussetzungen des Friedens einfach übergangen, Illusionen nicht widerstanden, die biblischen Einsichten in die Conditio humana nicht beachtet.«

14 Vgl. außer dem Beleg o. Anm. 5 noch folgenden Spitzensatz: »Das moderne Völkerrecht hat das Konzept des gerechten Kriegs aufgehoben. Im Rahmen des Leitbilds vom gerechten Frieden hat die Lehre vom *bellum iustum* keinen Platz mehr« (KIRCHENAMT DER EKD [Hrsg.], Frieden [s. Anm. 1], Ziffer 102).

15 Vgl. in der Denkschrift: a. a. O., Ziffer 102.

rik«[16]. So schrieb Ulrich Körtner bereits 2003: »Der Sache nach wird also in den jüngsten friedensethischen Verlautbarungen der EKD eine Neuinterpretation der Lehre vom gerechten Krieg vorgetragen, die aber offenkundig aus innerkirchlicher Rücksichtnahme auf divergierende friedensethische Grundpositionen nicht offen beim Namen genannt werden darf.«[17] Neuerdings hat der Philosoph Uwe Steinhoff in einem in der FAZ erschienenen Artikel auf logische und sprachliche Widersprüche in der EKD-Position zum gerechten Krieg hingewiesen.[18]

(3) Vorwurf des Rechtspositivismus: Neben Ulrich Körtner, der, wie eben im Zitat anklang, die starke Ausrichtung des Leitbilds des gerechten Friedens an der Arbeit der Vereinten Nationen kritisiert, hat vor allem Michael Haspel den Vorwurf einer ethischen Überschätzung des Völkerrechts erhoben: »Anstatt aus der ethischen Argumentation Prinzipien herzuleiten, die dann positivrechtlich ausgestaltet werden sollen, werden hier die Einzelnormen des positiven Völkerrechts zum Substitut für ethische Kriterien. Damit wäre systematisch – man kann wohl unterstellen unintentional – die Position des Rechtspositivismus eingenommen. Der Begründungszusammenhang ist damit aufgehoben. Es fehlen dann die Möglichkeiten, das positive Recht aus der Perspektive des ethischen

16 Ulrich H. J. Körtner, Flucht in die Rhetorik. Der Protestantismus muss eine Friedensethik entwickeln, die heutigen Kriegen gerecht wird, in: Zeitzeichen 7 (2006/9), 12–14.

17 Ulrich H. J. Körtner, »Gerechter Friede« – »gerechter Krieg«. Christliche Friedensethik vor neuen Herausforderungen, in: ZThK 100 (2003), 348–377, 357.

18 Uwe Steinhoff, Wir brauchen eine Kriegsethik, FAZ 23.4.2022.

Diskurses zu kritisieren oder an seiner Weiterentwicklung mitzuwirken, da ja dem politisch-rechtlichen Diskurs alleinige Normativität zugestanden wurde.«[19] In die gleiche Richtung geht Sybille Fritsch-Oppermann in einem Kommentar zur Friedensdenkschrift.[20] Der Vorwurf, dass in der Denkschrift die Möglichkeiten des Völkerrechts überschätzt werden, klingt in einigen theologischen Stellungnahmen zur friedensethischen Debatte nach der russischen Invasion der Ukraine im Februar 2022 ebenfalls an.[21]

---

19 Michael Haspel, Friedensethik und Humanitäre Intervention. Der Kosovo-Krieg als Herausforderung evangelischer Friedensethik, Neukirchen-Vluyn 2002, 53.

20 Sybille C. Fritsch-Oppermann, Angewandte Friedensethik? Anmerkungen zur Friedensdenkschrift der EKD, in: Materialdienst des Konfessionskundlichen Instituts Bensheim 59 (2008/2), 38–40, 39: »Gerade wer sich der Zwei-Reiche-Lehre Luthers verpflichtet weiß, muss zur Kenntnis nehmen, dass Völkerrecht und eben auch die Universalität der Menschenrechte keinen anderen Verbindlichkeitsgrund beanspruchen können als den von bestenfalls mehrheitlich geltenden ethischen, rechtlichen und politischen Übereinkünften. […] Recht, das nicht Naturrecht ist, sondern den freiwilligen Vertragscharakter und die ihr [sic] folgende, positive Setzung betont, muss sich immer seiner verantworteten Vorläufigkeit bewusst bleiben und zur eigenen Vergewisserung der kritischen Reflexion und dem Diskurs mit anders Denkenden stellen.«

21 Vgl. Hans Michael Heinig, Selig sind die Friedfertigen, in: FAZ 4.7.2022, 7 (»Zugleich werden wir gegenwärtig auf dramatische Weise des Umstands gewahr, dass das Recht in den internationalen Beziehungen anders wirkt, andere Durchsetzungsressourcen und andere Gefährdungen der Rechtstreue kennt als im staatlichen Kontext.«); Dirck Ackermann et al., Maß des Möglichen. Perspektiven evangelischer Friedensethik angesichts des Krieges in der Ukraine. Ein Debattenbeitrag, Berlin 2023, 40 (»Der ›Perspektive einer auf Recht gegründeten Friedensordnung‹ EKD 2007: Ziffer 98) sind real existierende Grenzen mitgegeben: Recht wird von Menschen gesetzt und angewendet und ist daher dem allzu menschlichen Spiel von

Die drei genannten Vorwürfe werden, wie gesagt, bereits vor dem Erscheinen der Denkschrift am Konzept des gerechten Friedens geübt. Für die Rezeption der Denkschrift selbst liegen erfreulicherweise zwei 2008 im Rahmen der epd-Dokumentation veröffentlichte Zusammenstellungen von Reaktionen vor. Die erste versammelt die Beiträge einer im Februar 2008 an der Evangelischen Akademie zu Berlin veranstalteten Tagung zur neuen Friedensdenkschrift.[22] Dabei ging es primär um die Diskussion der Denkschrift mit Vertreterinnen und Vertretern der nicht-theologischen Wissenschaft und der Politik. Als theologische Beiträge zu nennen sind die von Käßmann, Reuter und Haspel. Während die beiden zuerst Genannten aus der Perspektive der Denkschrift sprechen, kritisiert Haspel einerseits den mangelnden Realitätsbezug der Denkschrift hinsichtlich des Status quo der Internationalen Beziehungen und andererseits eine nur selektive Wahrnehmung der traditionellen und aktuellen Lehre vom gerechten Krieg.[23]

Für die hier interessierende Frage der spezifisch theologischen Rezeption ergiebiger ist die zweite epd-Dokumentation, die Gerhard Arnold erarbeitet hat.[24] Diese Rezeption fällt im

---

Macht und Interesse ausgesetzt. Zudem gibt es eine Pluralität des Rechts, vielfältige Rechtsverständnisse, die sich auch an anderer Stelle als dem VN-Sicherheitsrat bemerkbar machen und durch die Rede von dem ›VN-Rechtssystem‹ nur notdürftig übertüncht werden.«).

22 Michael Haspel/Rüdiger Sachau/Uwe Trittmann (Hrsg.), »... für gerechten Frieden sorgen«. Die neue Friedensdenkschrift der EKD in der Diskussion. Referate einer Tagung der Evangelischen Akademie zu Berlin in Kooperation mit der Evangelischen Akademie Thüringen und der Evangelischen Akademie Villigst vom 15. bis 17. Februar in Berlin, in: epd-Dokumentation 19/20, 2008.

23 Michael Haspel, Gerechter Friede – Gerechter Krieg, a. a. O., 43–46.

24 Gerhard Arnold (Hrsg.), Reaktionen auf die neue Friedensdenkschrift

Großen und Ganzen positiv aus. Wo Kritik geäußert wird, handelt es sich meist nicht um theologische Kritik, sondern um das Benennen von Fehlstellen. So vermisst Friedrich Schorlemmer ein Eingehen auf die Friedensbewegung in der ehemaligen DDR und ihren Beitrag zur Entwicklung des Konzepts des gerechten Friedens.[25] Angelika Dörfler-Dierken kritisiert, dass Soldatinnen und Soldaten zu wenig in den Blick genommen werden. Zudem sieht sie in der Denkschrift einen zu starken Fokus auf Politik und Öffentlichkeit. »Die einzelnen evangelischen Christen mit ihrem persönlichen Beitrag zum Frieden kommen dagegen kaum in den Blick.«[26] Aus Sicht von Ulrich Duchrow kommen »die Perspektiven der weltweiten Christenheit zu kurz«.[27] Er fordert: »Der Rat der ekd [sic] sollte einen Konsultationsprozess zur Kritik der neo-liberal-imperialen Politik und Wirtschaft in Deutschland und der EU als Ursachen des Unfriedens organisieren.«[28]

Von Seiten der Friedensbewegung ist ein Beitrag von Ullrich Hahn abgedruckt, damals Vorsitzender des deutschen Zweiges des Internationalen Versöhnungsbundes. Er kritisiert, dass gewaltfreie Methoden bloß als Ergänzung zum militärischen Handeln genannt werden und von einer »Ethik,

---

der EKD, in: epd-Dokumentation 22/23, 2008. Das Heft enthält ausgewählte Beiträge. Weitere sind am Ende in einer Bibliographie aufgeführt.

25 FRIEDRICH SCHORLEMMER, Ross und Reiter werden nicht genannt. Die neue Friedensdenkschrift der EKD enthält gute Gedanken – doch blendet kritische Aspekte aus, a. a. O., 14 f.

26 ANGELIKA DÖRFLER-DIERKEN, Neue Herausforderungen – neue Antworten? Zur neuen Friedensdenkschrift der EKD, a. a. O., 32–36, Zitat: 33 f.

27 ULRICH DUCHROW, Von oben herab. Die Friedensdenkschrift der EKD verschweigt die eigentlichen Ursachen für Ungerechtigkeit und Krieg, a. a. O., 37–39, Zitat: 37.

28 A. a. O., 39.

ohne Rüstung zu leben, [...] keine Rede mehr« sei.[29] Theologisch interessant ist Hahns Kritik am Rechtsverständnis der Denkschrift. »Es beruht«, so Hahn, »auf einem [...] Bild der sündhaften menschlichen Natur, die durch die Staatsgewalt und ihre strafende Funktion im Zaum gehalten werden muss.«[30] Demgegenüber verweist Hahn auf »ein Verständnis des Rechts, das der Macht gegenübertritt, ihr ohnmächtig widersteht – wie die alttestamentlichen Propheten im Angesicht der Könige und wie Jesus am Kreuz gegenüber dem römischen Imperium«, und dies »durch die Kraft der Überzeugung« tue »und nicht aus Angst vor Strafe«.[31] Hahn steht mit dieser Kritik im Widerspruch zum Utopismusvorwurf. Im Blick auf die spätere Rezeption des Leitbilds in Richtung Gewaltfreiheit ebenso überraschend ist es, wenn er kritisch anmerkt, die Denkschrift entwickle »nicht ansatzweise eine Ethik des Gewaltverzichts«[32].

Soviel zur unmittelbaren Rezeption der Denkschrift.[33] Spätere kritische Einlassungen beziehen sich wieder allgemein auf das Konzept des gerechten Friedens und behandeln die Denkschrift als Exponenten dieses Konzepts. Die ausführlichste und fundamentalste Kritik liegt vor in Gestalt der Dis-

---

29 ULLRICH HAHN, »Aus Gottes Frieden leben – für gerechten Frieden sorgen«. Anmerkungen zur neuen Friedensdenkschrift der Evangelischen Kirche in Deutschland (EKD), a. a. O., 42–44, Zitat: 44.

30 A. a. O., 43.

31 Ebd.

32 A. a. O., 44.

33 Noch zu nennen, mit breiterem Fokus: ANGELIKA DÖRFLER-DIERKEN/ GERD PORTUGALL (Hrsg.), Friedensethik und Sicherheitspolitik. Weißbuch 2006 und EKD-Friedensdenkschrift 2007 in der Diskussion, Wiesbaden 2010. JEAN-DANIEL STRUB, Der gerechte Friede. Spannungsfelder eines friedensethischen Leitbegriffs, Stuttgart 2010 (FS 36), bes. 75–97.

sertation von Ulrich Kronenberg, die unter dem Titel »Gerechter Frieden – gerechter Krieg? Chancen und Grenzen zweier friedensethischer Denkmodelle« im Jahr 2019 bei der EVA erschienen ist. Interessant im Zusammenhang der in diesem Beitrag behandelten Fragestellung ist vor allem, dass Kronenberg seine Kritik gerade als Kritik aus lutherischer Sicht profiliert. In der Hochschätzung Luthers geht er dabei sehr weit. So schreibt Kronenberg: »Luthers Stimme scheint mir in dem derzeitigen Labyrinth der Faden der Ariadne zu sein, der den Weg aus der friedensethischen Konfusion weist.«[34] Kritisch verbindet sich dieser Rekurs auf Luther vor allem mit dem oben bereits genannten Utopievorwurf gegen das Konzept des gerechten Friedens. Fast auf jeder Seite des Buches wird der Vorwurf erhoben, das Konzept trenne nicht ausreichend zwischen einer eschatologischen Friedensvision und dem irdisch Machbaren. »Schwärmerei«, Vermischung der beiden Reiche und »Moralisierung von Theologie und Kirche«[35] sind Stichworte, die in diesem Zusammenhang bei Kronenberg auftauchen. Grundgelegt sieht er diese »neue pazifistische Werkgerechtigkeit«[36] in einem zu optimistischen Verständnis des Menschen: »Das Konzept des gerechten Friedens vertritt ein m. E. zu positives Menschenbild.«[37] Demgegenüber Kronenberg: »Die Ursache dieser kleinen wie großen Kriege wurzelt im Herzen des Menschen und der verwundbarste Punkt ist und bleibt das menschliche Herz.«[38] »Die christliche Antwort hierauf kann

34 Ulrich Kronenberg, Gerechter Frieden – gerechter Krieg? Chancen und Grenzen zweier friedensethischer Denkmodelle, Leipzig 2019, 298.

35 A. a. O., 216.

36 A. a. O., 220.

37 A. a. O., 224.

38 A. a. O., 241.

nur die Predigt des Evangeliums sein. Und dies neu in reformatorischer Härte und in Widerspruch zu allen Harmonisierungsversuchen zeitgeistlicher Anpassung zu hören, halte ich für das friedensethische Gebot der Stunde.«[39]

Wie gesagt: mit all diesen Einlassungen wiederholt Kronenberg den bereits dargestellten Utopismusvorwurf, wenn auch nun unter ausdrücklichem Bezug auf Luther und in unerhörter polemischer Zuspitzung. Neu ist, dass er diesen Vorwurf verbindet mit einer Kritik an einer mangelnden theologischen Fundierung des Konzepts des gerechten Friedens. Neben der Kritik an der zugrunde liegenden Anthropologie kommt dabei auch das reformatorische *sola scriptura* zur Geltung: »Gerade die tief in der Bibel verwurzelten Reformatoren haben vor jeder Form der Schwärmerei und Ideologisierung gewarnt und diese schon während der Reformation bekämpft. Friedensethisch ist es deshalb von großer Bedeutung, sich heute auf die grundsätzlichen Aussagen der Bibel zu besinnen und vor jeder Form der Ideologisierung zu hüten. Das sola-scriptura-Prinzip muss an dieser Stelle aktuell zu protestantischer Nüchternheit führen. Bedenkt man in dieser Hinsicht die biblischen Aussagen zum irdischen und zum göttlichen Frieden, kann dies nur zu einer Neuausrichtung des christlichen Friedensdenkens führen.«[40]

Kronenbergs Buch ist – berechtigterweise – von der Forschung sehr kritisch rezipiert worden.[41] Der zuletzt genannte

---

[39] Ebd.

[40] A. a. O., 317.

[41] Vgl. die Rezension von Hans-Richard Reuter (ZEE 64 [2020/2], 155–157) und die ausführliche Zurückweisung durch Volker Stümke (Und es gibt sie doch: Lutherische Friedensethik, in: Ders., Frieden und Macht. Beiträge zu einer lutherischen Ethik des Politischen, Leipzig 2022 [LThG 4], 11–30).

Einwand verdient allerdings Beachtung, wenn man ihn etwas weiter fasst und allgemein auf das Verhältnis von theologisch-kirchlicher und politikberatender Perspektive in der Denkschrift bezieht.[42]

3. Einordnung und Bewertung der theologischen Kritik

Es sind somit vier wesentliche theologische Vorwürfe, die gegen das Konzept des gerechten Friedens im Raum stehen: Utopismus, semantische Verschleierung, Rechtspositivismus, mangelnde theologische Fundierung. Ihr Verhältnis ist nicht immer widerspruchsfrei. Denn wenn das Konzept des gerechten Friedens sich tatsächlich durch zu großes Zutrauen zu den menschlichen Möglichkeiten von der Lehre vom gerechten Krieg unterscheidet, dann handelt es sich offensichtlich doch um ein fundamental anderes Konzept, und der Vorwurf der semantischen Verschleierung läuft ins Leere. Ich möchte im Folgenden die Vorwürfe einzeln kurz diskutieren.

(1) Utopismus: Auch hier gibt es, zumal in Kronenbergs Kritik, einen latenten internen Widerspruch. Kronenberg vergleicht die Befürworter des gerechten Friedens mit den Schwärmern der Reformationszeit, kritisiert zugleich aber, dass das Konzept zu wenig theologisch und vielmehr im Dialog mit der säkularen Friedensforschung artikuliert wird. Beide Kritikpunkte passen nicht zusammen, denn der Vorwurf Luthers gegenüber den sog. Schwärmern war ja, dass sie weltliches

---

[42] Vgl. o. bei Anm. 26 (ANGELIKA DÖRFLER-DIERKEN).

Handeln zu unmittelbar aus Gottes Wort begründen. Der Bezug auf die säkulare Forschung, wie er nicht zuletzt in der Denkschrift von 2007 in der Tat in hohem Maß gepflegt wird, wäre daher entgegen dem Utopismusvorwurf gerade ein theologischer Vorbehalt gegenüber jeder Schwärmerei. Ich würde sogar noch weiter gehen: Gerade indem das Konzept des gerechten Friedens auf die Ergebnisse wissenschaftlicher Friedens- und Konfliktforschung rekurriert, bemüht es sich um Realitätsgehalt und empirische Unterfütterung. Schon angesichts dieses methodischen Vorgehens, dem Schulterschluss mit empirischer Forschung, greift der Utopismus- und Schwärmereivorwurf gegenüber dem Konzept völlig ins Leere.

Aber auch theologisch halte ich den Vorwurf für verkehrt, wie man vielleicht am besten gerade unter Bezug auf Luther zeigen kann. Es ist sicher richtig, dass Luther als anthropologischer und politischer Pessimist gedeutet werden kann und auch so gedeutet worden ist. Arne Lademann hat in seiner vor kurzem erschienenen Dissertation zu »Religion und Politik in der Lutherdeutung Emanuel Hirschs«[43] gezeigt, in welcher Drastik Hirsch die »Welt« als Ort der Verwirklichung des »Gesetzes« gedeutet hat, wobei das Gesetz strikt von seinem zweiten Gebrauch her, dem Aufzeigen der menschlichen Sündigkeit, gedeutet wird. Ergebnis ist ein Plädoyer für politischen Dezisionismus, das dann selbst die von Hirsch durchaus gesehene Bandenmentalität der Nazis noch als gottgegeben deuten kann.

Gerade an dieser drastischen Lutherdeutung durch Emanuel Hirsch wird jedoch deutlich, wie weit ihr anthropologi-

---

[43] Arne Lademann, Religion und Politik in der Lutherdeutung Emanuel Hirschs. Systematisch-theologische Untersuchungen über Hirschs Zwei-Reiche-Lehre und seine Fassung des Rechtfertigungsglaubens, Tübingen 2023 (DoMo 49).

scher Pessimismus an Luthers eigenen Gedanken vorbei geht. Luther hat, etwa im dritten Teil der Obrigkeitsschrift, den Fürsten seiner Zeit ins Gewissen geredet. Er hat sie, nicht zuletzt in der Auslegung des vierten Gebots im Großen Katechismus, mit sorgenden Vätern verglichen. Insbesondere Bildungsmaßnahmen hat er der Politik seiner Zeit anempfohlen. All dies würde völlig ins Leere gehen, wenn Luther nicht moralische Maßstäbe an das Politische angelegt und eine Entwicklung, eben »Bildung«, zum Besseren für möglich gehalten hätte. Es ist vielfach gezeigt worden, dass Luthers Zwei-Regimenten-Lehre nicht im Sinne einer Eigengesetzlichkeit des Politischen verstanden werden darf. Gerade Fortschritte in Richtung auf Frieden und Friedensbildung waren Luther in dieser Hinsicht wichtig.

Weder im Blick auf die angewandte Methode noch im Blick auf die zugrunde gelegte Theorie des Menschen und des Politischen halte ich daher den Utopismusvorwurf gegen das Konzept des gerechten Friedens für angemessen. Er kommt erst dann zur Geltung, wenn bei Vertreterinnen und Vertretern einer Auslegung des Konzepts im Sinne strikter Gewaltfreiheit die grundsätzliche Gewaltaffinität des Menschen überspielt wird.

(2) Semantische Verschleierung: Es gibt in der Denkschrift sicher einige Passagen, die in unangemessener Weise das Konzept des gerechten Friedens der Lehre vom gerechten Krieg gegenüberstellen, unangemessen nicht zuletzt deshalb, weil die Denkschrift ja eben an entscheidender Stelle auf die Kriterien des gerechten Kriegs rekurriert. Aber dieser Rekurs findet auf lediglich zwei Seiten der Denkschrift statt, und das Gesamtkonzept ist eben doch ein ganz anderes, das insbesondere die Konfliktprävention in den Blick nimmt, die in der Lehre vom

gerechten Krieg keine Rolle spielt. Man kann allerdings sagen, dass in der Denkschrift die Erweiterung des friedensethischen Kontexts, die das Konzept des gerechten Friedens bezweckt, noch zu wenig ausgeführt ist, indem zwar viel zur Konfliktprävention, aber wenig zur Konfliktnachsorge ausgeführt wird. Beispielsweise »Transitional Justice« wäre hier ein Thema, das in der gegenwärtigen Friedens- und Konfliktforschung viel diskutiert wird und bei einem Neuentwurf einer evangelischen Friedensdenkschrift unbedingt einbezogen werden müsste.

(3) Rechtspositivismus: Das Zutrauen der Denkschrift in die Rechtsordnung bzw. das Völkerrecht und seine institutionelle Verankerung in den Vereinten Nationen ist aus meiner Sicht zu Recht kritisiert worden. Allerdings hat die Kammer für Öffentliche Verantwortung in dieser Hinsicht schon 2013 im Afghanistan-Wort eine wichtige Präzisierung, wenn nicht Richtigstellung vorgenommen. Dort heißt es: »Wenn die Denkschrift in diesem Zusammenhang von einer ›Ethik rechtserhaltender Gewalt‹ spricht, so bezieht sich der dabei vorausgesetzte Begriff des Rechts nicht auf ein faktisch gegebenes Rechtssystem, sondern normativ auf die in den grundlegenden Menschenrechten und einer legitimen Völkerrechtsordnung konkretisierte Rechtsidee.«[44] Der Bezug auf eine bloße *Idee* des Völkerrechts ist über den Vorwurf des Rechtspositivismus erhaben. Er ist gerade auch theologisch legitim, denn das Recht spielt zumal in den reformatorischen Theolo-

[44] Kirchenamt der EKD (Hrsg.), »Selig sind die Friedfertigen«. Der Einsatz in Afghanistan: Aufgaben evangelischer Friedensethik. Eine Stellungnahme der *Kammer für Öffentliche Verantwortung der EKD*, Hannover 2013, 12.

gien eine große Rolle. Das gilt gerade für seine Relevanz bei der Erhaltung und Wiederherstellung von Frieden.[45] Recht ist eine notwendige, wenn auch keine hinreichende Bedingung für den Frieden, und das sollte in einer evangelischen Friedensethik klar – und sicher klarer als in der Denkschrift von 2007 – herausgearbeitet werden.

(4) Mangelnde theologische Begründung und kirchliche Ausrichtung: Es ist in der Tat auffällig, dass die EKD-Denkschrift von 2007 (wie übrigens auch das römisch-katholische Bischofswort von 2024) direkt mit Friedensgefährdungen beginnt und auch im weiteren Verlauf spezifisch theologischen Begründungen wenig Raum gibt. Der Fokus liegt klar auf Politikberatung, aber selbst dann sollte deutlicher gesagt werden, aus welcher Perspektive diese Beratung geschieht. Direkte Ableitungen aus der Bibel, wie sie Kronenberg vorzuschweben scheinen, sind allerdings generell in der Ethik wenig empfehlenswert. Zumal im Blick auf friedensethische Fragen ist das biblische Zeugnis vielstimmig, ja widersprüchlich. Dennoch muss der Theologie mehr Raum gegeben werden, als es in der Denkschrift der Fall ist. Nicht auf Kosten des Gesprächs mit der säkularen Friedens- und Konfliktforschung und nicht als eine Alternative zum Rekurs auf deren Erkenntnisse, aber doch im Sinne einer Rechenschaft über die eigene Argumentationsgrundlage. Das wäre auch der Ort für eine stärkere Reflexion auf den eigenen, kirchlichen Beitrag zur Friedensbildung und dessen Praktiken – eine Reflexion, die in der EKD-

---

45 Friedrich Lohmann, Das weltliche Recht und seine Bedeutung für den Frieden in den reformatorischen Theologien, in: Sarah Jäger/Arnulf von Scheliha (Hrsg.), Recht in der Bibel und in kirchlichen Traditionen, Wiesbaden 2018 (Frieden und Recht 1), 45–74.

Friedensdenkschrift von 1981[46] oder auch in der römisch-katholischen Erklärung »Gerechter Friede« von 2000 anders als in der Denkschrift von 2007 eine breite Rolle spielt.

4. Weiterführende Überlegungen

Damit bin ich schon bei eigenen kritischen und weiterführenden Überlegungen angelangt, mit denen ich meine Ausführungen beenden möchte. Bereits genannt habe ich die Notwendigkeit einer breiteren, eher systematisch-theologischen als bloß bibelbezogenen Grundlegung der evangelischen Friedensethik. Der zweite Erweiterungsvorschlag ging in die Richtung einer Einbeziehung auch der Konfliktnachsorge als wesentlichem Element der Sorge für den Frieden. Und drittens habe ich bereits auf die Lücke der Denkschrift hinsichtlich der spezifisch kirchlichen Aufgaben und Chancen bei dieser Sorge für den Frieden hingewiesen. Die Denkschrift bleibt hier hinter ihren eigenen impliziten Forderungen zurück, denn wenn sie auf das zivilisatorische Hexagon von Senghaas verweist, dann gehört die Kirche unbedingt zu den zivilgesellschaftlichen Akteuren, die eine »Kultur des Friedens« pflegen und erhalten können. Durch die zumindest aktuell noch gegebenen volkskirchlichen und parochialen Strukturen hat die Kirche einmalige Chancen für individuelle und lokale Bildungs-

---

46 Kirchenkanzlei der Evangelischen Kirche in Deutschland (Hrsg.), Frieden wahren, fördern und erneuern. Eine Denkschrift der Evangelischen Kirche in Deutschland (1981), Gütersloh ³1982. Auch diese Schrift beginnt mit einem Kapitel »Akute Gefahren für den Frieden«. Die zweite Hälfte ist dann aber allein der »christlichen Orientierung in der Friedensaufgabe« und der »Friedensaufgabe der Kirche – jetzt« gewidmet.

arbeit, die dem Anliegen einer friedlicheren Gesellschaft dienlich sein können. Hinzu kommt die Kompetenz der Kirche *in rebus religionis*, die sie und die akademische christliche Theologie zu einem äußerst relevanten Akteur macht, wenn es um die Analyse und Bestreitung gerade religiös fundierter Feindschaftsnarrative geht, wie sie beispielsweise aktuell von der Russisch-Orthodoxen Kirche gepflegt werden. Der Debattenbeitrag »Maß des Möglichen«, zu dessen Autoren ich gehöre, hat entsprechende Überlegungen zu einer Kirche als Akteurin der zivilgesellschaftlichen Friedensbildung angestellt.[47]

Zu diesen drei Erweiterungsvorschlägen – theologische Begründung, Konfliktnachsorge, kirchliche Aufgaben – möchte ich noch eine weitere Überlegung anfügen, die freilich keine textliche Erweiterung, sondern eine theologische Akzentverschiebung impliziert. Dabei möchte ich, dem Anlass angemessen, aus lutherischer Sicht argumentieren.

In den protestantischen Einlassungen zum Ukraine-Konflikt und insbesondere zur Frage von Waffenlieferungen an die Ukraine fällt auf, wie häufig die Situation eines Dilemmas heraufbeschworen wird, in dem ein Schuldigwerden unvermeidlich wird. Das habe ich an anderer Stelle ausführlicher dargestellt und belegt,[48] so dass ich hier nur einen Beleg für diese Beobachtung anführen möchte. Friedrich Kramer, der Friedensbeauftragte der EKD, hat in einem Interview gesagt: »Waffen zu liefern, die unmittelbar töten, ist für Christen Schuld, gerade weil wir in der Nachfolge der Gewaltfreiheit Jesu stehen. Aber es kann größere Schuld sein, keine Waffen

---

47 DIRCK ACKERMANN ET AL., Maß des Möglichen (s. Anm. 21), 61–64.

48 FRIEDRICH LOHMANN, Soziale Verteidigung, Schuld und Abschreckung. Die evangelische Friedensethik in der Zeitenwende, in: ThQ 203 (2023/1), 44–60, 53–56.

zu liefern in Nothilfe für die überfallene Ukraine zum Schutz der Menschen und des Rechtes. Hier spüren wir alle die Zerrissenheit und wissen, dass wir schuldig werden.«[49]

Solche Rede von unvermeidbarer Schuld steht im Gegensatz zur Aussage von CA 16, dass das Führen rechtmäßiger Kriege ebenso wie andere obrigkeitliche Tätigkeiten »ohne Sünde« geschehen kann. In einem Beitrag von 2019 hat Renke Brahms, der Vorgänger von Friedrich Kramer im Amt des EKD-Friedensbeauftragten, ebenfalls von einem »Dilemma« der »Schuldverstrickung« gesprochen und dabei explizit einen – kritisch-distanzierenden – Bezug zu Art. 16 des Augsburger Bekenntnisses hergestellt: »Dass Christen ohne Sünde politisch aktiv sein und Verantwortung in Politik, Wirtschaft und Öffentlichkeit übernehmen können, ist angesichts der reformatorischen Rechtfertigungsbotschaft und der Weltwirklichkeit nicht wirklich zu behaupten. Vielmehr gilt auch hier: simul iustus et peccator. Wir machen uns auch als von Gott Gerechtfertigte immer wieder schuldig. Insofern ist eine Formulierung wie in CA 17 [sic] nicht mehr nachzuvollziehen.«[50]

---

49 Friedrich Kramer/Stephan Kosch/Reinhard Mawick, »Mehr Waffen, mehr Tod«. Gespräch mit dem EKD-Friedensbeauftragten Friedrich Kramer über seine Position zum Ukrainekrieg, in: Zeitzeichen 23 (2022/7), 8–11, 9.

50 Renke Brahms, Vom gerechten Krieg zum gerechten Frieden? Aktuelle Auseinandersetzung um den Artikel 16 des Augsburgischen Bekenntnisses, in: Evangelisches Predigerseminar Lutherstadt Wittenberg/Sabine Kramer (Hrsg.), Von Krieg und Frieden. Wittenberger Sonntagsvorlesungen, Lutherstadt Wittenberg 2019, 123–132, 130. Von »Schuldverstrickung« spricht Brahms ebd., das »ethische Dilemma einer Entscheidung zwischen dem unbedingten Verbot des Tötens und dem Schutz der Menschen« wird S. 131 benannt.

Tatsächlich wird über CA 16 in der lutherischen Ökumene schon seit dem Augustana-Jubiläum 1980 gestritten.[51] Dabei ging es zunächst um das *»iure bellare«*, also um die Frage, ob und unter welchen Umständen militärische Auseinandersetzungen heute überhaupt noch als gerechtfertigt bezeichnet werden können. Die inner-lutherischen Debatten der 1980er Jahre um CA 16 liefen insofern parallel zur deutschen Nachrüstungsdebatte, an der die protestantischen Kirchen in beiden Teilen Deutschlands maßgeblich beteiligt waren.[52] Die Frage, inwieweit militärische Gewalt »ohne Sünde« ausgeübt werden könnte, war demgegenüber kein eigenes Thema. Im Memorandum von Neudietendorf 1992 heißt es dazu lapidar: »Erst wenn diese [Kriterien eines gerechten Kriegs] alle erfüllt sind, ist es erlaubt (*liceat*), einen Krieg zu führen. Trotzdem ist viertens der Krieg weiterhin ein Übel, nicht ›gerecht‹, aber Fürst und Soldat können mit getröstetem Gewissen (›ohne Sünde‹) daran teilnehmen.«[53] Auch als das Kirchenamt der VELKD die Texte der Debatte 2005 neu heraus-

---

[51] Vgl. VIGGO MORTENSEN (Hrsg.), Krieg, Konfession, Konziliarität. Was heißt »gerechter Krieg« in: CA XVI heute? War, Confession and Conciliarity. What does »just war« in the Augsburg Confession mean today?, Hannover 1993, 33–35.

[52] Vgl. ROLF WISCHNATH (Hrsg.), Frieden als Bekenntnisfrage. Zur Auseinandersetzung um die Erklärung des Moderamens des Reformierten Bundes »Das Bekenntnis zu Jesus Christus und die Friedensverantwortung der Kirche«, Gütersloh 1984; JAN OLE WIECHMANN, Sicherheit neu denken. Die christliche Friedensbewegung in der Nachrüstungsdebatte 1977–1984, Baden-Baden 2017; ANGELIKA DÖRFLER-DIERKEN, Die evangelische Friedensbewegung in beiden deutschen Staaten, in: JÖRG ECHTERNKAMP (Hrsg.), Militär und Gesellschaft in Ost- und Westdeutschland 1970–1990, Berlin 2021, 403–491.

[53] MORTENSEN (Hrsg.), Krieg (s. Anm. 51), 14.

gab,[54] war diese Frage kein Thema. Der von Rochus Leonhardt und Renate Penßel verfasste Aufsatz, der 2022 in der Zeitschrift für evangelisches Kirchenrecht erschienen und CA 16 gewidmet ist, geht auf das »ohne Sünde« des CA-Artikels ebenfalls nicht ein, hält allerdings zum Schluss fest: »Die evangelische Ethik kann hier kein Patentrezept aufbieten. Sie kann höchstens darauf hinweisen, dass in der faktisch gegebenen Lebenswirklichkeit, in die der Christ hineingestellt ist, ein gänzlich sündenfreies – von jeglicher Schuldübernahme unbelastetes – Weltengagement nicht möglich ist.«[55]

Warum wird in der Debatte um den Ukraine-Krieg die Frage der Schuldverstrickung so stark betont und – jedenfalls von Brahms – CA 16 an dieser Stelle kritisiert? Das Thema der Schuld wird bereits in der Friedensdenkschrift kurz angesprochen: »In Situationen, in denen die Verantwortung für eigenes oder fremdes Leben zu einem Handeln nötigt, durch das zugleich Leben bedroht oder vernichtet wird, kann keine noch so sorgfältige Güterabwägung von dem Risiko des Schuldigwerdens befreien.«[56] Dass ein »Risiko des Schuldigwerdens« besteht, ist jedoch etwas anderes als eine unvermeidbare Schuld. Über die Frage, warum letzterer Topos seither so viel Fahrt in der evangelischen Ethik aufgenommen hat, lässt sich nur spekulieren.

---

54 Lutherisches Kirchenamt der VELKD/Klaus Grünwaldt (Hrsg.), »… rechtmäßig Kriege führen …«. Lutherische Stellungnahme zur Bedeutung von Artikel 16 des Augsburger Bekenntnisses, Hannover 2005.

55 Rochus Leonhardt/Renate Penßel, Die evangelische Friedensethik, das Völkerrecht und Confessio Augustana 16, in: ZevKR 67 (2022), 113–145, 144 f.

56 Kirchenamt der EKD (Hrsg.), Frieden (s. Anm. 1), Ziffer 103.

Meine Vermutung ist eine dreifache. Zum einen (1) haben im Rahmen der in den letzten Jahrzehnten zunehmenden Bonhoeffer-Rezeption Passagen seiner Ethik-Manuskripte, in denen Dietrich Bonhoeffer von dem unvermeidbaren Zusammenhang von verantwortlichem Leben und Schuldübernahme spricht[57], prägende Bedeutung im deutschen kirchlichen Protestantismus erlangt.[58] Diese Bedeutung konnten sie erhalten, weil (2) die Rede von existentiellen, tragischen Dilemmasituationen in der Spätmoderne generell Konjunktur hat[59] und (3) der das Lebensgefühl der Spätmoderne ebenfalls auszeichnende Anti-Institutionalismus dem Gedanken eines »Amts«, das durch seine gesellschaftliche Notwendigkeit seine Trägerinnen und Träger bei gewissenhafter Ausführung von Schuld freistellt, seine Plausibilität genommen hat.[60]

---

57 Vgl. z. B. DIETRICH BONHOEFFER, Ethik, Gütersloh 1992 (DBW 6), 283: »Wer in Verantwortung Schuld auf sich nimmt – und kein Verantwortlicher kann dem entgehen – der rechnet sich selbst und keinem anderen diese Schuld zu und steht für sie ein, verantwortet sie.«

58 Dass diese Rezeption bereits 1999 eingesetzt hatte, wird durch einen Aufsatz Notger Slenczkas aus diesem Jahr belegt, der vor einer unreflektierten Übernahme dieser Gedanken Bonhoeffers warnt: NOTGER SLENCZKA, Die unvermeidbare Schuld. Der Normenkonflikt in der christlichen Ethik. Deutung einer Passage aus Bonhoeffers Ethik-Fragmenten, in: BThZ 16 (1999/1), 97–119.

59 Für den Bereich der militärischen Ethik haben dies mit guten Gründen behauptet: BENOÎT PELOPIDAS/NEIL C. RENIC, The Tragedy Trap. On the Tragicized Politics of Nuclear Weapons and Armed Drones and the Making of Unaccountability, in: Ethics & International Affairs 38 (2024/2), 209–231.

60 Dieser Anti-Institutionalismus ist in der Friedensethik noch an ganz anderer Stelle als in protestantischen Schulddiskursen spürbar: in der revisionistischen Sicht auf die Lehre vom gerechten Krieg. Helen Frowe spricht mit Recht von dem »*reductive individualism*«, der mit dieser neuen Sicht impliziert ist: »More recent work on the ethics of war has challenged the claim

Für Luther und die Confessio Augustana war dieser Amtsgedanke entscheidend, um das »ohne Sünde« aussprechen zu können, das ja in der Tat dem *simul iustus et peccator* zu widersprechen scheint. Gerade wenn ein »Notkrieg« zu führen ist, zählen für Luther die sozialen Verantwortlichkeiten des Amtes, wie sie das Leben im weltlichen Regiment kennzeichnen, und nicht die persönliche Überzeugung: »Denn man muss beim Krieg unterscheiden: Manche Kriege wurden aus Lust und Mutwillen angefangen, bevor ein anderer angreift, manche aber werden einem aus Not und Zwang aufgedrängt, nachdem man von einem anderen angegriffen worden ist. Den ersten kann man gut als Kriegslust, den zweiten als Notkrieg bezeichnen. [...] Darum lasst euch sagen, ihr lieben Herren: Hütet euch vor dem Krieg, es sei denn, dass ihr abwehren und schützen müsst *und euer auferlegtes Amt euch zwingt*, Krieg zu führen.«[61] In der Apologie der CA ist in Art. 16 in diesem Sinne ausdrücklich vom »Beruf« die Rede.[62]

An einer Schlüsselstelle der Obrigkeitsschrift wird das Gewicht dieser sozialen Verantwortlichkeiten im Denken Lu-

---

that war is a relationship between states. For example, one prominent school of thought known as *reductive individualism* holds that war is to be understood in terms of the rights and duties of individuals and can be judged by the rules governing harming between individuals outside of war« (Helen Frowe, The Just War Framework, in: Seth Lazar/Helen Frowe (Hrsg.), The Oxford Handbook of Ethics of War, Oxford/New York NY 2018, 41–58, 41; Hervorh. Im Original).

61 Martin Luther, Ob Soldaten in ihrem Beruf Gott gefallen können (1526), in: ders., DDStA 3, Leipzig 2016, 557–629, 603 (Hervorhebung FL).

62 BSLK 308, 15–21: »So lang aber dies Leben währet, läßt er uns nichts destoweniger brauchen der Gesetze, der Ordnung und Stände, so in der Welt gehen, darnach eines jeden Beruf ist, gleichwie er uns läßt brauchen der Arznei, item Bauens und Pflanzens, der Luft, des Wassers.«

thers, soweit es um das »Reich der Welt« geht, ebenfalls deutlich, indem der Dienst für die Obrigkeit als Dienst am Nächsten über die persönliche Überzeugung gestellt wird: »In diesem Fall [wenn du der Obrigkeit mit dem Schwert dienst] würdest du dich ganz in einem fremden Dienst und in fremden Werken bewegen, die nicht dir und deinem Gut und deiner Ehre nützen, sondern nur dem Nächsten und den anderen. [...] Denn für dich selbst bleibst du bei dem Evangelium und verhältst dich nach dem Wort Christi, dass du gerne die zweite Ohrfeige erduldest, dir den Mantel mit dem Rock wegnehmen lässt, soweit es dich und deine Angelegenheiten betrifft. So steht beides gut in Einklang: dass du sowohl Gottes Reich als auch dem Reich der Welt gerecht wirst, äußerlich und innerlich [...]. Denn einerseits siehst du auf dich und auf das Deine, andererseits auf den Nächsten und das Seine. Was dich und das Deine betrifft, richtest du dich nach dem Evangelium und erduldest für dich Unrecht wie ein wahrer Christ. Was den anderen und das Seine betrifft, richtest du dich nach der Liebe und erduldest für deinen Nächsten kein Unrecht; das verbietet das Evangelium nicht, gebietet es vielmehr an anderer Stelle.«[63] Die Passage zeigt, welch große Relevanz der Unterscheidung von Christperson und Weltperson[64] in Luthers Ethik zukommt und wie er sie interpretiert – nämlich als Unterscheidung, nicht eigengesetzliche Trennung.

Auch den Reformatoren waren die Zwiespältigkeiten militärischer Einsätze, die in der gegenwärtigen protestantischen Friedensethik mit dem Gedanken der unvermeidbaren Schuld

---

63 Martin Luther, Von der weltlichen Obrigkeit: wie weit man ihr Gehorsam schuldet, in: ders., DDStA 3, 217–289; 239, 31–34.36–41; 241, 2–8.

64 Gerhard Ebeling, Luther. Einführung in sein Denken (1964), Tübingen [5]2006, 219–237.

so vehement hervorgehoben werden, durchaus bewusst, wie zumal Luthers Kriegsleuteschrift zeigt, die ja ursprünglich als seelsorgerliches Wort an einen durch das eigene Erleben in den Bauernkriegen traumatisierten Offizier gerichtet ist. Warum können sie dennoch von Sündlosigkeit sprechen? Die Antwort liegt im reformatorischen Amtsverständnis: Wer stellvertretend für die Allgemeinheit seine Amtspflichten erfüllt, richtet damit einen a priori guten und gottgewollten Dienst aus. Es gibt durchaus Grenzen dieser Freisprechung von Sünde, wie Luther in der Kriegsleuteschrift ausführt: Wenn der Einsatz aus ethischer Sicht als ungerechtfertigt erscheint, dann kann der Soldat ihn nicht ohne Sünde ausführen und ist, aus Luthers Sicht, zur Desertion verpflichtet. Wenn eine Person im soldatischen Amt aber in einem legitimen Verteidigungskrieg an der obrigkeitlichen Aufgabe des Menschenschutzes und der Wiederherstellung eines gerechten Friedens Teil hat, dann erfüllt sie diese Aufgabe ohne Sünde, auch wenn sie bei ihrer Wahrnehmung andere Menschen – konkret: gegnerische Truppen – angreifen und im Extremfall töten muss.[65]

Luthers Verständnis militärischen Handelns und sein gesamtes Amtsverständnis sind von einem Stellvertretungs-

[65] Dass Luther in konkreten Aussagen zur Kriegsführung, insbesondere zur Anwendung sexueller Gewalt im Krieg, hinter seinen eigenen Prämissen zurückbleibt, hat VOLKER STÜMKE gezeigt: DERS., »Lass fahren dahin«. Der Schutz der Schwachen als Aporie der politischen Ethik Martin Luthers, in: MARTIN LEINER ET AL. (Hrsg.), Gott mehr gehorchen als den Menschen. Christliche Wurzeln, Zeitgeschichte und Gegenwart des Widerstands, Göttingen 2005, 67–83. Vgl. auch DERS., Das Friedensverständnis Martin Luthers. Grundlagen und Anwendungsbereiche seiner politischen Ethik, Stuttgart 2007, 316–370.

gedanken geprägt, wie er auch an anderer Stelle in Luthers Theologie zur Geltung kommt; etwa wenn er die Gültigkeit der Kindertaufe mit dem stellvertretenden Glauben der Paten begründet. Ein solcher Stellvertretungsgedanke und das dahinterstehende Amtsverständnis sind uns heute fremd. Das ist, so meine Vermutung, der Hauptgrund dafür, dass das »ohne Sünde« von CA 16 uns heute nicht mehr recht über die Lippen geht und stattdessen die »Schuldverstrickung« thematisiert wird. Eine lutherische Friedensethik sollte aber über den spätmodernen Individualismus hinausgehen, den Gedanken der Schuldübernahme und der unvermeidlichen Schuld einhegen und den »Beruf« der Obrigkeit mit seinen Verpflichtungen, aber eben auch Freisprechungen reflektieren. Hier könnten sich überraschende Zustimmungskonstellationen mit säkularer Forschung zur Konstitution des Politischen ergeben.

Diesem Amtsgedanken Luthers weiter nachzugehen und seine Bedeutung für die Friedensethik zu prüfen, wäre ein Akzent, der dem Leitbild des gerechten Friedens und seiner konkreten Implementierung in den Dilemmata des politischen Lebens gut tun würde, zumal aus der Perspektive lutherischer Theologie. Nicht zuletzt ließe sich auf diese Weise theologisch begründen, warum der Rekurs auf die wissenschaftliche Friedens- und Konfliktforschung, wie er die Friedensdenkschrift von 2007 positiv auszeichnet – etwa gegenüber deren bloß selektiver Wahrnehmung in der Synodenkundgebung von 2019 – ein dringendes Erfordernis für eine evangelische Friedensethik ist. Für die Wahrnehmung weltlicher Ämter ist laut Luther nicht das direkt implementierte Wort Gottes, sondern die aufgeklärte Vernunft die Leitinstanz. Es geht um rationale, erfahrungsgesättigte Argumente, die im Licht des Glaubens und seiner Leithorizonte Friede, Gerechtigkeit und Liebe interpretiert werden. Das kommt in vielen kirchlich-theologischen Einlassungen zum Ukraine-Krieg, die sich – den Fallstricken der »*tragedy trap*« unterliegend[66] – dem Thema eher existentiell als rational annähern, zu kurz.

Die EKD-Friedensdenkschrift von 2007 und das Leitbild des gerechten Friedens, das sie entwirft, sind an dieser Stelle nicht zu kritisieren. Im Aufgreifen der Ergebnisse wissenschaftlicher Friedens- und Konfliktforschung ist sie vorbildlich, gerade aus einer spezifisch lutherischen Perspektive. Ausbaufähig sind freilich die theologische Begründung – gerade auch für diesen Rekurs auf säkulare Forschung –, die Ausführungen zur Konfliktnachsorge und der Blick auf die spezifisch kirchlichen Aufgaben der Friedensbildung.

---

[66] Pelopidas/Renic, Tragedy (s. Anm. 59), 209 f.: »Tragic discourses have significant value in the military context, reminding us of the temptations of hubris, the prevalence of moral dilemmas, and the inescapable limits of foresight. Today, however, this discourse is drawn upon too heavily in policy discussions. Within the tragicized politics of nuclear and drone violence, foreseeable and solvable problems are reconceptualized as intractable dilemmas and morally and politically accountable agents are reframed as powerless observers. The tragedy discourse, when wrongly applied by policymakers and the media, indulges the very hubris that it is intended to caution against. This is what we call the ›tragedy trap‹. Our article clarifies the limits of ›tragedy‹ in the context of military violence and argues for a renewed focus on political responsibility.«

Roger Mielke

»Über die Maßen wirklich …«

Lutherische Impulse für eine realistische Friedensethik

1. Zur Fragestellung

»Über die Maßen wirklich« seien die Bilder des Krieges, so zitiert Susan Sontag in ihrem berühmten Essay über Kriegsfotografie, »Die Leiden anderer betrachten«, den amerikanischen Journalisten Walter Lippmann. Im Jahr 1922 schrieb Lippmann über die Frage, was sich mit dem industrialisierten Töten auf den Schlachtfeldern des Ersten Weltkrieges gegenüber früheren Zeiten geändert habe. Lippmanns Antwort: »Heute besitzen Fotos für unsere Vorstellungskraft jene Autorität, die gestern noch dem gedruckten Wort und davor dem gesprochenen Wort zukam. Sie erscheinen über die Maßen wirklich.«[1] Die hermeneutischen Kategorien versagen, die Sprache gerät in eine Krise.[2] Die Worte sind nicht in der Lage dem Grauen des modernen Krieges standzuhalten, seine Realität wiederzugeben, das Gemetzel zu verstehen und zu deu-

---

1 SUSAN SONTAG, Das Leiden anderer betrachten, Frankfurt am Main [5]2017.

2 Ganz ähnlich dem Phänomen, das Hugo von Hofmannsthal 1902 in dem berühmten »Brief« den Lord Chandos schildern lässt: »Die abstrakten Worte, deren sich doch die Zunge naturgemäß bedienen muß, um irgendwelches Urteil an den Tag zu geben, zerfielen mir im Munde wie modrige Pilze.« (HUGO VON HOFMANNSTHAL, Der Brief des Lord Chandos. Schriften zur Literatur, Kultur und Geschichte [Reclams Universal-Bibliothek], Ditzingen 2016. 51.)

ten. Anders dagegen die Bilder; sie zeugen, vermeintlich objektiv, von einer Realität, die den Worten nicht zugänglich ist.

Als Susan Sontag im Jahr 2003 an Walter Lippmann erinnerte, tat sie dies ihrerseits im Rückblick auf eine Erfahrung von ungeheurer Intensität. Anlass ihres Textes war 9/11, der 11. September 2001. Die Fotos der Flugzeuge, die in die Twin Towers rasten, gingen in Echtzeit um die Welt. Allerdings: Die Bilder der wie Kartenhäuser in sich zusammenstürzenden ikonischen Bauwerke der Moderne erzeugten doch auch ein Gefühl der Simulation, Zweifel an der Realität, der doch mit dem fotografischen Bild eigentlich ausgeräumt sein sollte. Sontag schrieb auch: »Jedes Foto wartet auf eine Legende«. Das heißt auf eine Bildunterschrift, die aber auch selbst nichtfaktischen, postfaktischen Charakter annehmen kann. Authentizität und Perspektivität verweisen aufeinander. Im politischen Kontext kann die »Legende« der Legitimation und Mobilisation dienen.

Heute, im Jahr 2025, erinnern wir uns an die Bilder von Butscha aus dem April 2022, die Fotos offensichtlich ermordeter Zivilisten in einem wüsten Vorort der ukrainischen Hauptstadt Kiew. Um diese Bilder wurde erbittert gestritten: Gestellte Fotos und Fake? Oder authentische Zeugnisse einer brutalisierten Gefechtsführung, die sämtliche Verpflichtungen des humanitären Völkerrechts hinter sich gelassen hatte? In dieser letzten, nach allem, was wir darüber wissen, sachgemäßen Interpretation wurden die Fotos von Butscha politisch wirkmächtig.[3] Sie mobilisierten mächtige Affekte und wurden

[3] Vgl. Yousur Al-Hlou/ Masha Froliak/ Haley Willis, Their Final Moments. Victims of a Russian Atrocity in Bucha, New York Times, 21.12.2022, URL: https://www.nytimes.com/interactive/2022/12/21/world/europe/bucha-ukraine-massacre-victims.html (Stand: 4.8.2025).

entscheidend für die Verteidigung der Ukraine und für die westliche Hilfe. In die mehr oder weniger abstrakten Debatten in der deutschen Öffentlichkeit um die Unterstützung der Ukraine führten sie einen Realitätsschub ein, dem sich politisches Handeln und moralische Selbstverständigung über das Erlaubte, Gebotene und Verpflichtende stellen mussten.

Genau hier liegt ein Referenzpunkt der Friedensethik. Diese Wirklichkeit des Krieges anzuschauen und von dieser Anschauung her zu urteilen, ist Aufgabe der Friedensethik. Sie beginnt mit der moralischen Perzeption. Dies geschieht, indem Ethikerinnen und Ethiker diese »über die Maßen wirkliche« Wirklichkeit des Krieges wahrnehmen und beschreiben; dann auch indem sie sie deuten, interpretieren und Orientierung im Handeln anbieten und dieses Handeln einfordern.[4]

Hier kommt das Spannungsverhältnis zwischen Normativität und Wirklichkeitsbezug zum Ausdruck, das Thema dieses Beitrags ist. Normativität in der Friedensethik bedeutet hier: Das Evangelium von Jesus Christus ist im Kern Friedensbotschaft, es verpflichtet zum friedenstiftenden Handeln. In der Rangfolge der Güter, der Ziele des politischen Handelns, genießt das Handlungsziel des Friedens ausgezeichneten, vielleicht gar den höchsten Rang. Und auch wo Christinnen und Christen jenseits religiös formatierter Binnenräume aus der motivierenden und verpflichtenden Kraft des Glaubens im säkularen politischen Raum handeln, sind sie dem Handlungsziel des Friedens und einer Grundhaltung des Friedenstiftens verpflichtet.

---

[4] Dieser Zusammenhang von Wirklichkeit und Interpretation wird hier mit Blick auf den Krieg in der Ukraine entfaltet. Er könnte und müsste gegenwärtig, im August 2025, auch mit den Bildern aus dem Krieg in Gaza expliziert werden. Das kann hier leider nicht erfolgen.

Wenn dies die Normativität der Friedensethik ausmacht, was ist dann mit ihrem Wirklichkeitsbezug gemeint? Wenn christliche Friedensethik Orientierung gibt zum friedenstiftenden Handeln, tut sie dies in einer Welt, in der Konflikt und Gewalt, auch kriegerische und militärische Gewalt, die politische Wirklichkeit zutiefst durchdringen, bis in die Subjektivierungsweisen und moralischen Welten von Personen hinein. Auf genau diese Wirklichkeit aber muss sich Friedensethik beziehen und gerade hier Orientierung bieten. Normative Orientierung, die im Kern auf Gewaltlosigkeit zielt, und Wirklichkeitsbezug, der mit einer gewaltgetränkten Welt rechnet, stehen in Spannung zueinander. Diese Spannung zwischen Sein und Sollen ist zunächst schon der Normativität und dem Phänomen des Sollens als solchem eingeschrieben. Wenn die Welt so wäre, wie sie sein sollte, dann brauchte es kein ausdrückliches Sollen mehr. Durch Normativität wird die »Differenz zum Faktischen« markiert.[5] Die Spannung zwischen einer durch pervasive Gewalt geprägten Welt und der Norm und Imagination einer friedlichen Welt ist im Grunde notwendig und produktiv. Schwierig wird es, wenn diese Spannung bricht und sich die beiden Pole des Spannungsverhältnisses verselbständigen. Dann kann es zu folgender Konstellation kommen: Einer in sich geschlossenen, »eigengesetzlichen« Wirklichkeit steht Normativität nur noch abstrakt gegenüber. Moralisierung, hypertrophe Normativität, steht

5 CHRISTOPH MÖLLERS, Die Möglichkeit der Normen. Über eine Praxis jenseits von Moralität und Kausalität, Berlin 2018. Möllers sieht die Spannung zwischen Norm und Wirklichkeit nicht als etwas zu Überwindendes: »Ganz im Gegenteil gilt es den seltsamen Umstand zu verstehen, dass Normen als Teil der Welt ihre Selbständigkeit dieser gegenüber behaupten können.« A. a. O., 127.

auf der einen Seite, und Gewaltverhältnisse, moralisch nicht mehr hinterfragbar, auf der anderen Seite.

In den hier vorgetragenen Überlegungen soll die Spannung zwischen Normativität und Wirklichkeitsbezug ausgewiesen und ausgetragen werden. Gerade wenn diese Spannung aufrechterhalten wird, kommt Ethik zu ihrer eigentlichen Aufgabe – im Handeln zu orientieren. Wenn die Erhaltung und Förderung des Friedens die eigentliche Hauptaufgabe der Politik und die Domäne des Politischen ist, kommt der Friedensethik eine Zentralstellung für eine theologischen Ethik des Politischen zu.

Im Folgenden werde ich der Spannung zwischen Normativität und Wirklichkeitsbeug der Friedensethik einige Überlegungen widmen, die sich auf zentrale Aspekte einer lutherischen Ethik des Politischen beziehen. Die Erwartung ist, dass sich hier Reflexionsressourcen bieten, die in der gegenwärtigen Situation hilfreich sein können. Diese Überlegungen werden hier ohne den eigentlich nötigen Sinn für historische Tiefenschärfe und thesenartig präsentiert, sollen aber gleichwohl als Plädoyer für die Leistungsfähigkeit und orientierende Kraft reformatorischer Theologie verstanden werden können. Es geht um eine Friedensethik, die einerseits wirklichkeitsgesättigt ist, ohne doch andererseits normativ entkernt zu sein.

Zunächst werde ich eine sehr knappe Standortbestimmung versuchen. In einem zweiten Teil, dem Anspruch einer »realistischen«, ebenso wirklichkeitsbezogenen und wirklichkeitsgesättigten wie normativ gehaltvollen Friedensethik nachgehen. Dann skizziere ich fünf Ressourcen lutherischer Theologie, die, so meine These, in eminenter Weise Beiträge für eine wirklichkeitsgesättigte Friedensethik sein können. Es geht dabei um Aufgaben ethischer Orientierung, die sachliche

Nähe aufweisen zu grundlegenden Argumentationsfiguren lutherischer Theologie. Ich spreche von einem für die evangelische Friedensethik nötigen fünffachen Realismus und meine damit pragmatischen Realismus, politischen Realismus, anthropologischen Realismus, einen Realismus der Differenz, einen Realismus der Präsenz. Ein kurzes Fazit schließt den Beitrag ab.

2. Wo stehen wir?

Am 24.2.2022 begann die Invasion russischer Streitkräfte in die Ukraine. Dies war nicht der Beginn der militärischen Auseinandersetzungen; diese waren schon seit dem Frühjahr 2014 mit der Okkupation der Krim und dem durch russische Truppen unterstützten Bürgerkrieg im Osten der Ukraine im Gange. Im Februar 2022 entschied sich der russische Präsident Putin für die massive Eskalation zu einem zwischenstaatlichen bewaffneten Konflikt. Die europäische Sicherheitsarchitektur steht seitdem unter massivem Druck. Vom Leitbild einer »gemeinsamen Sicherheit« im »gemeinsamen Haus Europa« ist kaum noch etwas übrig geblieben. Darüber hinaus ist der Krieg gegen die Ukraine Teil einer globalen Infragestellung der »liberalen internationalen Ordnung« (LIO) durch revisionistische Mächte, welche die globale Dominanz des Westens und die Vorherrschaft der USA herausfordern. Die Übernahme der US-Präsidentschaft durch Donald Trump im Februar 2025 verstärkt diese Krise der »regelbasierten internationalen Ordnung«. Der wachsenden Ungewissheit in den internationalen Beziehungen und der Erosion bislang als verlässlich geltender Bündnisse entspricht zunehmender Autoritarismus in den politischen Ordnungen einer Vielzahl von

Ländern, allen voran der »autoritäre Populismus« in den USA mit einem tiefgreifenden Abbau demokratischer Institutionen.

Was hier nur in aller Kürze skizziert werden kann, ist ein dramatisch gewandelter Kontext, in dem evangelische Friedensethik Orientierung zu geben sucht. Der tiefsitzende und im Blick auf die politischen Katastrophen des 20. Jahrhunderts durchaus verständliche habituelle deutsche Pazifismus wurde im Februar 2022 vom damaligen Bundeskanzler Olaf Scholz auf eine »Zeitenwende« eingestimmt, die steigende Rüstungsausgaben und den Aufbau der eigenen Wehrhaftigkeit umfassen soll. Zieht man heute, drei Jahre nach Ausrufung der »Zeitenwende«, eine Zwischenbilanz der angestoßenen Veränderungen, so wird man feststellen, dass sich zwar die politische Rhetorik verändert hat und dass dies durchaus von einer Mehrheit der deutschen Wohnbevölkerung unterstützt wird. Die Verteidigungsfähigkeit Deutschlands und Europas allerdings ist im Jahr 2025 noch deutlicher eingeschränkt als drei Jahre zuvor. Die umfassenden Abgaben von Waffensystemen und Munition an die Ukraine und die wachsenden Zweifel an der Verlässlichkeit der USA mit Blick auf die Beistandsverpflichtungen im Falle eines bewaffneten Angriffs deuten auf ein bedrohliches Missverhältnis von Bedrohungen und Fähigkeiten. Daran ändert sich nur sehr langsam etwas. Der Fähigkeitsaufbau der Bundeswehr und anderer europäischer Streitkräfte vollzieht sich quälend langsam und wird noch viele Jahre in Anspruch nehmen, während die russischen Streitkräfte parallel zum alles andere als erfolgreichen Krieg gegen die Ukraine systematisch, umfassend und zügig aufgebaut werden.

So dringend und wichtig auch der Aufbau militärischer Verteidigungsfähigkeit bleibt, ist damit doch nur die gleichsam negative Voraussetzung für die Bewahrung des Friedens gegeben. Die militärische Komponente soll und kann gegenüber einem potentiellen Aggressor abschreckend wirken. Gleichzeitig aber steigt mit wachsender Aufrüstung und der Normalisierung militärischer Kategorien die Bedrohung. Dieser Zusammenhang wird als »Sicherheitsparadoxon« bezeichnet: Jeder Fähigkeitsaufwuchs wird von der gegnerischen Seite als bedrohlich betrachtet und setzt weitere Anstrengungen in Gang. Mit der »Rüstungsspirale« steigt der Ressourcenverbrauch, und es steigen die Risiken, dass es zu Missverständnissen und Kommunikationsabbrüchen kommt, die sich vor dem Hintergrund hoch gerüsteter nuklearer Arsenale katastrophal auswirken können. Die Ambivalenzen kann man sich an der Karriere des Begriffes »Kriegstüchtigkeit« verdeutlichen. Zunächst als Weckruf gedacht, um eine widerspenstige Gesellschaft mit der Realität der militärischen Bedrohung zu konfrontieren, verselbständigt sich die politische Rhetorik der Konfrontation, ohne doch die gesellschaftliche Resilienz und die mentale Bereitschaft zur Verteidigung zu stärken. Die deutschen Debatten fokussieren sich noch zu stark auf die – zugestandenermaßen lange vernachlässigte – Dimension der militärischen Verteidigungsfähigkeit. Es gilt aber gerade für die Friedensethik, mitten in der Konfrontation über die Konfrontation hinauszudenken, Möglichkeitsräume zu öffnen für künftiges politisches Handeln. Lange hat man sich in Deutschland der blutigen Realität im Osten der Ukraine verweigert und ist dem wunschgeleiteten Traumbild einer kooperativen internationalen Ordnung aufgesessen, aus dem man erst im Februar 2022 aufgewacht ist. Dieses Traumbild war schließlich zu einer Ideologie geronnen, die verantwortliches politisches Handeln nachgerade verunmöglicht hat. Jetzt gilt es, die aktuellen und wahrscheinlichen künftigen Bedrohungen illusionslos wahrzunehmen und sich darauf einzustellen. Etwas anderes wäre es allerdings, nun umgekehrt an die Stelle des Traumbildes ein Alptraumszenario zu stellen und sich vom Schreckensbild einer umfassenden militärischen Konfrontation leiten zu lassen. Das Friedensgutachten 2025, die Stellungnahme der führenden deutschen Friedens- und Konfliktforschungsinstitute, mahnt vielmehr dazu, eine »zukünftige Friedensordnung vor(zu)bereiten«. Dies ist ein ebenso dringendes wie unverzichtbares Element evangelischer Friedensethik:

> »Angesichts dieser Erfahrungen muss die europäische Sicherheitspolitik so ausgerichtet werden, dass sie eine zukünftige Friedensordnung nicht verhindert, sondern vorbereitet. Sicherheitsstrategien müssen Abschreckung mit einem schrittweisen Prozess abnehmender Gewalt und zunehmender Kooperation skizzieren können. Mittelfristig sollten sie einen fairen Ausgleich der Interessen in einer dauerhaften Friedensordnung in Aussicht stellen. In einer ersten Phase geht es darum, sich gegenwärtiger Gewaltandrohungen und militärischer Bedrohungen zu erwehren und zukünftige zu verhindern. Es ist eine Phase antagonistischer Friedenssicherung durch Abschreckung, Aufrüstung und Allianzbildung. Aber schon diese Phase muss konzeptionell auf eine zweite Phase der friedlichen Koexistenz gerichtet sein. Das bedeutet, Rüstung und Allianzbildung müssen mit Angeboten zu Verhandlungen ihrer Beschränkung verbunden werden. Dazu zählen der Verzicht auf Ersteinsatzoptionen, Mengenbegrenzungen von Waffensystemen und die Etablierung verlässlicher Kommunikationskanäle, um Eskalationsspiralen zu verhindern. Idealiter führt diese Strategie mittelfristig zu einer Status-quo-Orientierung, in der alle Seiten Stabilität über Dominanz bevorzugen. Gelingt es, alle Seiten auf die Anerkennung der Gegenseite und die prinzipielle Legitimität ihrer Sicherheitsinteressen zu verpflichten, kann die friedliche Koexistenz institutionell stabilisiert und vertraglich abgesichert werden.«[6]

---

[6] Bonn International Centre for Conflict Studies/Institut für Friedensforschung und Sicherheitspolitik an der Universität

3. Zum Realismus einer »realistischen Friedensethik«

Eine realistische Friedensethik muss ebenso wirklichkeitsgesättigt wie normativ gehaltvoll sein. Dieser Realismus ist nicht selbstverständlich, er muss eigens reflektiert und ausgearbeitet werden. In seinen Überlegungen zu »Realität und Realismus« weist der Philosoph Hans Blumenberg darauf hin, dass Realismus nur eingefordert werden kann, weil es Kultur, auch normative Kultur, als humane Distanznahme zur Wirklichkeit gibt.[7] In diesem Sinne als Distanznahme verstandene Kultur ist Freiheitsgewinn! Die andere Seite der Ambivalenz dieser Distanznahme liegt darin, dass sie umschlägt in Freiheitsverlust, wenn die notwendigen Adaptionen an die unausweichliche Wirklichkeit verweigert werden. Vielleicht ist es so, mit Blick auf die Aufgabe militärischer Verteidigung, auch in der politischen Kultur der Bundesrepublik Deutschland und auch in der evangelischen Friedensethik gegangen.

Wenn also eigens nach einer »realistischen« Friedensethik gefragt wird, schwingt ein skeptischer Subtext mit. War bis-

---

HAMBURG/UNIVERSITÄT DUISBURG-ESSEN/PEACE RESEARCH INSTITUTE FRANKFURT: Frieden retten! Friedensgutachten 2025, Bielefeld 2025 (Friedensgutachten … / Bonn International Center for Conflict Studies [BICC]/ Institut für Entwicklung und Frieden [INEF]/Forschungsstätte der Evangelischen Studiengemeinschaft [FEST]/Institut für Friedensforschung und Sicherheitspolitik an der Universität Hamburg [IFSH]/Hessische Stiftung Friedens- und Konfliktforschung [HSFK]), URL: https://www.transcript-verlag.de/media/pdf/f1/a7/e6/oa9783839423851.pdf (Stand: 5.8.2025). INTERNATIONAL CENTRE FOR CONFLICT STUDIES ET AL., Frieden retten, 8.

7 HANS BLUMENBERG, Zur Anthropologie des Realisten, in: DERS., Realität und Realismus, hrsg. von Nicola Zambon, Berlin 2020, 167–201.

herige evangelische Friedensethik »unrealistisch«?[8] Genau dieser Vorwurf wurde mit Schärfe nach dem 24. Februar 2022 erhoben. Aber er war nicht neu. Die Debatte darum, ob evangelische Friedensethik in der Konfrontation mit kriegerischer Gewalt Orientierung bieten kann, war schon eine Pointe der harten Auseinandersetzungen um die Stationierung von Mittelstreckenraketen der NATO seit 1979 (»Nachrüstungsdebatte«). Ähnliche Reaktionen rief die Kundgebung der EKD-Synode 2019 in Dresden hervor, die das Schwerpunktthema der Synode markierte: »Kirche auf dem Weg der Gerechtigkeit und des Friedens.«[9] Die Kundgebung schließt sich zwar der Friedensdenkschrift von 2007[10] an, wenn sie die Anwendung rechtserhaltender auch militärischer Gewalt im äußersten Grenz- und Notfall unterstützt, spitzt jedoch den Anspruch der Gewaltfreiheit im gesamten Duktus des Dokuments und in einer Reihe von einzelnen Formulierungen weiter zu.[11] Der Zürcher Ethiker Johannes Fischer platzierte in Reaktion dar-

---

8 Zu den Ambivalenzen evangelischer Friedensethik am Beginn des Ukrainekrieges: Reiner Anselm/Katja Bruns/Roger Mielke, Starke Zeichen. Überlegungen zu einer neuen evangelischen Friedensethik, in: Zeitzeichen 22/4 (2022), 8–11.

9 Evangelische Kirche in Deutschland Synode 2019, Kirche auf dem Weg der Gerechtigkeit und des Friedens (URL: https://www.ekd.de/kundgebung-ekd-synode-frieden-2019-51648.htm [Stand: 5.8.2025]).

10 Aus Gottes Frieden leben – für gerechten Frieden sorgen. Eine Denkschrift des Rates der Evangelischen Kirche in Deutschland, Gütersloh 2007.

11 Ein Spitzensatz: »Die Erfahrung zeigt, dass Menschen, Gemeinschaften und Staaten in der Lage sind, Probleme und Konflikte in allen Bereichen gesellschaftlichen und politischen Lebens auf konstruktive und gewaltfreie Weise zu bearbeiten.« (a. a. O. [s. Anm. 9]) Hier ist die gewalthaltige politische Wirklichkeit und sind die gebotenen Reaktionen auf zerstörerische Gewalt nicht in der nötigen Weise ernst genommen.

auf im Magazin »Zeitzeichen« einen polemischen Essay unter dem Titel »Gewaltlos in der Zuckerwattewelt«.[12]

In Fischers Titel verbarg sich der Vorwurf, dass sich evangelische Friedensethik, über die EKD-Friedensdenkschrift von 2007 hinaus, von der politischen Realität gewaltsamer Konflikte entfernt habe. Ein anderer Beobachter sprach von einem »normativen Wolkenkuckucksheim«[13]. Die Spannung zwischen Wirklichkeitsbezug und Normativität ist, so diese Bewertungen, zu groß geworden.

Wie kann diese Spannung wiedergewonnen werden und was heißt in diesem Sinne Realismus in der Friedensethik? Wird mit dem Begriff »Realismus« im Singular unterstellt, dass es die *eine* Wirklichkeit gibt, auf die wir uns alle gemeinsam denkend, sprechend und handelnd beziehen? Und wäre das nicht denkbar naiv, weil es die Perspektivität der unterschiedlichen Wahrnehmungen ausblendete, die zumindest dort immer mitschwingt, wo es um »Sinn« geht, um menschliches Handeln, das immer nur in Interpretationen zugänglich ist? Ist der Anspruch des »Realismus« vereinbar mit der unhintergehbaren Perspektivität und auch Kontingenz von Wahrnehmungen und Beschreibungen? Es gibt viele Beispiele für ethische Dissense, die nicht auf der Ebene der Normen spielen, sondern auf der Ebene der Beschreibungen.[14]

---

12 Johannes Fischer, Gewaltlos in einer Zuckerwattewelt. Die Fehler in der Kundgebung der EKD-Synode zu Frieden und Gerechtigkeit, Zeitzeichen, URL: https://zeitzeichen.net/node/7979 (Stand: 5.8.2025).

13 Roger Mielke, An der Epochenschwelle. Evangelische Friedensethik revisited – anlässlich des Überfalls Putins auf die Ukraine, Zeitzeichen, 2022, URL: https://zeitzeichen.net/node/9601 (Stand: 5.8.2025).

14 Etwa: Welche Verpflichtung zu sozialstaatlichen Leistungen ergeben sich aus dem Prinzip der Menschenwürde? War die Drohnenkriegsführung der

Der Realismus der Ethik entscheidet sich in einem ersten Schritt vielfach an geteilten Beschreibungen: Ist klar, worüber wir reden? Ist das Bezugsproblem deutlich?[15]

Das gilt auch für gegenwärtige Aufgaben der Friedensethik: Verfügen wir über geteilte Beschreibungen? Über den politischen Kontext wurde oben einiges gesagt. Hier soll es um die Genealogie und die Pfadabhängigkeiten evangelischer Friedensethik gehen. Das beschreibe ich im Folgenden – und es ist zu prüfen, wer diese Beschreibungen teilt und ob es alternative Beschreibungen gibt, die mit anderen Unterscheidungen arbeiten und anderes zu sehen erlauben, als es mit der von mir vorgeschlagenen Beschreibung möglich ist.

Die EKD-Friedensdenkschrift von 2007 ist im Kontext des »Jahrzehnts der Interventionen« geschrieben worden.[16] Sie formuliert Reaktionen auf die Balkankriege der 1990er Jahre bis hin zur NATO-Intervention im Kosovo 1999, auf 9/11 und den *global war on terror*, und auf den Irakkrieg 2003. Die Friedensdenkschrift ist ganz realistisch und sehr skeptisch, was die Rechtfertigungsgründe der fortgesetzten Praxis »liberaler Interventionen« betrifft, also solcher, die weltweit zum Schutz der Menschenrechte und zum Aufbau demokratischer und liberaler Staatlichkeit geführt wurden. Ethiktheoretisch betrachtet bietet die Friedensdenkschrift von 2007 eine Synthese

---

US-Regierung im »global war on terror« vereinbar mit dem humanitären Völkerrecht – und mit den Menschenrechten?

15 Philipp Rhein, Erfahrung (in) geteilter Wirklichkeit: drei kritische Anmerkungen zum Erfahrungsbegriff in unserer Gegenwart, in: e+g 2007, 1–24. Vgl. dazu das ganze Heft 1, 2024 der Zeitschrift »Ethik und Gesellschaft« mit dem Heftthema »Geteilte Wirklichkeit(en)«.

16 Evangelische Kirche in Deutschland, Aus Gottes Frieden leben (A. a. O. [s. Anm. 9]).

von *güterethischer Gewaltlegitimation* und *prinzipienethischer Gewaltbegrenzung*. Es wird beides gesagt: »Rechtserhaltende Gewalt ist als ultima ratio möglich« und: »Krieg soll nach Gottes Willen nicht sein«. Die oben angesprochene Kundgebung der EKD-Synode von 2019 mit ihrer pazifistischen Vereindeutigung der Friedensethik dagegen war eigentlich schon zum Zeitpunkt ihrer Publikation, fünf Jahre nach Beginn der russischen Aggression, anachronistisch. Das gilt nun vollends für die Lage seit 2022: Der zwischenstaatliche Krieg ist zurück, er ist eingebettet in globale Mächterivalität und neue Stellvertreterkriege.

Realistische Friedensethik muss in der Lage sein, sich diesem Kontext zu stellen. Die politische Lage verdichtet sich zu einem Erfahrungshorizont, der sich derart gebieterisch aufdrängt, dass kollektiv bindende Entscheidungen verlangt werden. Sich diesem Erfahrungshorizont nicht zu stellen, verfehlt die politische Aufgabe und ist nur um den Preis des Wirklichkeitsverlustes möglich. Diese politischen Erfahrungen *sind* nicht von vornherein geteilte Wirklichkeit. Es sind andere Beschreibungen möglich; um sie wird in den politischen Öffentlichkeiten gerungen, sie *werden* aber in der gesellschaftlichen Debatte um politische Handlungsmöglichkeiten zu einer geteilten Wirklichkeit, von der dann auch im Singular zu sprechen geboten ist. Realistisch ist also die Friedensethik, wenn sie sich diesen Kontextbedingungen und der sich daraus ergebenden Notwendigkeit politischen Handelns stellt.

Eine wichtige Frage ist, ob sowohl der analytische als auch der normative Rahmen evangelischer Friedensethik sich derart verfestigt haben, dass sie dazu verführen, der Wahrnehmung dieser weitreichenden Wandlungsprozesse auszuweichen, sich gleichsam abzudichten. Das Leitbild des »gerechten Friedens« der Friedensdenkschrift von 2007 führt einen normativen Überschuss mit, der von seinem Anspruch her die partikulare politische Praxis offenhält für das Allgemeine moralischer Orientierung: Die angestrebte Gerechtigkeit des Friedens ist größer als die politische Faktizität. Gleichzeitig aber hat das Leitbild hier zu einer moralischen »Überdetermination« des Friedensbegriffes geführt, ihn mit derart hohen normativen Lasten aufgeladen, dass der angemessene Wirklichkeitsbezug gerade verhindert wird. Die Ambivalenz faktischer Friedensbemühungen bleibt immer hinter den normativen Ansprüchen zurück.

Die einen sagen nun: Auf die (gewandelte) politische Realität werden wir uns einzustellen haben mit einer robusten Fähigkeit, Aggressoren abzuschrecken. Und wir werden gleichzeitig und andererseits Räume für Kooperation mit Blick auf die enormen globalen Herausforderungen offenhalten müssen. Wir brauchen zunächst eine »*Konfliktordnung*«, bevor wir über eine neue »*Kooperationsordnung*« nachdenken können.[17] An die Stelle einer globalen Friedensordnung im Singular (so die Denkschrift von 2007) wird auf der normativen Ebene ein Pluralismus von Ordnungsmustern und -vorstellungen treten, der Differenz nicht nur akzeptiert, sondern sie zumindest grundsätzlich auch normativ für erwünscht hält.[18] *Andere wiederum sagen:* Gerade jetzt, angesichts einer Welt, die in Gewalt

---

17 Nicole Deitelhoff, Für den Frieden rüsten? Die Zeitenwende für eine nachhaltige Friedensordnung in Europa (Verfassungsblog), URL: https://verfassungsblog.de/fur-den-frieden-rusten/ (Stand: 4.8.2025).

18 Vgl. John Rawls' Vorschlag von nicht-liberalen aber wohlgeordneten politischen Gemeinschaften zu sprechen, die in ihrer inneren Verfasstheit und ihrem Agieren in den internationalen Beziehungen zumindest völkerrechtlichen Mindeststandards genügen. John Rawls, Das Recht der Völker (Ideen & Argumente), Berlin 2011.

zu versinken droht, muss es die Aufgabe der Kirche sein, *kontrafaktisch* die Stimme für Gewaltlosigkeit und Frieden zu erheben, auch wenn das unter den Prämissen *politischer* Entscheidungen nicht oder kaum anschlussfähig ist. Es geht nicht nur um das kontextbezogene »Richtige«, sondern um das »Gute«.[19] Um diese positionelle Alternative in der Aufgabenbestimmung einer nicht nur wissenschaftlichen, sondern auch kirchlichen Ethik wird zu streiten sein: Realistisch jedenfalls ist eine Friedensethik, die den geteilten Erfahrungen Raum gibt, sich an Diskursen beteiligt, in denen um das politisch Mögliche gerungen wird, und die den verantwortlich Handelnden Orientierung anbietet.

In den Vollzug ethischer Reflexion gehört dann auch die Einsicht, dass es Grauzonen und Zwischenräume gibt, dass die »Rechnung« in Abwägungsprozessen nicht ganz aufgeht. Sehr offensichtlich ist dies, wenn etwa bei der Anwendung militärischer Gewalt Kollateralopfer in Kauf genommen werden. Im Abwägungsprozess um die Verhältnismäßigkeit eines Gewaltgebrauchs mag die Gewaltanwendung als vorzugswürdige Option gerechtfertigt sein und sich die ausführende Person damit im moralischen Sinne nicht schuldig machen. Gleichwohl bleibt die bittere Konsequenz zerstörten Lebens.

In der Reflexion auf die Unterscheidung von »Gutem« und »Richtigem« und auf die nicht zu tilgenden Bruchlinien und Zwischenräume bleibt auch daran zu erinnern, dass wie in die politische Ethik im Ganzen so im Besonderen auch in die Friedensethik zum Wirklichkeitsbezug die Fähigkeit zum

19 W. D. Ross/Philip Stratton-Lake (Hrsg.), The Right and the Good, Oxford 2007 (reprinted).

Kompromiss gehört, die Fähigkeit, in Abwägungen die Perspektiven und Güter der handelnd Beteiligten und von Handlungsfolgen Betroffenen zu berücksichtigen.[20] Gebotene Kompromisse und »faule« Kompromisse, die Erstrangiges aufgeben, zu unterscheiden, bleibt dabei eine zentrale Aufgabe.[21]

4. Fünf Aspekte einer realistischen Friedensethik[22]

In der Aufgabe einer realistischen Reorientierung evangelischer Friedensethik geht es um eine in fünf Annäherungen zu beschreibende Wende zum Realismus. Jeder dieser Aspekte nimmt eine spezifische Gefährdung durch Wirklichkeitsverlust auf. Ressourcen der lutherischen Tradition sind ausgesprochen hilfreich, den nötigen Realismus wiederzugewinnen. Worum geht es im Einzelnen?

---

20 Immer noch höchst bedenkenswert sind Helmut Thielickes theologische Überlegungen zum Kompromiss im Horizont der Unterscheidung von Gesetz und Evangelium: Helmut Thielicke, Theologische Ethik. Bd. II, Entfaltung; I. Teil Mensch und Welt, Tübingen [2]1959, 190–201.

21 Vgl. zur Frage der »faulen« Kompromisse auch Avishai Margalit, Über Kompromisse – und faule Kompromisse, Berlin 2011.

22 Im Folgenden werden Überlegungen aufgenommen, die ich an anderer Stelle als Kommentar formuliert habe: Roger Mielke, Realistische Friedensethik. Kommentar zu Maximilian Schell, in: Gemeinschaftswerk der Evangelischen Publizistik (Hrsg.), Ethische Theologie heute. Tagung der Evangelischen Akademie Tutzing in Kooperation mit dem Lehrstuhl für Systematische Theologie und Ethik an der Ludwig-Maximilians-Universität München, 18. bis 19. November 2024 (EPD-Dokumentation, 10–25), 2025, 47–50.

4.1 Pragmatischer Realismus

Es geht *erstens* um einen pragmatischen Realismus. Dieser Realismus bemisst sich daran, dass die friedensethische Reflexion ihre jeweilige Sprecherposition ausweist. Der Pazifismus wesentlicher Teile der (west-)deutschen Eliten, besonders auch derjenige der Kirchen, war überhaupt nur plausibel in der besonderen politischen Lage zunächst der Bonner Republik und dann später der Prinzipialisierung des unilateralen Moments nach dem Ende der Blockkonfrontation. Deutschland lag an der maßgeblichen Frontlinie des Kalten Kriegs. Trotz der Gründung der Bundeswehr, der Neuaufstellung deutscher Streitkräfte und eines erheblichen deutschen Beitrags zu den Verteidigungsanstrengungen der NATO lag Deutschland im Windschatten politischer Verantwortung und musste für seine eigene Sicherheit nicht in vollem Umfang aufkommen. Erst der von den USA aufgespannte nukleare Schirm ermöglichte das moralische Privileg, die militärische Dimension der Friedenssicherung zu vernachlässigen. Erst dieses besondere Soziotop ließ den habituellen Pazifismus in Deutschland plausibel erscheinen. Diese Plausibilität und eine tiefe mentale Reserve gegenüber den Streitkräften wurden in späterer Zeit bedeutend verstärkt durch das totale Scheitern der »liberalen Interventionen« in Afghanistan und im Irak. Ohne die tatsächlich stattfindenden »Kriege« beim Namen zu nennen – das änderte sich erst langsam nach den ersten im Gefecht gefallenen Soldaten der Bundeswehr – konnte sich die deutsche Öffentlichkeit durchaus im Einvernehmen mit politisch Verantwortlichen eine mal kritische, mal freundliche Distanz zur Bundeswehr leisten. Erst der einer Flucht gleichende überstürzte Rückzug aus Afghanistan führte zu einem kritischen Review der Einsatzerfahrungen. Das nächste Desaster deutete sich in Mali bereits an, dort bekam man nach dem Abzug französischer Truppen allerdings noch rechtzeitig den Fuß aus der Tür.

4.2 Politischer Realismus

Es geht für die Friedensethik *zweitens* um einen politischen Realismus. Im Gegensatz zu den etatistischen Verirrungen und der Staatsvergötzung der Zeit vor 1945[23] war der sich neu formierenden evangelischen Sozialethik mit ihrem neuen Fokus auf Gesellschaft eine gewisse Staatsskepsis eingeschrieben, die sich im Gefolge der 68er und der Durchsetzung eines linksprotestantischen Milieus in den Synoden der Gliedkirchen der EKD noch verstärkte.[24] Das hatte auch Auswirkungen auf die Perzeption der Bedeutung von Staatlichkeit und staatlichem Handeln in den internationalen Beziehungen. Man fokussierte die Rolle der Zivilgesellschaften und transnationaler Akteure. In der sog. »postnationalen Konstellation« hielt man die Machtpolitik der Nationalstaaten ebenso wie große zwischenstaatliche bewaffnete Konflikte für weitgehend obsolet. Mehr und mehr findet man sich nun in einer geopolitischen Konstellation wieder, in der die Profiteure der liberalen internationalen Ordnung einen eigenen Platz bei der Gestaltung der Regeln der internationalen Beziehungen einnehmen wollen. Revisionistische Mächte wie China und Indien, die Türkei und selbst der Iran sind wirtschaftlich stark geworden

---

23 Vgl. CHRISTOPH MÖLLERS, Der vermisste Leviathan. Staatstheorie in der Bundesrepublik, Frankfurt am Main [3]2016.

24 Vgl. zu einem rezenten gegenläufigen Trend einer »Wiederentdeckung des Staates« in der evangelischen Ethik: ALEXANDER DIETZ/AXEL BERND KUNZE/LUDGER SCHWIENHORST-SCHÖNBERGER/JAN DOCHHORN, Wiederentdeckung des Staates in der Theologie, Leipzig 2020.

durch Einbeziehung in die wirtschaftlichen Austauschbeziehungen, in Institutionen und Regimes, die nach den Regeln des Westens modelliert wurden, und wollen nun diese Regeln selbst ändern, um ihre Interessen durchsetzen zu können. Auch der Ukrainekrieg ist in der Matrix dieser geopolitischen Verschiebungen zu beschreiben. Darauf war die evangelische Friedensethik nicht vorbereitet. Realistische Friedensethik aber muss mit dem interessengeleiteten und auch aggressiven Handeln von großen Nationalstaaten rechnen.[25] Sie braucht ein realistisches Politikmodell, das die Mechanismen, Masken und Methoden der Machtpolitik ernst nimmt, ohne doch die normative Differenz zum Faktischen aufzugeben. Der amerikanische Philosoph Raymond Geuss formuliert als Ausgangspunkt der politischen Philosophie, was auch für eine theologische Ethik des Politischen ernst zu nehmen ist: »Political philosophy must start not from the abstract idea of ›justice‹ or ›rights‹ but from a reflection on what politics actually is.«[26]

---

[25] Der hier in Anspruch genommene Begriff von Realismus ist zwar verwandt, aber nicht deckungsgleich mit dem in der Theorie internationaler Beziehungen gebrauchten »realistischen« oder »neo-realistischen« Theoriedesign, wie es etwa mit dem Namen Kenneth Waltz verbunden wird. Vgl. dazu: SIEGFRIED SCHIEDER/MANUELA SPINDLER (Hrsg.), Theorien der Internationalen Beziehungen, Stuttgart [3]2010.

[26] Aus einer liberalismuskritischen Grundhaltung: RAYMOND GEUSS, Philosophy and Real Politics, Princeton 2008. Ähnlich, aber mehr einem normativ abgerüsteten liberalen Politikverständnis verpflichtet: BERNARD WILLIAMS, Realism and Moralism in Political Theory. Realism and Moralism in Political Argument, in: DERS., In the Beginning Was the Deed. Realism and Moralism in Political Argument, hrsg. von Bernard Williams und Geoffrey Hawthorn, Princeton 2008, 1–17.

4.3 Anthropologischer Realismus

Es geht *drittens* um einen anthropologischen Realismus der Friedensethik. Evangelische Friedensethik war in ihrem Hauptstrom seit den 1960er Jahren von einem anthropologischen Optimismus geprägt, der die dauerhafte Gewaltinklination des Politischen nicht mehr recht wahrhaben wollte. Von der rechtlichen und institutionellen Einhegung von Gewaltverhältnissen und von zivilisierenden Subjektivierungsformen erwartete man eine dauerhafte Eindämmung von Gewalt und verkannte darüber die bleibend riskante Konstitution des Politischen. Grundeinsichten der reformatorischen Anthropologie, etwa der Sündenlehre, sind hier wichtige Ressourcen zur Korrektur. Wirklichkeitsgesättigt muss die Friedensethik sein, indem sie mit der Gewaltinklination des Menschen als conditio humana rechnet. Dies gilt individuell und mit Blick auf die Institutionen und muss daher konsequent auch in doppelter Weise im Horizont einer Individualethik (Moraltheologie, Entscheidungsethik) und in einer Institutionenethik expliziert werden. Aus diesem Grundansatz lutherischer Anthropologie wird Institutionenethik als Ethik der Erhaltungs- und Kooperationsordnungen und damit als Lehre von den Freiheitsordnungen entwickelt.[27]

In diesen Rekonstruktionszusammenhang gehört eine Theorie der Macht als integrales Element einer lutherischen Ethik des Politischen. Die Einhegung der destruktiven Poten-

[27] Den in den rechtsstaatlichen und demokratischen Institutionen inkorporierten Freiheitssinn der Moderne als ein christliches Erbe zu interpretieren, war der bis heute einleuchtende Grundimpuls der Ethik Trutz Rendtorffs. Vgl. Trutz Rendtorff, Ethik. Grundelemente, Methodologie und Konkretionen einer ethischen Theologie, Reiner Anselm/Stephan Schleissing (Hrsg.), Tübingen [3]2011.

tiale menschlicher Gewaltinklination, die Eingrenzung des sinnzerstörend Bösen, geschieht in politischen Institutionen, um Leben in Freiheit und Gemeinschaft zu ermöglichen. Es geschieht durch mandatierte und durch Mandate begrenzte Macht. Der dänische Ethiker Svend Andersen gab seinem Entwurf einer lutherischen Ethik des Politischen den pointierten Titel: *Macht aus Liebe*.[28] Daraus spricht keine schwarze Anthropologie des »Naturzustands« à la Hobbes, aber auch keine optimistische Anthropologie der reinen Seele, die den Menschen als ein unbeschriebenes Blatt Papier modelliert, wie beim Rousseau des »Emile«.[29] Die destruktive Energie der Gewalt (vgl. Gen 4 und auch Luthers Auslegung dazu) wird in den Erhaltungs- und Kooperationsordnungen eingehegt, die einen Rahmen bieten, in dem Gottes rettendes Handeln wirksam wird. Von hier aus öffnet sich ein zwar skeptischer, aber doch hoffnungsvoller Blick auf die menschlichen Möglichkeiten.

Die Ethik des Politischen muss die immerwährende Versuchung reflektieren, dieser conditio humana zu entrinnen. Das kann auf doppelte Weise geschehen: Man kann sie prinzipialisieren (wie der dezisionistische Bellizismus eines Emanuel Hirsch) oder man kann sie negieren (wie eine Ethik des Politischen, die einen Pazifismus kategorischer Gewaltlosigkeit vertritt). Beide Fehlformen entsprechen einander symmetrisch. In diesem Horizont erscheint die Predigt des Gesetzes, der primus usus wie der usus politicus, als die bleibende Auf-

---

28 SVEND ANDERSEN, Macht aus Liebe. Zur Rekonstruktion einer lutherischen politischen Ethik, Berlin 2010.

29 Es gibt freilich noch den Rousseau des »Contrat Social«. Vgl. dazu ROBERT SPAEMANN, Rousseau. Mensch oder Bürger: Das Dilemma der Moderne, Stuttgart 2008.

gabe, die dem anthropologischen Realismus entspricht und die antinomistische Versuchung als bleibende Gefährdung begreift.

4.4 Realismus der Differenz

Es geht *viertens* um einen Realismus der Differenz. Damit ist gemeint: Ein klarer Blick für die Differenz von politischer Praxis und Predigt des Evangeliums, die Unterscheidung von politischem Mandat zur Einhegung der Gewalt einerseits und rettendem Evangelium von Jesus Christus andererseits. In der politischen Sphäre öffnet sich der Zusammenhang einer Strukturanalogie von lutherischer Zwei-Regimenten-Lehre und neuzeitlicher Gewaltenteilung. Die »Unterscheidung« der Gewalten, so die Terminologie von Christoph Möllers, dient nicht nur der Begrenzung politischer Macht, sie ist vielmehr als freiheits- und demokratieförderliches Strukturprinzip einer legitimen politischen Ordnung zu verstehen. Ihre in der Verfassung festgeschriebene Rolle steht für »institutionalisierte Differenz«[30]. Diese der reformatorischen politischen Ethik zutiefst eingeschriebene Differenzierungsfigur hat auch eine heuristische Funktion und leitet dazu an, die Perspektiven des Politischen und des Geistlichen in ihrer Differenz zu bewahren. Dazu gehört es auch, die Differenz zwischen den Praxisformen und »Regierweisen« zu beachten: Das Gesetz, wo es um die Bewahrung politischer Ordnung und Ermöglichung von Freiheit geht – und das Evangelium, wo es um die

---

30 Christoph Möllers, Demokratie und Gewaltengliederung. Studien zur Verfassungstheorie, Berlin 2025 sowie Ders., Legitimation der Gewaltengliederung in Verfassungsstaat, europäischer Integration und Internationalisierung, Weilerswist ²2015.

Rettung des Menschen in Zeit und Ewigkeit geht. Wo diese soteriologische Differenz nicht gewahrt wird, wächst die Gefahr, dass sich das Politische selbst entgrenzt und soteriologische Qualität annimmt.[31]

Zwei Warnmarken sind hier gegenüber diesen ausgesprochen summarischen Überlegungen anzubringen: 1. Zu warnen ist vor einer zu schnellen Analogisierung politischer (Gewaltenteilung) und geistlicher Differenz (Gesetz und Evangelium). Die Genealogie moderner Vorstellungen der Gewaltenteilung verweist auch auf die Theorie des Gesellschaftsvertrags mit starken Bezügen zur reformierten Bundestheologie hin. 2. Andererseits gibt es gegenläufige Prozesse der Entdifferenzierung, wenn es mit der Ausbildung des modernen Territorialstaats und des landesherrlichen Kirchenregiments zu einer unitarischen Exekutive kommt und die ständischen Institutionen der Differenzierung aufgelöst werden.[32] Unter Beachtung dieser Warnmarken allerdings scheint es mir sinnvoll, den Sinn für Differenz und die Differenzfiguren von Reich der Welt und Reich Gottes, weltlichem und geistlichem Regiment, Gesetz und Evangelium als ein entscheidendes lutherisches Erbe im Prozess der Moderne zu verstehen.

Aus einer differenzierungstheoretischen Perspektive lässt sich eine pazifistische Friedensethik auch als eine Ethik der Entdifferenzierung betrachten: Die Unterscheidung der Regimente wird suspendiert, die Notwendigkeit der Predigt des

---

31 Zu dieser dem Politischen immanenten Gefahr der Totalisierung und Remythisierung: ROGER MIELKE, Das Pathos des Politischen. Wandlungsdynamiken der Demokratie im Blick evangelischer Ethik, in: Zeitschrift für Evangelische Ethik 63 (2019), 266–279.

32 MARTIN HECKEL, Deutschland im konfessionellen Zeitalter, 2., durchgesehene und bibliographisch ergänzte Auflage, Göttingen 2001.

Gesetzes dementiert – mit der Folge, dass dort, wo Gesetz und Evangelium nicht unterschieden werden, das Gesetz triumphiert und ein (vereinheitlichter) rigoristischer Moralismus an die Stelle der Unterscheidung tritt.[33] Die entstellte Zwei-Reiche-Lehre, die sich in der Vorstellung von einer »Eigengesetzlichkeit« des Politischen ausspricht, ist das symmetrisch entsprechende Gegenstück zu einem Moralismus, der zu einer optimistischen Anthropologie tendiert, die Gewaltinklination der conditio humana überspringt und die politischen Institutionen der Gewalteinhegung geringschätzt. Die historische Erfahrung zweier Weltkriege hat dieser rigoristischen »Gesinnungsethik« des Pazifismus gegenüber dem Mainstream des deutschen Protestantismus allerdings, so ist zu konzedieren, eine erhebliche geschichtliche Plausibilität zugeführt, war sie doch in der Lage, die grauenvollen Gewalterfahrungen des 20. Jahrhunderts auf den Punkt zu bringen.

4.5 Realismus der Präsenz

Fünftens geht es um einen Realismus der Präsenz. Unser Plädoyer für eine realistische Friedensethik könnte nun auch entdifferenzierend verstanden werden. Nimmt nicht eine allzu eindeutige Rede von der »einen« Wirklichkeit dem Gefüge von Wirklichkeitsbezug und Normativität wiederum die gerade eingeforderte Spannung und Differenz? Finden wir uns nicht plötzlich, nachdem wir eine normative Inflation beklagt haben, unter den Bedingungen einer normativen Deflation vor, in der die Logik des Politischen absolut gesetzt wird?

---

33 Christian Neuhäuser/Christian Seidel, (Hrsg.), Kritik des Moralismus, Berlin 2020.

Gegen diese Selbstgefährdung evangelischer Friedensethik ist eine originär lutherische Ressource zu stärken, die schon im Titel der Friedensdenkschrift von 2007 begegnet: »Aus Gottes Frieden leben, für gerechten Frieden sorgen.« Wichtig ist hier die Unterscheidung des Friedens Gottes vom politischen Projekt des Friedens. In der Architektur der Friedensdenkschrift von 2007 ist allerdings zwischen dem theologisch ausgewiesenen und in geistlichen Praktiken verankerten Frieden Gottes und dem politischen Konzept des liberalen Rechtsfriedens ein tiefer Graben. Beide stehen unverbunden und unvermittelt nebeneinander. Wie ist diese Kluft zu überwinden?

Grundsätzlich gilt: Der Friede als Norm, als Grundhaltung, Pflicht und Gut, ist eingebettet in normative Praktiken, die dem Frieden einen sozialen Ort geben. Für evangelische Friedensethik heißt dies: Sie ist eingebettet in einen Erfahrungs- und Plausibilitätsraum von Liturgie und Spiritualität, die motivational, aber auch inhaltlich das Friedenszeugnis und das friedensstiftende Handeln prägen und damit auch im politischen Raum wirksam werden.

Nehmen wir hier noch einmal eine Spur auf, die der Jurist und Rechtsphilosoph Christoph Möllers in seinem Buch »Die Möglichkeit der Normen« gelegt hat. Möllers betont konzeptionell die Kluft zwischen Wirklichkeit und Norm. Er sagt geradezu: »Normen leben von Enttäuschung«[34] und: »Die Grundoperation des Normativen ist negativ, sie weist die Wirklichkeit zurück.«[35]

---

34 Christoph Möllers, Die Möglichkeit der Normen, a. a. O. (s. Anm. 5), 67.

35 A. a. O. (s. Anm. 5), 65.

Möllers entwickelt eine Theorie der Normativität, die Distanz hält zur Praxis der Legitimation mit Gründen. Normen, so seine These, sind mehr als das vernunftgeleitete Geben und Nehmen von Gründen. Vielmehr sind Normen über ihre Begründung hinaus und unter Umständen durchaus quer zu ihnen, eingebettet in Praktiken, die wiederum an gesellschaftlicher Differenzierung teilhaben, also nicht unbedingt systematisch kohärent sind. Normen sind nach Möllers Beschreibungen als positiv und erwünscht markierte Zustände und Verhältnisse. Normen ermöglichen Veränderung und leben von moralischer Imagination.

Ich möchte die Norm des Friedens in dieser Weise als kontrafaktisch, aber in sozialen Praktiken verankert sehen und darin eine authentische lutherische Ressource der Friedensethik verstehen. Der amerikanische lutherische Theologe Ronald F. Thiemann sprach vom »humble sublime«, dem »demütigen Erhabenen«, das sich in, mit und unter den Gegebenheiten dieser vergehenden Welt zu sehen und zu schmecken gibt, und findet hier den sakramentalen Realismus der lutherischen Tradition wieder: »*Sacramental Realism*«.[36] Aus dieser gewährten und in leibhaften Praktiken bewährten Präsenz, die weder durch subjektive Deutungsleistungen noch durch politisches (zweckgerichtetes) Handeln erzeugt wird, speist sich das Friedenszeugnis der Kirche, das die Friedensethik reflektiert und expliziert, auf das die Friedensethik aber auch bleibend angewiesen ist.

---

36 RONALD F. THIEMANN, The Humble Sublime. Secularity and the Politics of Belief, London u. a. 2014; Ders., Sacramental realism. Martin Luther at the Dawn of Modernity, in: CHRISTINE HELMER/BO KRISTIAN HOLM (Hrsg.), Lutherrenaissance. Past and Present, Göttingen 2015, 156-173.

5. Fazit

Wir kommen damit an das Ende dieser Skizze, die lutherische Impulse für eine gegenwärtige Friedensethik zu umreißen versuchte. Eine realistische, d. h. wirklichkeitsgesättigte Friedensethik braucht diese Impulse, die hier als fünf Aspekte einer realistischen Wende der Friedensethik eingeführt wurden: pragmatischer Realismus, politischer Realismus, anthropologischer Realismus, Realismus der Differenz und einen Realismus der Präsenz.

Diese theologischen Ressourcen entfalten ihre argumentative Wirkung in einer Gemengelage zwischen der normativen Inflation einer moralisierenden Gesinnungsethik kategorischer Gewaltlosigkeit einerseits und andererseits einer normativen Entkernung der Friedensethik, die dazu tendiert, sich der »Eigengesetzlichkeit« faktischer Gewaltdynamiken einfach zu überlassen und allzu schnell einer Überlegitimierung sicherheitlicher Denkfiguren zu erliegen. Beide Gefährdungen haben ihr entscheidendes Defizit darin, dass sie weder wirklichkeitsgesättigt sind, noch die Normativität politischen Handelns ausreichend zur Geltung bringen.

Notger Slenczka

Scharfrichter aus Liebe?

Verbotene und gebotene Gewalt und die vergessene Rolle partikularer Kollektive

Den etwas provokanten Titel entnehme ich der Obrigkeitsschrift Luthers, in der er zunächst des Gebotes, dem Bösen nicht zu widerstehen, gedenkt und demzufolge festhält, dass »unter Christen das Schwert nicht sein kann«. Dann aber fährt er fort:

> »Und da ist das andere Stück, dass Du dem Schwert zu dienen schuldig bist, und es fördern sollst, womit du kannst, es sei mit dem Leib, Gut, Ehre und Seele [!]. Denn es ist ein Werk, dessen Du nicht bedarfst, aber es ist ganz nützlich und notwendig aller Welt und Deinem Nächsten. Darum: wenn Du sähest, dass ein Henker, ein Büttel, ein Richter, Herr oder Fürst fehlt und Du Dich dafür geeignet findest, so sollst Du Dich dazu anbieten und darum bewerben, damit ja die notwendige Gewalt nicht verachtet oder matt würde oder unterginge. Denn die Welt kann und darf sie nicht entbehren.«[1]

Dies Ausüben von Gewalt hat nicht die Förderung des eigenen Wohlergehens zum Ziel, sondern das Wohl »aller Welt und deines Nächsten«. Es ist ein selbstloses Werk und damit ein Werk der Liebe. Also: der Christ in diesem Szenario wäre ein Scharfrichter aus Liebe. Der Titel ist mit einem Fragezeichen versehen. Es geht darum, das Denkangebot zu diskutieren.

---

[1] MARTIN LUTHER, Von weltlicher Obrigkeit, wie weit man ihr Gehorsam schuldig sei (1523), DDStA 3,220–289, hier 238,23–30; dt. Übers. ebd. 239. Vgl. DERS., Ob Kriegsleute in seligem Stand sein können (1526), DDStA 3,560–629, hier 564,4–16, hier bes. 9–13.

1. Scharfrichter aus Liebe – die Grundentscheidungen einer Zweireiche-Lehre

1.1 *Die Grundlagen* der Position Luthers, der Zwei Reiche- oder, worauf zuweilen Wert gelegt wird,[2] der Zwei Regimente-Lehre ist bekannt. Ich rufe nur drei Annahmen in Erinnerung,[3] die eine derartige Position voraussetzen:

---

2 Luther spricht in der Tat von ›zwei Reichen und Regimenten‹ (etwa: zwei Reiche: Luther, Obrigkeit [Anm. 1], 228,8–19; Regimente: ebd. 230,25, hier parallel Reich und Regiment! 232,36–232), also zwei Regierweisen Gottes. Die Rede von Regimenten wird heute (etwa NIELS HENRIK GREGERSEN, Religion in der Öffentlichkeit: Die Zwei-Regimente-Lehre zwischen Privatisierung und Gouvernementalisierung [9. August 2008], in: forum historiae iuris, https://forhistiur.net/2008-08-gregersen; zuletzt eingesehen 22.7.2025; dort Lit.) gern aufgenommen zur Abgrenzung gegen eine Lesart der Zweireichelehre, die diese im Sinne einer (Augustin unterstellten) Unterscheidung zweier soziologischer oder metaphysischer Bereiche – Kirche und Welt – versteht, in denen jeweils unterschiedliche Regeln gelten. Es handle sich vielmehr um zwei Regierweisen Gottes, die sowohl in der Kirche wie in ›der Welt‹ zum Tragen kommen. Soweit ist das völlig richtig. Es handelt sich in der Tat um zwei Weisen des Umgangs Gottes mit dem Bösen – der Aufhebung des Bösen durch den geschenkten Glauben an das Evangelium, und der Eingrenzung des unveränderten Bösen durch das Schwert. Allerdings konstituieren sich durch das unterschiedliche Handeln Gottes (die beiden Regierweisen) zwei Bereiche. Diese Bereiche sind nicht metaphysisch oder soziologisch unterschieden; wohl aber hat ein Christ in seinem sozialethischen Verhalten der von Gott vollzogenen Unterscheidung Rechnung zu tragen und entsprechend im ›Bereich‹ außerhalb der Gemeinschaft der Glaubenden das menschliche Zusammenleben unter der Voraussetzung zu gestalten, dass nicht alle Menschen guten Willens sind.

3 Zum Folgenden vgl. NOTGER SLENCZKA, Gott und das Böse. Die Lehre von der Obrigkeit und von den zwei Reichen bei Luther, in: Luther 79 (2008), 75–94. Dort die wichtigste ältere Lit. Vgl. die Deutung als Theorie der Kirche im Rahmen einer pluralistischen Gesellschaft darstellt: EILERT HERMS, Theologie und Politik, in: DERS., Gesellschaft gestalten, Tübingen 1991,

1.1. Die *erste Feststellung*, dass dem Bösen nur in zweifacher Weise gewehrt werden kann: entweder durch das Ende des bösen Wollens oder aber durch die Einhegung der Möglichkeit des bösen Willens, sich zu verwirklichen. Der böse Wille ist dabei der Wille zu sich selbst, dem alle anderen Willenssubjekte ein- und untergeordnet werden. Dieser egozentrische Wille wird entweder so geändert, dass er von sich selbst absieht und motiviert ist durch die Liebe zu Gott und den Nächsten. Oder er bleibt in seiner Ichbezogenheit bestehen und muss eingehegt werden. Die Behauptung, dass nur durch den Glauben, der durch die Verkündigung des Evangeliums entsteht, diese Ichbezogenheit des Willens geändert werden kann, ist die eine These einer Zweireiche-Lehre.[4]

1.2 *Die zweite These einer Zweireiche-Lehre* ist die, dass genau unter dieser Voraussetzung das Gutsein des Willens nicht in der Hand des Menschen liegt, sondern sich einstellt – »*ubi et quando visum est Deo*« – wo Gott will (CA 5). Dass die Christen immer in der Minderheit sind, haben die Reformatoren auch unter den religionssoziologischen Bedingungen einer grundsätzlichen Identität von Kirchen- und Rechtsgemeinschaft gewusst. Genau darum kann eine Menschengemeinschaft nicht auf die Voraussetzung eines allseitig guten Willens gegründet werden, sondern es muss in jeder Menschengemeinschaft der Prävalenz des egozentrischen Willens Rechnung getragen und dieser eingegrenzt werden, damit ein Zusam-

95–124; glänzende Darstellung der Zweireichelehre und Fortführung bei: Rochus Leonhardt, Die Friedensethik Martin Luthers. Eine historische Rekonstruktion in gegenwartsdiagnostischer Absicht, in: ders. u. a. (Hrsg.), Friedensethik in Kriegszeiten, Leipzig 2023, 19–89.

4 Slenczka, Gott (Anm. 3), dort 84–86.

menleben möglich ist. Das geschieht so, dass dieser Wille genau auf diese Ichbezogenheit angesprochen wird: Ihm werden für den Fall, dass er sich auf Kosten anderer Willen durchzusetzen versucht, Einbußen an Lebensglück angedroht. Dass Christen diese Einhegung des bösen Willens befürworten und nötigenfalls sich selbst daran beteiligen, ist ein Implikat des Glaubens, dass allein durch den Glauben an das Evangelium von Christus der Mensch zu einem gemeinschaftstauglichen Willen findet; und es ist ein Implikat der Liebe zum Nächsten, wie gesagt.

Man könnte das so zusammenfassen: Eine lutherische Sozialethik anerkennt die Wirklichkeit, genauer: die durch menschliche Mittel nicht änderbare Egozentrizität des Menschen.[5]

1.3 *Rechtmäßigkeit.* Dabei ist vorbehalten, dass auch die grundsätzlich legitime Schwertgewalt depravieren kann. Zeitgenössisch ist die öffentliche Gewalt in den Händen von Fürsten oder städtischen Räten – und dass diese in der Regel egozentrisch motoviert sind, stellt Luther des Öfteren fest: »Wer weiß nicht, dass ein Fürst im Himmel ein seltener Leckerbissen ist.«[6] Die Mitwirkung des Christen am obrigkeitlichen Handeln

---

5 Die Grundthese Luthers, dass es außerhalb des Einflusses des Glaubens an das Evangelium keine wirklich altruistische Motivation gibt, sondern hier der Mensch nur durch die Androhung von Gewaltmaßnahmen vom Bösen abgehalten werden kann, ist vermutlich das anstößigste Element der Zweireiche-Lehre, das der Vorstellung einer ethischen Perfektibilität durch Erziehung oder Bildung entgegenzustehen scheint. Die These hat einen starken Verbündeten in Augustin einerseits und in Immanuel Kant andererseits – aber das macht sie nicht unanstößiger. Sie ist hier nicht zu debattieren.

6 Luther, Obrigkeit (Anm. 1),277,10 f.//276,10 f.: »Wer weysz das nicht / das eyn furst wiltpret ym hymel ist.« Vgl. ebd. 272//273.

und damit auch am Krieg steht unter dem Vorbehalt der Rechtmäßigkeit dieses Handelns, d.h. der Entsprechung zum Willen Gottes.[7] Das bedeutet zum einen die Übereinstimmung mit dem nach Luther göttlich verbürgten, aber jedem Menschen einsichtigen Recht; dazu gehören die Kriterien eines »gerechten Krieges«.[8] Die Entsprechung zum Willen Gottes ist gewährleistet, wo das obrigkeitliche Handeln und die Mitwirkung daran altruistisch motiviert ist,[9] so dass man im Sinne Luthers nicht einfach sagen müsste, dass »das Schwert« auch von Christen geführt werden *darf*, sondern dass es wünschenswert und sachgerecht ist, dass gerade ein altruistisch motivierter Christ das Schwert verwaltet.

Das Kriterium der Rechtmäßigkeit ist der Vorbehalt, unter dem das strafbewehrte Handeln der Obrigkeit und das Mittun an diesem Handeln steht, und genau dieser Vorbehalt wird auch in CA 16 unter der Wendung *›iure‹ bellare* geltend gemacht.

---

7 LUTHER, Obrigkeit (Anm. 1), 282,36–284,2//283,40–285,2.

8 LUTHER, Obrigkeit (Anm. 1), 282,36–284,18; DERS., Kriegsleute (Anm. 1), 616,39–618,22; 620,6–19; im Grunde diskutiert und begründet Luther in der Kriegsleuteschrift die Kriterien des »gerechten Krieges«: *auctoritas* in der Ablehnung eines bewaffneten Aufstands gegen die Obrigkeit (DDStA 3,576,10–598,2); *causa iusta*: nur Verteidigungskriege: 598,2–608,38, hier auch *ultima ratio*: 603,18–37; *intentio recta*: 598,11–20. Die Kriterien werden faktisch, nicht ausdrücklich und als solche geltend gemacht.

9 Zum Fürsten: LUTHER, Obrigkeit (Anm. 1), 274,24–276,3//275,24–277,3.

2. Die Denkschrift der EKD von 2007

2.1 *Öffentliche Theologie.* Ich glaube nicht, dass die von der EKD in der Denkschrift »Aus Gottes Frieden leben – für gerechten Frieden sorgen«[10] von 2007 programmatisch vertretene Lehre vom Gerechten Frieden eine Alternative zu einer Zweireiche-Lehre oder zu einer Lehre von Kriterien gerechtfertigter Kriege darstellt oder auch nur darstellen will.[11] Vielmehr definiert sie

---

10 Rat der EKD (Hrsg.), Aus Gottes Frieden leben – für gerechten Frieden sorgen. Eine Denkschrift des Rates der Evangelischen Kirche in Deutschland, Gütersloh 2007 (unv. Nachdruck 2022).

11 Vgl. die Rezeption der Kriterien des gerechten Krieges im Zusammenhang mit den Überlegungen der Denkschrift zur »rechtserhaltenden Gewalt«: Rat der EKD, Frieden (Anm. 10), 68 f. Aus der Diskussion des Konzepts des »Gerechten Friedens«: Ulrich Körtner, Notorisch ausgeblendet: Das Konzept vom Gerechten Frieden weist zu viele Ungereimtheiten auf, in: zeitzeichen 5 (2003), 14–16; ders., »Gerechter Friede« - »gerechter Krieg«. Christliche Friedensethik vor neuen Herausforderungen, in: ZThK 100 (2003), 348–377; vgl. den programmatischen Aufsatz von: Wolfgang Huber, Rückkehr zur Lehre vom gerechten Krieg? Aktuelle Entwicklungen in der evangelischen Friedensethik, in: ZEE 49 (2005) 113–130; Jean-Daniel Strub et al. (Hrsg.), Der gerechte Friede zwischen Pazifismus und gerechtem Krieg. Paradigmen der Friedensethik im Diskurs, Stuttgart 2007; Ines-Jacqueline Werkner et al. (Hrsg.), Handbuch Friedensethik, Wiesbaden 2017; dies., Gerechter Frieden. Das fortwährende Dilemma militärischer Gewalt, Bielefeld 2018, hier bes. 21–48 zum Begriff des »Gerechten Friedens« und zur Absicht der Abgrenzung gegen das Konzept des Gerechten Krieges. Werkner weist auf das Problem der Schutzverpflichtung (*responsibility to protect*) hin, der ein Konzept des Gerechten Krieges gerecht werden könnte (71–84). Reaktionen auf die Denkschrift von 2007: Johannes Fischer/ Jean-Daniel Strub, Abschied vom gerechten Krieg. Die Friedensdenkschrift der EKD zielt auf ein Umdenken in der Frage von Krieg und Frieden, in: zeitzeichen 8 (2007), 11–13; epd Dokumentation 2008, 22/23: Reaktionen auf die neue Friedensdenkschrift der EKD.

das, was auch in einer Zweireiche-Lehre einerseits und in einer Lehre von den Kriterien gerechtfertigter Kriege andererseits leitend ist: ein Konzept des *bonum commune*, des Gemeinwohls, das nach einer auf Aristoteles zurückgehenden Einsicht obrigkeitliches bzw. staatliches Handeln leiten soll.[12] Die EKD formuliert mit der Wendung ›Frieden in Gerechtigkeit‹ eine »Zielperspektive politischer Ethik« (54) und damit eben den Begriff für einen gesellschaftlichen Zustand, auf den als Ziel hin gesellschaftliches Handeln und das kirchliche sozialethische Engagement orientiert sein soll. Dieses Ziel ist nicht nur für Christen als erstrebenswertes Gut nachvollziehbar. Vielmehr fungieren biblische Konzepte eines eschatologischen Reichs, in dem Frieden und Gerechtigkeit sich küssen, in der Denkschrift als eine Art Bild- oder Ideenspender, das sich in ein politisches, für Menschen aller Weltanschauungen akzeptables Konzept übersetzen lässt: »Die Praxis des gerechten Friedens, die als Merkmal der weltweiten Gemeinschaft von Christinnen und Christen betrachtet werden kann, wird zwar in ihrer spirituellen Tiefenschicht nicht von allen Menschen geteilt und kann keine praktische Friedenspolitik ersetzen. Sie konvergiert aber mit einem mehrdimensionalen Konzept des Friedens, das sich als sozialethisches Leitbild in die politische Friedensaufgabe einbringen lässt.«[13]

Es ist deutlich, dass in dieser Denkschrift noch das Nebeneinander und die wechselseitige Unableitbarkeit von Kirche und Welt aufgenommen ist, dass aber dieses Nebeneinander

---

[12] Vgl. NOTGER SLENCZKA, Gemeinwohlorientierung zwischen Selbstinteresse und Gemeinsinn. Theologiegeschichtliche Bemerkungen in systematischer Absicht, in: ELISABETH GRÄB-SCHMIDT ET AL. (Hrsg.), Gemeinwohl, MJTh 26 (2014), 41–75, hier zu Aristoteles: 49–55.

[13] RAT DER EKD, Frieden (Anm. 10), RNr. 78.

auf die Analogiefähigkeit der Welt zur Kirche hin fokussiert ist, also auf das Modell des Verhältnisses von Christengemeinde und Bürgergemeinde, das Karl Barth vorgeschlagen hat und das dem Konzept einer »öffentlichen Theologie/*public theology*« zugrunde liegt.[14]

2.2 Frieden in Gerechtigkeit als Begrenzung des Einsatzes militärischer Gewalt – iustus finis und Clausewitz. Der wesentliche Punkt, an dem dieser Ansatz über die herkömmliche protestantische Bewertung militärischer Gewalt hinausführt, ist der, dass die Anwendung militärischer Gewalt diesem *bonum* des Friedens in Gerechtigkeit zugeordnet wird. Im Grunde hat man es hier mit einem Wiedergänger einerseits des *iustus finis*, des Ziels der Wiederherstellung des Friedens als Kriterium des gerechten Krieges zu tun. Andererseits handelt es sich um einen Wiedergänger der Einsicht Clausewitz', nach der der Krieg »die bloße Fortsetzung der Politik mit andern Mitteln« sei (32).[15] Diese

---

14 Dirk Smit, Essays in Public Theology. Collected Essays 1, Stellenbosch 2007; ders., The Paradigm of Public Theology – Origins and Development, in: Heinrich Bedford-Strohm et al. (Hrsg.), Contextuality and Intercontextuality in Public Theology, Berlin u. a. 2013, 11–23; Florian Höhne, Öffentliche Theologie. Begriffsgeschichte und Grundfragen, Leipzig 2015, zum Analogieverhältnis von Kirche und Welt vgl. 62–64 und 110–117. Vgl. die Beiträge in: Florian Höhne/Frederike van Oorschot (Hrsg.), Grundtexte Öffentliche Theologie, 2015.

15 Carl von Clausewitz, Vom Kriege (1832), hier zitiert nach der online-Ausgabe: https://clausewitzstudies.org/readings/VomKriege1832/Book1. htm (zuletzt eingesehen 22.7.2025). Das berühmte Zitat findet sich in Buch I Kap 1,24 als Überschrift; vgl. im Text: »So sehen wir also, daß der Krieg nicht bloß ein politischer Akt, sondern ein wahres politisches Instrument ist, eine Fortsetzung des politischen Verkehrs, ein Durchführen desselben mit anderen Mitteln.« Dazu Tobias Wille, Politik und ihre Grenzen in Clau-

sehr kluge Einsicht Clausewitz' hebt ursprünglich mitnichten darauf ab, dass die Politik sich nach Belieben des Krieges als Mittel bedienen dürfe – so wird sie zuweilen kolportiert.[16] Vielmehr wendet sich Clausewitz gegen ein Verständnis des Krieges als Selbstzweck. Die militärische Gewalt müsse durch politische Zwecke begrenzt und geleitet sein. Dies wiederum entspringt der Einsicht, dass die militärische Gewalt zur Verselbständigung tendiert und dadurch Gefahr läuft, zum Selbstzweck oder zum absoluten Krieg zu werden.[17] Clausewitz unterscheidet das Ziel und den Zweck des Krieges:[18] Das Ziel ist die Vernichtung der gegnerischen Fähigkeit zur Selbstdurchsetzung. Dies Ziel ist aber nur Mittel zum Zweck: zur Durchsetzung des eigenen Willens gegen den widerstrebenden Willen des Gegners. Dieser Zweck ist außerhalb des Krie-

---

sewitz' Denken über den Krieg, in: Politische Vierteljahresschrift 62 (2021) 45-67 (https://link.springer.com/article/10.1007/s11615-020-00269-9, zuletzt 26.6.2025).

[16] Dazu abgrenzend: Herfried Münkler, Clausewitz' Theorie des Krieges, in: Würzburger Vorträge zur Rechtsphilosophie, Rechtstheorie und Rechtssoziologie 31, Baden-Baden 2003 (https://www.nomos-elibrary.de/10.5771/9783748902430.pdf, zuletzt 26.6.2025), hier 5.

[17] Clausewitz, Krieg (Anm. 15) I,1,23. Vgl. die von Münkler, Theorie (Anm. 16) 13 f. referierte Kritik Ludendorffs. Die gegenwärtige Diskussion dreht sich meistens darum, ob Clausewitz' Theorie des Krieges die Grenze ihrer Plausibilität erreicht, wenn Kriege nicht mehr von staatlichen Akteuren und d. h. von politisch Handelnden geführt werden: Martin van Creveld, Die Zukunft des Krieges, München 1998; John Keegan, Die Kultur des Krieges, Berlin 1993; dazu Christopher Daase/Sebastian Schindler, Clausewitz, Guerillakrieg und Terrorismus. Zur Aktualität einer missverstandenen Kriegstheorie, in: Politische Vierteljahresschrift 50 (2009), 701–731. Vgl. zum Begriff der Politik: Wille, Politik (Anm. 15), dort Lit.

[18] Clausewitz, Krieg (Anm. 15) I,1,2+4+11+23.

ges gelegen und in diesem Sinne politisch, wobei Clausewitz diesen politischen Zweck nicht oder nicht ausdrücklich, wie die klassische Lehre vom gerechten Krieg, ethischen Kriterien (dem *iustus finis* und damit der Wiederherstellung des Friedens) unterstellt.

Die Denkschrift von 2007 folgt einer ähnlichen Einsicht. Sie lehnt die Anwendung militärischer Gewalt mitnichten völlig ab, ordnet aber den Einsatz militärischer Gewalt als lediglich vorübergehendes Mittel dem Ziel des Gerechten Friedens zu. Sie beruft sich einerseits auf das Völkerrecht, genauer auf das Gewaltverbot der UN-Charta (Kapitel I, Art 2), in dessen Rahmen das Konzept des »gerechten Krieges« keinen Platz mehr habe.[19] Die Verfasser der Denkschrift rezipieren dann aber doch die Kriterien, anhand derer ein gerechter Krieg festgestellt wurde, als »Kriterien einer Ethik rechtserhaltender Gewalt«.[20] Diese Kriterien werden von den Verfassern der Denkschrift in der Folge diskutiert, freilich immer in der Absicht, sie zu begrenzen.[21]

---

19 RAT DER EKD, Frieden (Anm. 10), 68 (RNr. 102), vgl. 70 (RNr. 104). Strenggenommen handelt es sich allerdings bei der angeführten UN-Charta nicht um ein Verbot, sondern um eine Selbstverpflichtung der Mitgliedsstaaten zum Gewaltverzicht; die Frage, ob es sich um ein *ius cogens* handelt, ist Gegenstand juristischer Debatten; OLIVER DÖRR, Das völkerrechtliche Gewaltverbot am Anfang des 21. Jahrhunderts – Was bleibt von Art. 2 (4) UN-Charta?, in: DERS. (Hrsg.), Ein Rechtslehrer in Berlin. Ein Symposium für Albrecht Randelzhofer, Berlin u. a. 2004, 33-54.

20 RAT DER EKD, Frieden (Anm. 10), 68 im Kontext von 65–70. S. 75-77 (RNrn. 110–116) werden die Kriterien des »gerechten Krieges« für den Fall einer rechtserhaltenden Intervention explizit (76, RNr. 112) als Kriterien in Anspruch genommen.

21 RAT DER EKD, Frieden (Anm. 10), 70–79.

Ich komme darauf zurück; das Anliegen aber der Denkschrift ist es, die Kriterien des gerechten Krieges so auszulegen, dass sie den Einsatz militärischer Mittel unter den Vorbehalt und in den Dienst des Ziels der Minimierung von Gewalt und zunehmender Gerechtigkeit[22] stellen, das heißt: von vornherein als Mittel zu diesem Zweck betrachten:

»[D]as friedenstiftende gerechte Handeln [kann] seinerseits nur im Frieden geschehen und aus ihm hervorgehen. In einer bekannten Formulierung gesagt: Schon der Weg ist das Ziel – genauer: Die Mittel zum Frieden müssen bereits durch den Zweck qualifiziert, die Methoden müssen dem Ziel angemessen sein.«[23]

3. Anfragen an die Denkschrift

3.1 *»Erlaubnis« zum Krieg?* Es fällt auf, dass die Begrenzung des »rechtserhaltenden militärischen Gewaltgebrauchs« so gefasst werden, dass von einem »Erlaubnisgrund« gesprochen wird:

»*Erlaubnisgrund* für Militärinterventionen aus humanitären Gründen können nur aktuelle, schwerste Unrechtshandlungen sein, die die minimale Friedensfunktion einer politischen Ordnung überhaupt beseitigen und der Selbstbestimmung der Bevölkerung die Grundlage entziehen, indem ganze Gruppen einer Bevölkerung an Leib und Leben bedroht und der Vernichtung preisgegeben werden.«[24]

---

[22] Rat der EKD, Frieden (Anm. 10), 54.

[23] Rat der EKD, Frieden (Anm. 10), 52 (RNr. 76).

[24] Rat der EKD, Frieden (Anm. 10), 75 (RNr. 112), kursiv im Orig.; vgl. ebd. 68 (RNr. 102).

Die Wendung lehnt sich an das juristische Modell des Erlaubnisvorbehalts an, nach dem ein grundsätzlich verbotenes Handeln unter bestimmten Voraussetzungen zulässig und soweit ›erlaubt‹ sein kann.[25] Im Rahmen einer theologischen Stellungnahme ist diese Wendung allerdings insbesondere im Rahmen der Frage nach der Anwendung von Gewalt dadurch problematisch, dass es die (im juristischen Kontext nicht mitschwingende) Konnotation einer Instanz heraufbeschwört, die gern Gewalt anwenden würde, und nun nach bestimmten Kriterien die Erlaubnis dazu erhält. In einem theologischen Text wird man sagen müssen, dass die Anwendung von Gewalt nicht entweder verboten oder »erlaubt«, sondern entweder verboten oder geboten ist.[26] Es muss theologisch mit der Möglichkeit gerechnet werden, dass es Situationen gibt, in denen eine gewaltförmige Eingrenzung des Bösen – gerade in den im Zitat genannten abstrakten Fällen – geboten ist und erfolgen muss. Ein robustes Eingreifen in Srebrenica 1995 oder die immer wieder angeführte Kriegsführung gegen das Dritte Reich sind nicht »erlaubt«, sondern geboten. Das stellt auch ein deutliches Fragezeichen an die generelle Formulierung, dass die Rede von einem »gerechtfertigten Krieg« unzulässig sei:

---

25 Das spielt beispielsweise eine Rolle im Baurecht oder bei der Erhebung und Weitergabe personenbezogener Daten, die grundsätzlich verboten ist, allerdings unter dem Erlaubnisvorbehalt einer schriftlichen Genehmigung des Betroffenen oder einer gesetzlichen Regelung. Vgl. etwa: Laura Schulte, Vom quantitativen zum qualitativen Datenschutz. Leitbildwandel im Datenschutzrecht, Berlin 2018.

26 Vgl. dazu Friedrich D. E. Schleiermacher, Über den Begriff des Erlaubten, in: KGA I,11, Akademievorträge, 493–513. Vgl. Luther, Kriegsleute (Anm. 1), 604,33–40.

»In Situationen, in denen die Verantwortung für eigenes oder fremdes Leben zu einem Handeln nötigt, durch das zugleich Leben bedroht oder vernichtet wird, kann keine noch so sorgfältige Güterabwägung von dem Risiko des Schuldigwerdens befreien.«[27]

Es ist zuzugestehen, dass es Situationen gibt, in denen Güter oder Pflichten in Konkurrenz treten,[28] und es ist auch zuzugestehen, dass rückblickend eine Entscheidung sich als fehlerhaft oder auf falschen Informationen beruhend herausstellen kann. Das ändert aber nichts daran, dass das jeweilige Handeln im Moment der Entscheidung als angemessen/normgerecht, theologisch: als von Gott geboten beurteilt werden muss.

3.2 *Zwischen einzelstaatlicher und Weltbürger-Ordnung.* Die Denkschrift sieht das Christentum orientiert auf die Stärkung des internationalen Rechts und der internationalen Institutionen – die Fortbildung einer Völkerrechtsordnung und die Stärkung der Vereinten Nationen sind die entscheidenden institutionellen Hoffnungsträger der Verfasser. Das Bild ist dies, dass mit dem Erstarken globaler Institutionen, die auf universale Werte, im Zentrum die Anerkennung der Menschenwürde und die daraus fließenden Rechte gestützt sind, die rechtserhaltende Gewalt den Charakter von Polizeiaktionen erhält:

»Im heutigen völkerrechtlichen Kontext ist eine rechtmäßige Autorisierung militärischer Zwangsmittel nur als eine Art internationaler Polizeiaktion nach den Regeln der UN-

[27] RAT DER EKD, Frieden (Anm. 10), 70 (RNr. 103).

[28] NOTGER SLENCZKA, Die unvermeidbare Schuld. Der Normenkonflikt in der christlichen Ethik. Deutung einer Passage aus Bonhoeffers Ethik-Fragmenten, in: BThZ 16 (1999), 97–119.

Charta denkbar, denn die Vereinten Nationen sind die einzige internationale Organisation, die vom Geltungsanspruch ihrer Normen und von ihrer Mitgliedschaft her auf Universalität angelegt ist.«[29]

Das Bild, das den Verfassern der Denkschrift vorschwebt, ist offensichtlich ein Konzept der allmählichen Übertragung staatlicher Souveränitätsrechte auf die Vereinten Nationen bzw. auf regionale überstaatliche Zusammenschlüsse wie die Organisation Afrikanischer Staaten oder natürlich und vorbildhaft die EU.[30] Dabei markieren aber die Verfasser einen deutlichen Vorbehalt: Das Völkerrecht befinde sich derzeit in einem Zwischenzustand zwischen einem Ausgangspunkt – dem Staatenrecht – und der »regulativen Idee« eines Weltbürgerrechts.[31] Das ist eine interessante Bestimmung: Offensichtlich sehen die Vf. so etwas wie eine Zielbestimmung eines Weltbürgerstaates, in dem die Vereinten Nationen die Rolle einer Weltregierung wahrnehmen und auch die Zwangsmittel, die jetzt noch in der Hand von souveränen Staaten sind, zu ihrer Verfügung haben.

3.2.1 *Der Zwischenzustand als Problem.* Dieses Rechnen mit einem Zwischenzustand ist nun aber in hohem Maße problematisch. Das wird an zwei miteinander zusammenhängenden Punkten deutlich:

---

29 Rat der EKD, Frieden (Anm. 10), 70 (RNr. 104).

30 Rat der EKD, Frieden (Anm. 10), 80–94, hier bes. 90–94.

31 »Allerdings befindet sich das Völkerrecht in einer Zwischenstellung zwischen einem reinen Staatenrecht, von dem es herkommt, und einem menschheitlichen Weltbürgerrecht, das eine regulative Idee bleiben muss.« Rat der EKD, Frieden (Anm. 10), 70 (RNr. 104).

Die Bewertung des subsidiären Schutzes bei schweren Menschenrechtsverletzungen in einem fremden Staat ist am Modell der staatlichen Souveränität orientiert. Die Verfasser/-innen der Denkschrift stellen zwar fest, dass die staatliche Souveränität hinter den Schutz der Menschenrechte zurückzutreten habe;[32] eine humanitäre Intervention sei aber nur dann zulässig, wenn der betroffene Staat nicht nur die Menschenrechte verletzt, sondern auch seiner Pflicht zum Lebensschutz nicht mehr nachkommt, und zwar mit der Begründung:

»Die Anerkennung und Garantie der bürgerlichen, politischen und sozialen Menschenrechte kann nicht an staatlich organisierten Gemeinwesen vorbei, sie muss vielmehr *in* ihnen, *mit* ihnen und *durch* sie verwirklicht werden. Selbst Rückfälle in die Despotie rechtfertigen nicht als solche ein bewaffnetes Eingreifen von außen.«[33]

Das ist dann doch ein erstaunlich weitgehender Respekt vor dem Prinzip der Unversehrtheit des Territorialstaats und der Nichteinmischung in die inneren Angelegenheiten eines anderen Staates. Das ist völkerrechtlich einwandfrei und entspricht der UN-Charta. Es ist auch als ethische Option verständlich und soll natürlich einem Missbrauch des Instruments der humanitären Intervention vorbeugen; eine Änderung unerwünschter politischer Zustände muss aus der betroffenen Bevölkerung selbst erfolgen.[34] Aber darin zeigt sich

---

32 RAT DER EKD, Frieden (Anm. 10), 74 (RNr. 111).

33 RAT DER EKD, Frieden (Anm. 10), 75 (RNr. 111).

34 RAT DER EKD, Frieden (Anm. 10), 75 (RNr. 111): »[. . .] es muss vorrangig Sache der Mitglieder eines Gemeinwesens selber bleiben, ihre politischen Freiheiten wiederherzustellen oder in einer veränderten politischen Ordnung zu erringen.«

eben sehr deutlich der völkerrechtliche Zwischenzustand zwischen dem Ausgangspunkt der Staatensouveränität einerseits und dem Weltbürgerrecht auf der anderen Seite, denn das Prinzip der Nichteinmischung impliziert die Anerkennung des Prinzips der Souveränität des Staates.

3.2.2 *Selbstverteidigung*. Der angekündigte zweite Punkt ist die Kehrseite dieses ersten Problems: Die Verfasser der Denkschrift diskutieren das Recht eines Staates auf Selbstverteidigung.[35] Der Abschnitt steht, wie alle Abschnitte, von vornherein unter der Überschrift »Grenzen des Selbstverteidigungsrechts«. Inhaltlich liegt das Gewicht auf den Problemen der asymmetrischen Konflikte,[36] was natürlich im historischen Kontext der Denkschrift darin begründet ist, dass die Auseinandersetzung mit der Organisation al-Qaida in vollem Gange war.

Wer allerdings den Text genau liest, dem fällt auf, dass die Denkschrift keine positive *Begründung* des Selbstverteidigungsrechtes des Territorialstaates[37] bietet. Darin setzt sich die Relativierung des territorialen Staates fort: Es ist als Selbstverständlichkeit vorausgesetzt, dass ein Staat sich verteidigen darf und somit Anspruch auf ein unversehrtes Territorium hat. Dieses Recht wird ohne Diskussion der UN-Charta ent-

---

35 RAT DER EKD, Frieden (Anm. 0), 72–74, RNr. 104–109.

36 Dazu HERFRIED MÜNKLER, Der Wandel des Krieges. Von der Symmetrie zur Asymmetrie, Velbrück 2006.

37 Ich spreche im Folgenden vom Territorialstaat, weil das Prinzip der Unversehrtheit seiner Grenzen an der Wahrung derselben durch andere Staaten hängt. Das ist der Punkt, den die Denkschrift geltend macht. Ich nehme das mit dem Begriff auf, verbinde damit aber nur den Hinweis auf die Aufgabe einer Definition des ethischen Gutes des Staates und nicht die Option für eine bestimmte Staatstheorie.

nommen und in der Denkschrift weitestgehend begrenzt. Es gibt dabei keine positive Begründung für dieses Selbstverteidigungsrecht: Warum sollte eigentlich der territoriale Staat mit Waffengewalt gegen Angriffe von außen verteidigt werden? Das würde voraussetzen, dass dieser Staat als ein Gut dargestellt wird; nur so ergeben sich die Grundlagen des Rechtes auf Selbstverteidigung, und nur so ergeben sich auch die Grenzen dieses Rechtes.

3.2.3 *Das Subjekt des Friedens.* Ein ähnlich gelagertes Problem stellt sich angesichts des Leitbegriffs des ›Gerechten Friedens‹. Dabei handelt es sich, nach den Kategorien Schleiermachers, um ein durch menschliches Handeln zu realisierendes ethisches Gut.

Die Denkschrift formuliert die ökonomischen und sozialen Bedingungen eines Gerechten Friedens, der in Analogie zu den biblischen Erwartungen eines ›Shalom‹-Zustandes als Achtung der Menschenwürde und des Existenzrechts, als Minimierung von Gewalt und als Förderung von Freiheit und Ressourcengerechtigkeit sowie der Anerkennung kultureller Vielfalt gefasst wird:[38]

»Friedensfördernde Prozesse sind dadurch charakterisiert, dass sie in innerstaatlicher wie in zwischenstaatlicher Hinsicht auf die *Vermeidung von Gewaltanwendung*, die *Förderung von Freiheit und kultureller Vielfalt* sowie auf den *Abbau von Not* gerichtet sind.«[39]

---

[38] Rat der EKD, Frieden (Anm. 10), 53–56, RNr. 79–84 als Darstellung der Implikationen des biblischen *shalom*-Konzepts; gegenwartsbezogen als Anforderungen an eine Rechtsordnung entfaltet in Kapitel 3: 57–65, RNr. 86–97.

[39] Rat der EKD, Frieden (Anm. 10), 54, RNr. 80; kursiv im Original.

An wen sich diese normativen Aufstellungen richten und wen sie verpflichten, wird nicht gesagt. Frieden ist aber immer ein Zustand zwischen Subjekten, im neuzeitlichen Europa: zwischen Staaten. In der Denkschrift wird lediglich festgehalten, dass diese friedlichen Zustände, insbesondere die Verwirklichung der Menschenrechte und der politischen Teilhaberechte, nicht an den Territorialstaaten vorbei, sondern nur durch sie (etwa durch die Durchsetzung eines staatlichen Gewaltmonopols) realisiert werden können, und dass somit die territoriale Integrität und die Selbstbestimmung der Staaten nicht oder nur in extremsten Fällen von *failed states* angetastet werden darf. Aber eine auch nur angedeutete Begründung der Funktion von Territorialstaaten, die doch historisch die Subjekte nicht nur des Friedens, sondern vor allem der kriegerischen Gewalt waren und unter den Bedingungen eines staatlichen Gewaltmonopols und des Selbstverteidigungsrechts auch nach dieser Denkschrift sind, findet sich nirgends. Sie sind – s. o. – zum Verschwinden bestimmt, in der Gegenwart des Übergangszustands aber noch notwendig. Warum?

3.3 *Warum Territorialstaaten?* Mir scheint, dass mit dieser Denkschrift sehr schön deutlich wird, warum die Entwicklung seit 2014 (Annexion der Krim) bzw. seit 2022 (Einmarsch Russlands in die Ukraine) bzw. seit 2023 (Gaza-Krieg) zu dem Eindruck geführt hat, dass die Kirche mit dieser Denkschrift den geopolitischen Realitäten nicht mehr gerecht werden kann. Denn die Denkschrift ist deutlich orientiert am (ausdrücklich regulativen) Konzept einer weltweiten Gemeinschaft freier und gleicher Menschen, die sozusagen in Analogie zum Reich Gottes gebildet ist. Die Herstellung von Frieden in Gerechtigkeit ist gefasst als teleologischer Prozess, dessen innere Logik auch in der Rolle, die überstaatlichen Organisationen zugeschrieben wird, auf eine zunehmende Verschiebung der ursprünglich bei den Staaten angesiedelten Souveränitätsrechte auf überstaatliche Organisationen hinausläuft; das Modell ist hier offensichtlich der Prozess der europäischen Integration.

Dieses Leitbild des allmählichen Endes des partikularen Staates und der Verlagerung der Souveränität auf globale Institutionen ist ein nach meinem Eindruck selten beachteter Punkt, an dem die Haltung der Evangelischen Kirche in der Friedensfrage einer Revision bedürftig ist. Denn die Funktion des Territorialstaates wird einerseits relativiert; auf der anderen Seite wird die Faktizität seiner Fortexistenz vorausgesetzt und im Votum für das Gewaltmonopol des Staates der territoriale Staat als Inhaber militärischer Gewalt apostrophiert.[40] Er ist offensichtlich ein entscheidendes Subjekt des Krieges wie des ethischen Gutes des Friedens. Warum kommt er nicht vor?

4. Kollektive Identitäten

Dabei ist vorauszusetzen, dass sich die Funktion eines Staates nicht in seinen juristischen Kompetenzen zur Verwaltung eines Territoriums erschöpft.

4.1 *Gemeinsames Bewusstsein als Fundament des Rechtsbegriffs des Staates.* Diese Aufgabe einer Thematisierung des Staates als Subjekt von Krieg und Frieden stellt sich, weil die von der Denkschrift vorausgesetzte Relativierung des partikularen Staates nach meinem Eindruck als Diagnose nicht zutreffend

---

40 Rat der EKD, Frieden (Anm. 10), 54f. RNr. 81.

ist. Sowohl im Krieg zwischen Russland und der Ukraine als auch im Gazakonflikt wie auch in dem noch ohne den Einsatz militärischer Gewalt verlaufenden Konflikt zwischen China und Taiwan haben wir es nicht nur damit zu tun, dass Verwaltungsstaaten mit einem juristischen Souveränitätsanspruch gegeneinander stehen, die im Prozess einer internationalen Vergemeinschaftung ihre Bedeutung verlieren. Vielmehr zeigt sich sowohl in diesen Konflikten wie in den gelegentlich sich meldenden zentrifugalen Tendenzen innerhalb übernationaler Zusammenschlüsse, etwa in der Europäischen Union, das Beharrungsvermögen nicht einfach der Staaten als Verwaltungseinheiten, sondern als Gegenstand eines wie immer verfassten Nationalbewusstseins seiner Bürger. Denn offensichtlich erschließt sich der Wert eines territorial definierten Staates und seiner Souveränität wesentlichen Teilen der jeweiligen Bevölkerung am wenigsten als juristische Option, sondern als Identitätskonzept.[41] Für diese Bürger ist die staatliche Existenz etwas anderes als eine Verwaltungseinheit, nämlich das, was Michael Walzer die Begründung des Territorialprinzips in einem gemeinsamen Bewusstsein der Bewohner nennt.[42] Damit bewege ich mich auf einem sehr abschüssigen Gelände;[43] ich notiere deshalb ausdrücklich, dass ich hier keine festgezurrte, gar irgendwie »völkische« Position vertrete, sondern einen irrtumsfähigen Hinweis auf eine unverzichtbare Frage in einer aporetischen Situation vortrage;

---

41 Vgl. jüngst die glänzende kritische Diskussion des hier einschlägigen Begriffs des Volkes bei: Uwe Volkmann, Volk revisited, FJP 13, Tübingen 2025, hier kritisch zur Begründung des staatlichen Rechts auf einen essentialistischen Begriff des Volkes: 14–61, bes. 14–31.

42 Michael Walzer, Just and Unjust Wars, NYC [5]2015, hier 53 f.; Übers. N.Sl.

43 Vgl. die Beiträge in Volkmann, Volk (Anm. 41).

diese Frage ist zudem nicht neu, sondern wird in außerkirchlichen Diskursen breit diskutiert.[44]

Ich folge dabei Walzer. Man muss ihm nicht in allen Punkten zustimmen,[45] aber er diskutiert die Fragen, die in der genannten Denkschrift übersprungen werden: Er buchstabiert die Bedeutung eines Nationalbewusstseins für eine Rede vom gerechten Krieg aus; wenn ich ihn recht verstehe, betrachtet er dieses Bewusstsein nationaler Verbundenheit nicht als konstituiert durch biologische Faktoren, etwa eine gemeinsame Abstammung oder gar ein biologistisches Konzept der Rasse, aber eben auch nicht als Ergebnis letztlich kurzfristig änderbarer Interaktionen, sondern als Ergebnis langfristiger kollektiver oder sozialer Identitätsbestimmungen. Es kommt dabei nicht darauf an, diese Identitätsbestimmungen zu essentialisieren. Selbstverständlich sind sie als Ergebnis kollektiver Aushandlungsprozesse und Selbstdeutungen interpretierbar, und selbstverständlich wandeln sich diese kollektiven Identitäten. Entscheidend ist nicht, wie diese Identitätsbestimmungen konstituiert und dass sie wandelbar sind. Entscheidend

44 Diskussion des Problems neben Walzer: leicht kritischer als Walzer Aleida Assmann, Die Wiedererfindung der Nation. Warum wir sie fürchten und warum wir sie brauchen, München 2020, zu den im Folgenden nur angedeuteten identitätstheoretischen Überlegungen: ebd. 61–183. Eine höchst kritische Stimme: Lutz Niethammer, Kollektive Identität. Heimliche Quellen einer unheimlichen Konjunktur, Reinbek 2000; Versuch der Begründung eines »linken« Patriotismus: Robert Habeck, Patriotismus. Ein linkes Plädoyer, Gütersloh 2010. Aus der älteren Diskussion: Dolf Sternberger, Verfassungspatriotismus, Frankfurt am Main 1990; Jürgen Habermas, Staatsbürgerschaft und nationale Identität, in: Ders., Faktizität und Geltung, Frankfurt a. M. 1992.

45 Man kann sich beispielsweise fragen, ob die schlichte Analogisierung von Kollektiven (Staaten) und Individuen wirklich hilfreich ist (53 f. 57 u. ö.).

ist vielmehr, dass sie im gesellschaftlichen Zusammenleben fungieren und als unbeliebig vorgegeben *erfahren* werden. In diesem Sinne ›gibt es‹ so etwas wie eine kollektive Identität,[46] die ein wesentlicher Bestandteil der jeweiligen individuellen Identität ist und als Verpflichtungsgrund erfahren wird:

»Die Rechte von Staaten ruhen auf dem Konsens ihrer Mitglieder. Aber das ist ein Konsens besonderer Art. Staatliche Rechte sind nicht konstituiert durch eine Reihe von Übertragungsakten individueller Männer und Frauen gegenüber dem Souverän oder durch eine Reihe von Kommunikationsakten zwischen Individuen. Was tatsächlich geschieht, ist schwieriger zu beschreiben. Über einen langen Zeitraum hinweg formen geteilte Erfahrungen und Kooperationen vielfältiger Art ein gemeinsames Leben. ›Vertrag‹ [i. e. der Gesellschaftsvertrag, N.Sl.] ist eine Metapher für einen Prozess der Verbindung und Wechselseitigkeit, dessen Ablauf der Staat gegen äußere Übergriffe zu schützen beansprucht. Dieser Schutz erstreckt sich nicht nur auf das Leben und die Freiheit der Individuen, sondern auch auf ihr gemeinsames Leben und ihre Freiheit, die unabhängige Gemeinschaft, die sie gebildet haben und für die sich Individuen zuweilen geopfert haben.«[47]

---

46 Ich spreche im Folgenden von »kollektiver« oder »sozialer« Identität. Das ist erläuterungsbedürftig: Ich meine damit nicht in erster Linie eine Identität, deren Träger Kollektive sind, sondern den Vorgang, dass die Zugehörigkeit zu einem Kollektiv oder einer sozialen Gruppe für die Angehörigen dieser Gruppe identitätskonstituierend wird – vgl.: HENRI TAJFEL/ J. C. TURNER, The social identity theory of intergroup behavior, in: STEPHEN WORCHEL ET AL. (Hrsg.): Psychology of intergroup relations, Chicago 1986, 7–24; STEPHEN WORCHEL (Hrsg.), Social Identity. International Perspectives, Los Angeles u. a. 1998. Das impliziert selbstverständlich dann auch ein jeweiliges Konzept der Identität dieser Gruppe.

47 WALZER, Wars (Anm. 42), 53 f.; dt.: Gibt es den gerechten Krieg, Suttgart

Die im Zitat vollzogene Kritik an einem Staatsvertragsgedanken nimmt entsprechende Abgrenzungen auf, die beispielsweise Schleiermacher in der Zuordnung der rationalen Struktur des Staates und seiner Gesetze zur vorrechtlichen Größe des Volkes und seiner Sitte vollzieht.[48] Walzer verbindet das mit der auf Hegel zurückgehenden Zuordnung von Staat und Gesellschaft.

4.2 *Die soziale Identität und der Krieg.* Es ist deutlich: Für Walzer jedenfalls hängt das Konzept eines (gerechten) Krieges in der Tat an der Plausibilität dieses Konzepts sozialer oder kollektiver Identität.[49]

Eine militärische Aggression zielt nach Walzer zunächst auf das jeweilige Territorium, meint aber damit die Gemeinschaft von Menschen:

»Wenn Staaten angegriffen werden, sind es ihre Mitglieder, die herausgefordert werden, nicht einfach bezüglich ihres Le-

---

1982. Seine Position ist hinsichtlich der *social contract theory* nicht völlig schlüssig: Einerseits stimmt er ihr zu (53), andererseits betrachtet er das *common life* gerade nicht als Ergebnis eines Vertrages (vgl. das Zitat). Es wäre hochinteressant, diese Position ins Gespräch zu bringen mit der Staatslehre seit Georg Jellinek, insbesondere mit dessen Zuordnung von soziologischem und juristischem Staatsbegriff: Georg Jellinek, Allgemeine Staatslehre, Berlin [3]1929; dazu: Oliver Lepsius, Die Zwei-Seiten-Lehre des Staates, in: Andreas Anter (Hrsg.), Die normative Kraft des Faktischen. Das Staatsverständnis Georg Jellineks, Staatsverständnisse 6, Baden-Baden 2004, 61-88.

48 Friedrich D. E. Schleiermacher, Vorlesungen über die Lehre vom Staat, KGA II,8, hier das eigenhändige Manuskript 1829/1831: 65-169, zum Thema: 77 f., vgl. die Mitschrift von Heß und Willich: 493-749, hier zum Thema 537-539. Dazu Miriam Rose, Schleiermachers Staatslehre, Tübingen 2011, bes. 160; 257–265.

49 Walzer, Wars (Anm. 42), 54.

bens, sondern bezüglich der Summe dessen, was ihnen am wertvollsten ist, eingeschlossen die politische Verbindung, die sie ausgebildet haben.«[50]

Das hängt damit zusammen, sagt Walzer, dass wir nicht einfach Individuen sind, sondern als solche Individuen Teil von übergreifenden Gemeinschaftszusammenhängen, die unsere Identität mitbestimmen und prägen. Der Staat als Territorium ist nach Walzer dieser kollektiven Identität untergeordnet. Die Bewahrung und, nötigenfalls, die Verteidigung dieser identitätskonstituierenden Kollektive ist der Plausibilitätsanker für eine Rede vom »gerechten Krieg«;[51] und es ist dieser Aspekt des menschlichen Zusammenlebens, dessen – wirkliche oder vermeintliche – Bedrohung unter dem Stichwort der Selbstverteidigung vorausgesetzt ist.

Es gibt eine Reihe von unterschiedlich umfangreichen kollektiven Identitäten – angefangen bei der Familie. Hinsichtlich eines Nationalbewusstseins mag diese Position einem durchschnittlich sozialisierten, in Westdeutschland aufgewachsenen Bürger abstoßend erscheinen. Mit diesen kollektiven Anteilen menschlicher Identität rechnen aber eben auch alle völlig unverdächtigen Konzepte, die, beispielsweise, darauf hinweisen, dass es der Ausbildung einer europäischen Identität bedarf, oder die versuchen, der Prävalenz nationaler Identitäten das Modell einer regionalen Identität entgegenzusetzen und dann vom »Europa der Regionen« sprechen. Alle derartigen Konzepte erkennen ungeachtet ihrer Kritik an spezifisch nationalen Identitäten an, dass Menschen eben nicht einfach eine individuelle Identität haben, sondern dass in diese Identität die Bindung an Gemeinschaften und Kollektive ein-

50 WALZER, Wars (Anm. 42), 53.

51 WALZER, Wars (Anm. 42), 53–57.

fließt, von der Ehe über die engere und weitere Familie bis hin zur Region und Nation. Menschen sind nicht einfach Individuen gleicher Rechte, sondern eben zugleich Angehörige einer Familie, einer Region, eines nationalen Gemeinwesens, oder auch eines übernationalen Zusammenhangs; alle diese Zugehörigkeiten bestimmen die menschliche Identität und manifestieren sich in spezifischen Verpflichtungserfahrungen, und diese identitätsbestimmende Kraft schlägt sich im affektiven Gehalt der Begriffe »Familie«, »Heimat« oder Vater- (meinethalben auch Mutter-)land nieder.

4.3 *Die Faktizität sozialer Identität.* Der entscheidende Punkt ist eben: Es kommt nicht darauf an, ob jemandem diese kommunitaristische Position passt oder nicht. Es kommt darauf an, dass es dies Identitätsbewusstsein und die darauf gegründeten Verpflichtungserfahrungen und Rechtsansprüche gibt – ohne dass damit bestimmte inhaltliche Deutungen dieses Bewusstseins mitgesetzt wären. Diese gemeinschaftlichen Zusammenhänge verlieren in der Gegenwart nicht durch ein Abtreten von staatlichen Souveränitätsrechten an transnationale *player* ihre Bedeutung für die menschliche Identität, sondern melden sich (bislang) immer wieder in ihrer identitätsstiftenden Kraft.

Dabei ist selbstverständlich festzuhalten: Wer sich lang genug mit den Verirrungen des völkischen Denkens im 19. und 20. Jahrhundert beschäftigt hat, kennt die Gefahren einer solchen Position[52] und würde sich erheblich viel wohler

---

[52] NOTGER SLENCZKA, Theologie im Kontext der »Deutschen Freiheitsbewegung«. Überlegungen zum Anliegen kontextueller Theologien am Beispiel der deutschchristlichen Theologie, in: Kirchliche Zeitgeschichte 8 (1995), S. 259–299; DERS., Das »Ende der Neuzeit« als volksmissionarische Chance? Bemerkungen zum volksmissionarischen Anliegen der Glaubensbewe-

fühlen – subjektivitätstheoretisch wie politisch – wenn wir alle transzendentale Iche wären. Die erstaunliche Beharrungskraft kollektiver Identitäten muss man nicht positiv bewerten. Aber wie gesagt: Das erste, was man aus der Lutherischen Unterscheidung der beiden Reiche lernen kann, ist ein Ruf zur Wirklichkeit. Es hat keinen Sinn, das menschliche Zusammenleben auf der Basis zu organisieren, dass alle Menschen Christen sind, die ihre Sozialbeziehungen ungezwungen am Liebesgebot orientieren – so die oben referierte Grundeinsicht einer lutherischen Zweireiche-Lehre. Und analog hat es keinen Sinn, das menschliche Zusammenleben auf der Basis zu organisieren, dass alle Menschen sich als Weltbürger verstehen. Auch wenn es richtig wäre, dass wir uns im Völkerrecht in einem Prozess des Übergangs zwischen dem Staatenrecht und dem Weltbürgerrecht befinden, muss man eben zugleich in Rechnung stellen, dass wenn nicht unsere, so doch unserer Mitmenschen Identität bestimmt ist durch das Bewusstsein der Zugehörigkeit zu einem bestimmten Kollektiv und der

gung »Deutsche Christen« in der Hannoverschen Landeskirche in den Jahren 1933/34, in: Kirchliche Zeitgeschichte 11 (1998), 255–317; Ders., Auf der Suche nach der Rolle der christlichen Kirchen im weltanschauungsfreien Verwaltungsstaat. Zwei Fallstudien, in: Albrecht Grözinger et al. (Hrsg.), Protestantische Kirche und moderne Gesellschaft. Zur Interdependenz von Ekklesiologie und Gesellschaftstheorie in der Neuzeit, Zürich 2003, 241–255; Ders., Neuzeitliche Freiheit oder ursprüngliche Bindung? Zu einem Paradigmenwechsel in der Reformations- und Lutherdeutung, in: Ders. et al. (Hrsg.), Luthers Erben. Studien zur Rezeptionsgeschichte der reformatorischen Theologie Luthers. Festschrift für Jörg Baur zum 75. Geburtstag, Tübingen 2005, 205–244; Ders., Die völkischen Antisemiten des späten 19. und frühen 20. Jahrhunderts, in: Dorothea Wendebourg et al. (Hrsg.), Protestantismus, Antijudaismus, Antisemitismus, Tübingen 2017, 309–331.

Verpflichtung durch dasselbe. Realismus in der Ethik heißt freilich nicht, dass eine Ethik sich in einer Wirklichkeitsbeschreibung erschöpft. Ethik gibt es nur, wenn die Wirklichkeit nicht einfach hingenommen, sondern bewertet wird. Realismus in der Ethik bedeutet, dass man unterscheiden kann, was Gegenstand und was faktische, kurz- und mittelfristig nicht verhandelbare Voraussetzung von Bewertungen ist, die ins ethische Kalkül einbezogen werden muss. Und das bedeutet eben: Es muss gefragt werden, inwiefern und in welchen Grenzen eine kollektive Identität ein ethisches Gut ist.

5. Das Angebot der Lutherischen Liberalen Theologie

Man kann das Verschwinden des Nationalstaats und des Nationalbewusstseins wünschen und, wie Robert Habeck, Patriotismus und Nationalbewusstsein »zum Kotzen« finden.[53] Allerdings ist diese Aussage Ausdruck von Wunschdenken. Wer das Buch Habecks genau liest, wird sehen, dass Habeck genau das Problem wahrnimmt, auf das hier hingewiesen werden soll: die identitätsbestimmende Kraft der Zugehörigkeit zu einem partikularen Kollektiv. Genau weil er das wahrnimmt, sucht er einen Weg zu einem linken Patriotismus, den er einem ›rechten‹, exklusivistischen Patriotismus entgegenstellen kann, weil er dieselbe Funktion der beheimatenden Identitätsstiftung erfüllt. Das ist ein Umdeutungsversuch, der der Einsicht Rechnung trägt, dass zu unseren nicht

53 »Patriotismus, Vaterlandsliebe also, fand ich stets zum Kotzen. Ich wusste mit Deutschland nichts anzufangen und weiß es bis heute nicht.« Habeck, Patriotismus (Anm. 42), 21.

explizit wahrgenommenen Selbstverständlichkeiten das faktische Bestimmtsein unserer Identität durch partikulare Kollektividentitäten gehört. Das sieht auch Robert Habeck – der Versuch, dergleichen zu delegitimieren, macht etwas, was nicht vorgeschrieben werden kann, zum Gegenstand ethischer Vorschriften und führt so in eine Wunschwelt.

5.1 *Die Aufgabe.* Notwendig ist ein deutender und ethisch orientierender Umgang mit diesem Anteil menschlicher Identität. Oder anders: wir brauchen eine Sozialethik, die diese Gegebenheit identitätsbestimmender Zugehörigkeit zu Kollektiven in Rechnung stellt und die damit verbundene Normativität versteht, ohne sie aber naturalistisch oder essentialistisch als nicht verhandelbare Verpflichtung zu deuten. Dafür gibt es in der Geschichte der lutherischen Theologie eine Fülle von Beispielen. Ich persönlich halte diesbezüglich den Ansatz Albrecht Ritschls und damit das Denkangebot einer liberalen Theologie für weiterführend:

5.2 *Ritschl: Reich Gottes.* Die Überzeugung von der Einheit und Gleichheit aller Menschen ist eine Pointe des im theologischen Liberalismus des 19. Jahrhunderts und darüber hinaus verwendeten Begriffs des Reiches Gottes, den beispielsweise Abrecht Ritschl als Vergemeinschaftung aller Menschen aus dem Motiv der Liebe definierte.[54] Darunter verstand er eine Ge-

[54] Mir ist in jüngerer Zeit die orientierende Kraft des Ritschlschen Denkens erneut aufgegangen – ich biete im Folgenden nur wenige Belege; genauer vgl. : Notger Slenczka, Gemeinwohlorientierung (Anm. 12) 68–73; Ders., Sittliche Einhegung des Glücksstrebens. Albrecht Ritschls Beitrag zu einer Theologie des gelingenden Lebens, in: Florian Priesemuth et al. (Hrsg.), Gelingende Unvollkommenheit. Glück als Herausforderung

meinschaft, die alle natürlichen Unterschiede vergleichgültigt. Diese universale, niemanden ausschließende Menschheitsgemeinschaft ist für Ritschl traditionell theologisch angelegt in der Bedingungslosigkeit der Rechtfertigung und im Gebot der Feindesliebe: Die Liebe Gottes, die sich in der Berufung aller Menschen zur Arbeit für das Reich Gottes zeigt, kennt keine natürlichen Grenzen. Und die Liebe der Menschen *soll* entsprechend keine natürlichen Grenzen kennen.[55]

5.3 *Partikulare ›natürliche‹ Gemeinschaften.* Allerdings liegt die Pointe der Ritschlschen Position gerade darin, dass das ›Reich Gottes‹ keine Sondergemeinschaft neben anderen Gemeinschaften darstellt, denen wir angehören. Das Reich Gottes und die Zugehörigkeit zu ihm stellt keine Konkurrenz zu den Gemeinschaften dar, in denen wir uns immer schon vorfinden. Vielmehr sind wir eingelassen in ›natürliche‹ Gemeinschaf-

der Ethik, FS Rochus Leonhardt, Leipzig 2025, 16–34; DERS., Albrecht Ritschl – Gott ist Liebe, in: CHRISTINE AXT-PISCALAR (Hrsg.), Albrecht Ritschl. Zur Aktualität seines Programms, Tübingen 2025, 57–72; grundlegend: DERS., Der Glaube und sein Grund. F.H.R. von Frank, seine Auseinandersetzung mit A. Ritschl und die Fortführung seines Programms durch L. Ihmels, Göttingen 1998, hier 128–187. Man könnte diese Zuordnung von Reich Gottes und partikularer natürlicher Gemeinschaft auch anhand der einschlägigen Ausführungen in Schleiermachers Christlicher Sittenlehre entfalten: FRIEDRICH D. E. SCHLEIERMACHER, Die christliche Sitte nach den Grundsätzen der evangelischen Kirche im Zusammenhang dargestellt, Hrsg. v. LUDWIG JONAS, Berlin ²1884, Nachdruck Waltrop 1999, hier 655-663; ich gebe der Einfachheit halber diese Edition an und nicht die im Aufbau befindliche digitale Edition der Sittenlehre (https://schleiermacher-digital.de/vorlesungen/index.xql?series=christliche—sitte; zuletzt 27.7.2025).

55 Dazu: ALBRECHT RITSCHL, Unterricht in der christlichen Religion (1875), hier zitiert unter dem Kürzel »UR« nach der von CHRISTINE AXT PISCALAR

ten – eine Ehe; eine Familie; eine Stadt. Eine Universität. Eine bestimmte Nation. Einen Staat. Eine Staatengemeinschaft. Diese kollektiven Institutionen bilden wir meistens nicht, sondern wir finden sie vor und uns in ihnen – in diesem und nur diesem Sinn sind sie »natürlich«, auch wenn sie sich wandeln und nur in ständigen Aushandlungsprozessen subsistieren, zudem in unterschiedlichen Kulturkreisen eine unterschiedliche Gestalt gewinnen. Unbeschadet dessen ist die menschliche Identität durch die Zugehörigkeit zu Gemeinschaften bestimmt, und Menschen fühlen sich diesen partikularen Kreisen verpflichtet – Ritschl spricht hier mit Luther vom Beruf: einer Rolle und Aufgaben, denen wir zugeordnet sind, weil wir zu diesen natürlichen Gemeinschaften gehören.

5.4 *Tätigkeit auf das universale Reich Gottes hin in partikularen Gemeinschaften.* Ein Christ ist nach Ritschl Glied des universalen Reiches Gottes, tritt aber dafür nicht aus diesen natürlichen Gemeinschaften aus wie ein Mönch oder eine Nonne. Vielmehr ist das Engagement in diesen natürlichen Gemeinschaften die Konkretion der Zugehörigkeit zum Reich Gottes und der Arbeit für das Reich Gottes. Das Engagement für die Gemeinschaften, in denen wir uns vorfinden, ist legitim, sie sind die Konkretion der christlichen Nächstenliebe. Wie einer meiner theologischen Lehrer die Position Ritschls zusammenfasste: »Sie können die Menschheit nicht als Ganze lieben, sondern nur vermittelst einzelner Exemplare« oder, füge ich hinzu: im Engagement für die mehr oder weniger umfassenden partikularen Gruppen, in denen wir leben:

hrsg. Ausgabe Tübingen 2002, hier §§ 11–13 (universale Liebe Gottes) und §6, bes. Anm. b: die bedingungslose Liebe der Christenmenschen.

5.5. *Handeln in partikularen Gemeinschaften auf das universale Reich Gottes hin.* Aber: ein Christ, eine Christin stellt das Engagement in diesen von Ritschl so genannten ›natürlichen‹ Gemeinschaften, in denen er sich vorfindet, unter den Vorbehalt seiner Zugehörigkeit zum Reich Gottes, also der universalen Menschheitsgemeinschaft. Die Menschheitsgemeinschaft und die Zugehörigkeit aller zu ihr ist das kritische Korrektiv des Engagements in den partikularen Kreisen. »Das Allgemeine ist immer nur im Besondern wirklich; jede Naturgattung besteht in ihren Arten. Die christliche Regel des sittlichen Handelns also ist die, dass man alle besonderen Verbindungen des natürlichen Wohlwollens durch die allgemeine Fertigkeit der Liebe zu den Menschen als solchen veredle, und über die Natur zur Regel des Geistes erhebe.«[56]

Ein Christ handelt in den ›natürlichen‹ Gemeinschaften so, dass er diese nicht als Selbstzweck betrachtet, sondern sie und ihre Gestaltung offenhält für die jeweils umfassendere Gemeinschaft und letztlich für das Reich Gottes. Oder anders: Das Reich Gottes als universale, alle Menschen einschließende Menschheitsgemeinschaft und die Zugehörigkeit aller Menschen zum Reich Gottes sind das Motiv des konkreten Engagements in partikularen Gemeinschaften und zugleich das Kriterium, anhand dessen ein Christ, eine Christin unterscheidet zwischen einem legitimen und einem illegitimen Engagement für die jeweilige natürliche Gemeinschaft und über die angemessene Gestalt der ›natürlichen‹ Gemeinschaften urteilt. Denn auch diese Gemeinschaften können depravieren,

---

[56] Albrecht Ritschl, Die christliche Vollkommenheit. Ein Vortrag, Göttingen 1874, im Folgenden zitiert als ChR nach der gemeinsamen Veröffentlichung mit »Theologie und Metaphysik«, Göttingen 1902, hier 5–23; Zitat 14.

und sie tun das, wenn diese Orientierung auf die universale Gemeinschaft des Reiches Gottes entfällt: Dann werden die partikularen Gemeinschaften zum Selbst- oder Letztzweck. Ein egoistischer Nationalismus, eine egoistische Durchsetzung der Interessen einer Gruppe im Staat oder in der Staatengemeinschaft widersprechen der Ausrichtung auf das Reich Gottes, d. h. auf die Gemeinschaft aller Menschen.[57] Aber es gilt eben auch umgekehrt: Ein Christ hat die Pflicht, sich in und für diese natürlichen Gemeinschaften, in denen er oder sie sich vorfindet, zu engagieren und deren Zerstörung zu verhindern. Denn nur in diesen partikularen Gemeinschaften handelt er verantwortlich – aber: auf das universale Reich Gottes hin.

Ein solcher Ansatz würde eben der auch von der Denkschrift vorgetragenen Universalität des christlichen Glaubens und seiner ethischen Optionen Rechnung tragen, zugleich aber die identitätsstiftende Relevanz und den Verpflichtungscharakter partikularer, in der Diktion Ritschls ›natürlicher‹ Vergemeinschaftungen ernst nehmen, als ethisches Anliegen formulieren und verantwortlich begrenzen können.

6. Folgerungen

6.1 *Zusammenfassung*. Ich habe zunächst das Denkangebot einer Zwei-Reiche- oder Zwei-Regimente-Lehre vorgestellt mit der Pointe, dass sie zum einen zu einem Realismus anhält,

[57] Vgl. RITSCHL, UR § 28 Anm. b (nach der ersten Auflage, gestrichen in der zweiten!). Dazu ALBRECHT RITSCHL, Rechtfertigung und Versöhnung 3, Bonn [3]1888, 10. Dazu SLENCZKA, Einhegung (Anm. 54) 29–31.

der mit der Wirklichkeit des Bösen (der menschlichen Egozentrizität) rechnet und auf dieser Basis ein Gemeinwesen organisiert, das diese Egozentrizität zum Schutz der Schwächeren durch Strafandrohungen eingrenzt. Zweitens muss diese Eingrenzung selbst altruistisch motiviert sein, d. h. am besten durch Christen wahrgenommen werden.

Ich habe zweitens das von der EKD rezipierte Konzept des »Gerechten Friedens« diskutiert und darauf aufmerksam gemacht, dass es bewusst die Kriterien eines gerechten Krieges aufnimmt, um die Situationen zu identifizieren und zu begrenzen, in denen rechtserhaltende Gewalt zulässig ist. Ich habe dabei gezeigt, dass die Denkschrift zwar dem Prinzip der Staatssouveränität eine begrenzende Funktion für die Ausübung rechtserhaltender Gewalt einräumt, dabei aber diese Souveränität des Staates mit dem *label* eines »noch« versieht und als zur Überwindung durch übernationale Institutionen bestimmt ansieht, andererseits aber die Institution des Nationalstaates, die in der bisherigen Geschichte Subjekt gewaltsamer Konflikte war, nicht nur als Gegebenheit voraussetzt, sondern ihm Souveränitäts- und Selbstverteidigungsrechte zugesteht; die Souveränitätsrechte dürfen nur dann missachtet werden, wenn ein Staat in eklatanter Weise seinen Basisaufgaben widerspricht (*failed state*). Die Frage, warum es diese Instanz des territorialen Staates geben muss, wird nicht reflektiert.

Ich habe hier einen Klärungsbedarf notiert und habe im Anschluss an Walzer und andere die identitätsbestimmende Kraft und die faktische, vorthematische Verpflichtungserfahrung skizziert, die von partikularen Gemeinschaften von der Ehe über die Familie bis zur Nation ausgeht: Dem Staat als Rechtsform liegt irgendwie die Erfahrung einer kollektiven Identität und der durch sie gestiftete Lebenssinn zugrunde.

Nur diese sinn- und identitätsstiftende Kraft einer Gemeinschaft macht die Verteidigung eines Staates zu einer gefühlten Verpflichtung. Der Einsatz des eigenen Lebens oder vieler Leben zur Verteidigung einer rein prinzipiellen staatsrechtlichen Souveränität ist nicht plausibel; vielmehr muss die Staatssouveränität durch einen Souveränitätsanspruch und ein Vergemeinschaftungsgefühl des jeweiligen Staatsvolkes im Sinne Walzers begründet sein.

6.2 *Das Problem.* Für diesen Aspekt staatlicher Existenz hat die Friedensdenkschrift der EKD keinen theologischen Begriff; er scheint mir insgesamt in der gegenwärtigen theologisch-sozialethischen Diskussion zu fehlen.[58] Ich habe exemplarisch die Art und Weise, wie sich nach Ritschl die Ausrichtung an der universalen Menschheitsgemeinschaft mit dem Engagement für eine partikulare Gemeinschaft verbindet, nachgezeichnet. Damit ist die Aufgabe, die sich hier stellt, selbstverständlich nicht erledigt. Es ist mitnichten damit getan, dass man dies Konzept der Vermittlung von Universalität und Partikularität und entsprechend von partikularer Verpflichtung und Reich Gottes Ritschl nachspricht. Sondern es ist zu übersetzen in ein konkretes Verständnis der identitätsstiftenden Funktion partikularer Gemeinschaften, in dem eben der Begriff des universalen Reiches Gottes nicht nur als Grenze des Rechtes der partikularen Verpflichtungszusammenhänge geltend gemacht wird,[59] sondern auch die in diesem Verhältnis

---

[58] Vgl. aus der Diskussion der 20er und 30er Jahre des 20. Jh.s: FRIEDRICH GOGARTEN, Politische Ethik. Versuch einer Grundlegung, Jena 1932; zur Problematik: SLENCZKA, Gemeinwohlorientierung (Anm. 12), 58–68, hier 62–65.67.

[59] Das Konzept des universalen Reiches Gottes wurde als Korrektiv einer Ord-

von Reich Gottes und ›natürlicher‹ Vergemeinschaftung liegende Pflicht zur Bewahrung des Partikularen reflektiert und in Rechnung gestellt werden muss. Erst wenn so ein auch theologisch verantworteter Begriff kollektiver Identität etabliert ist, ist eine Friedensethik möglich, die das Subjekt adressiert, von dem seit der Neuzeit militärische Gewalt ausgeht: die Staaten, die sich auf die Zustimmung ihrer Bevölkerung stützen können und die Form ihrer Vergemeinschaftung darstellen.

Damit ist eine güterethische Fragestellung eröffnet. Ich bin überzeugt, dass diese güterethische Problemstellung der Frage nach der Legitimität und der Begrenzung militärischer Gewalt zugrunde liegt.

6.3 *Fragestellungen.* Dieser Wert der identitätsstiftenden partikularen Gemeinschaft tritt dann in der Tat unter die Forderung eines altruistisch – und nicht durch den Zweck des Selbsterhalts – motivierten Engagements und unter die Frage nach der Verpflichtung zur Erhaltung dieser Gemeinschaft angesichts ihrer Bedrohung; das ist in der Begrifflichkeit einer Zwei-Reiche-Lehre ebenso reformulierbar wie mittels Ritschls Unterscheidung und Zuordnung von Reich Gottes und natürlicher Gemeinschaft.

Das bedeutet, dass sich die Frage stellt und zu stellen ist, wie der egozentrischen Depravation dieser Ordnungen zu begegnen ist, die sich immer einstellen wird, wenn die Ausrichtung dieser Gemeinschaft auf die universale Menschheitsge-

---

nungstheologie in den sozialethischen Ansätzen des Luthertums nach dem 2. Weltkrieg aufgenommen – dazu mit Belegen: NOTGER SLENCZKA, Luthertum und Sozialethik, in: EvSozLex, Stuttgart 2001, Sp. 971–983, hier bes. 981.

meinschaft (Reich Gottes) verloren geht; und es stellt sich die Frage, wie der ebenfalls möglicherweise egozentrisch motivierten Delegitimierung und Zerstörung dieser partikularen Gemeinschaften begegnet werden kann – und hier hat die Frage nach dem Mittel der Gewalt und des Einsatzes des eigenen Lebens seinen klassischen Ort. Die Frage ist, ob man diesen Aspekt der Friedensfrage überspringen kann – das scheint mir die Denkschrift, und das scheint mir die protestantische Sozialethik zu tun.

7. Schluss

Damit ist eine Frage formuliert und möglicherweise eine Aufgabe gestellt. Die Bearbeitung dieser Aufgabe wird zum einen die kritische Frage stellen müssen, ob, wie und unter welchen Kautelen angesichts der unbestreitbaren Probleme des Gedankens den Überlegungen zur identitätsstiftenden Kraft partikularer Gemeinschaften (wie der Nation, aber auch der Familie etc.) wirklich nachgegangen werden sollte. Man wird zweitens das Konzept einer identitätsstiftenden partikularen Gemeinschaft reflektieren und beschreiben müssen – der Klärungsbedarf meldet sich angesichts essentialistischer Deutungen ebenso wie angesichts der hier ganz unbetont aufgenommenen, aber im klassischen Gebrauch spätestens seit Ferdinand Tönnies mit Assoziationen und Gegenbegriffen aufgeladenen Chiffre der »Gemeinschaft«.[60] Und es wird

[60] Ferdinand Tönnies, Gemeinschaft und Gesellschaft. Abhandlung des Communismus und des Socialismus als empirischer Culturformen. Berlin, 1887; ab der 2. Auflage (1912) mit dem Untertitel: Grundbegriffe der reinen

sich dann natürlich die Aufgabe stellen, die mit diesem Konzept verbundenen ethischen Verpflichtungserfahrungen und die damit verbundenen Problemfelder aufzuklären und zu begrenzen.

Der Nationalstaat als Identitätsangebot an seine Bürgerinnen und Bürger ist in der Moderne das entscheidende Subjekt der militärischen Gewalt. Er ist in der Gegenwart und in absehbarer Zukunft auch die Instanz, die so etwas wie »Frieden in Gerechtigkeit« herstellen kann. Man kann selbstverständlich darauf verzichten, diese Instanz zu reflektieren – aber man sollte das ausdrücklich und begründet tun. Ich meinesteils denke, dass eine Friedensethik, die diesen Problemkontext nicht bearbeitet, am Thema vorbeiredet. Eine Friedensethik kommt nur zustande auf der Basis einer verantwortlichen theologischen Theorie von Gemeinschaften, die als konstitutiv für die individuelle Identität und so als Gegenstand einer ethischen Verpflichtung erfahren werden. In früheren Zeiten leistete dies eine theologische Deutung der Familie, regionaler Gemeinschaften, des »Volkes« oder der »Nation«. Gerade Letzteres wird man mit guten Gründen nicht repristinieren wollen – aber man wird nach einem Äquivalent fragen müssen. Eine theologisch-ethische Reflexion dieser faktischen Bindungen ist m. E. gut beraten, wenn sie sich der Orientierungskraft der Ritschlschen Zuordnung von natürlicher Gemeinschaft und Reich Gottes bedient, die eine positive Wertung dieser Bindungen mit ihrer Relativierung auf eine universale Menschheitsgemeinschaft hin verbindet.

Soziologie; jetzt: BETTINA CLAUSEN ET AL. (Hrsg.), Ferdinand Tönnies Gesamtausgabe 2, Berlin 2019.

Friederike F. Spengler

Gründe für die stärkere Russlandfreundlichkeit in einigen Gebieten Ostdeutschlands

Dazu kurze Blitzlichter auf politische Erinnerungskultur, Demokratieverständnis und Friedensspiritualität im »Osten« Deutschlands

1. Russlandfreundlichkeit?

Schon das erste Schlagwort im mir genannten Titel stellte sich in der Bearbeitung als hochkomplexes Phänomen heraus. »Russlandfreundlichkeit« ist auslegungsbedürftig und hat gewiss *noch* viel mehr Facetten als die hier von mir skizzierten. Denn es könnte sich um

- territorialhistorisch begründete Anknüpfungen[1]
- aber auch um die Ablehnung von Waffenlieferungen an die Ukraine oder

[1] Dabei denke ich etwa an die Verbindungen zwischen dem Fürstentum Sachsen-Weimar und dem russischen Zarenhaus im 19. Jahrhundert. Großfürstin Maria Pawlowna Romanowa (1786 Pawlowsk bei St. Petersburg – 1859 Schloss Belvedere Weimar) war Enkelin von Zarin Katharina II. der Großen (1729–1796) und Zar Peter III. (1728–1762), Tochter des russ. Zaren Paul I. (1754–1801), Schwester des Zaren Alexander I. (1777–1825), Schwiegertochter von Carl August von Sachsen-Weimar (1757–1828), Ehefrau von Carl Friedrich von Sachsen-Weimar (1783–1853), Mutter von Carl Alexander von Sachsen-Weimar (1818–1901) und Schwiegermutter des deutschen Kaisers Wilhelm I. (1797–1888). Allein diese familiären Bezüge lassen er-

- das Verständnis für Putins Politik und für die Ängste Russlands vor einer angeblichen Bedrohung durch die NATO ebenso wie
- um Empathie mit den Menschen in Russland
- oder um schnödes Interesse an billigem Gas handeln.

Philipp Gassert, Professor für Zeitgeschichte an der Uni Mannheim, kommentiert z. B. den zweitgenannten Aspekt so: »Es ist ein Dilemma: Heute für den Frieden zu demonstrieren, heißt, wenigstens in der öffentlichen Wahrnehmung, mittelbar auch für Russland zu sein. Weil Frieden jetzt de facto bedeuten würde, dass Russland Teile der Ukraine behalten kann, Putins Völkerrechtsbruch hätte sich also ausgezahlt – und könnte ihm, so zumindest eine Befürchtung, über kurz oder lang Appetit auf mehr machen.«[2]

Die Ablehnung von Waffenlieferungen an die Ukraine fällt damit aber unter eine sehr einseitige Betrachtung. Ich z. B. sehe hierin auch ein Anzeichen für einen prinzipiellen Pazifismus, der um die Probleme von Gewalt und Gegengewalt weiß. Dazu dies: In der DDR war allein prinzipieller Pazifismus möglich, man konnte »Bausoldat« nur werden, wenn man den Waffendienst »aus Glaubens- und Gewissensgrün-

ahnen, wie stark die Prägekraft der Russin Maria Pawlowna für das Fürstentum Sachsen-Weimar war. Geht man durch die Klassikerstadt, begegnet man dem Erbe ihrer politischen Entscheidungen, ihres gesellschaftlichen Engagements, ihres Mäzenatentums in Kunst und Kultur etc. auf Schritt und Tritt. Nur selten wird in den Kirchenführungen durch die Stadtkirche »St. Peter und Paul« (Herderkirche) nicht nach ihrer genauen Grablege im Altarraum gefragt, um sich ehrend ihrer zu erinnern.

2 Philipp Gassert, Wo ist die Lobby der Pazifisten hin?, ZEITonline, 29.5.2022, URL: https://www.zeit.de/politik/deutschland/2022-05/pazifismus-friedensbewegung-ukraine-deutschland-geschichte (Stand: 23.7.2024).

den« ablehnte, nicht etwa, weil man die DDR, den Warschauer Pakt etc. ablehnte. Man konnte als Mädchen den militärisch aufgeladenen Sportunterricht – mit Werfen von Handgranatenattrappen und mit Holzgewehren als Teil einer angeblich triathletischen Übung – oder die Teilnahme am »Erste-Hilfe-Kurs«, einer mehrtägigen Ausbildung in der Schule, die parallel zum Wehrlager der Jungen abgehalten wurde und größtenteils das regelgerechte Verhalten im Falle eines Atomkriegs beinhaltete, ebenfalls nur – unter Androhung und/oder Erfahrung von Repressionen – »aus Glaubens- und Gewissensgründen« ablehnen. Das heißt – auch für Personen wie mich –, dass die kritische, ablehnende Haltung gegenüber militärischer Stärke als sicherheitspolitischem Versprechen sehr häufig eine Frage des Bekenntnisses war und teilweise noch immer darstellt! Dies ist, so meine ich, eine wichtige Feststellung, gerade im evangelisch-lutherischen Kontext, und sollte auch heute (vielleicht gerade heute?) als *eine Ressource* für den friedensethischen Diskurs wahrgenommen und wertgeschätzt und nicht dem Reich der absurden Ideen zugeordnet werden.

Gleichwohl, Fakt ist Folgendes: Laut einer Umfrage halten die Hälfte der Menschen zwischen Stralsund und Suhl engere Beziehungen zu Russland für wichtig, 44 % würden die Sanktionen gegen Russland reduzieren oder ganz abschaffen. Und vier von zehn Ostdeutschen sehen im Präsidenten Putin keinen Diktator. Woher kommt das?

Das Phänomen der (derzeitigen) »Russlandfreundlichkeit« in Ostdeutschland ist sehr vielschichtig und wird durch teilweise (zumindest scheinbar) gegenläufige Tendenzen gespeist: Die in der Erfahrung mit dem Unrechtsstaat DDR erlernte Staatsferne (Misstrauen, Kritik etc.) wird auf alle Staaten per se verallgemeinert und auf den heutigen Staat BRD, seine Repräsentanten, Verbündeten etc. übertragen. Die Bestätigung für das erneut angebrachte Misstrauen liefern negative Erfahrungen mit dem Transformationsprozess der ostdeutschen Wirtschaft: Arbeitsplatzverlust, Treuhand, versprochene »blühende Landschaften«, »Wir wollten Gerechtigkeit und bekamen den Rechtsstaat« etc. Ebenso bestätigend wirken Erfahrungen mit Rechtsbrüchen der USA und der NATO (Kosovo-Krieg, Golfkriege, damit verbundene Lügen und Propaganda, Unterdrückung von Enthüllungen [Wikileaks]). Das wird als Messen mit zweierlei Maß empfunden. Dabei trifft man sich mit dem Antiamerikanismus bzw. der NATO-Skepsis der westdeutschen Linken. Wenn nun also die Bundesrepublik sich russlandkritisch aufstellt, wird das umso kritischer hinterfragt. Insofern scheint mir die »Russlandfreundlichkeit« eher eine Bundesrepublik-/NATO-/USA-Feindlichkeit zu sein, die sich mit dem angeblich ungerecht behandelten Russland solidarisiert. Fast trotzig wird russischen Narrativen nun umso bereitwilliger geglaubt.

Dass es eher West-Feindlichkeit als Russland-Freundlichkeit ist, scheint mir auch durch die Erforschung der Geschichte der Gesellschaft für Deutsch-Sowjetische Freundschaft bestätigt zu werden, die der Indoktrination der Ostdeutschen mit Sowjetunion-Freundlichkeit insgesamt eher mäßigen Erfolg bescheinigt. Freilich haben aber über 40 Jahre sowjetische Besatzung bzw. Dominanz bei vielen unbewusst und untergründig ihre Spuren hinterlassen. Selbst als regimekritisch aufgewachsener Mensch nahm ich so manches als selbstverständlich hin – die Realität sozialistischer Staaten Mittel- und Osteuropas etwa, den Warschauer Pakt, die Vertreibungen und Gebietsverluste. Vieles wurde verschwiegen – Stalinscher Terror, Hitler-Stalin-Pakt[3],

3 »Nichtangriffsvertrag zwischen Deutschland und der Union der Sozialistischen Sowjetrepubliken« von 1939.

Winterkrieg zwischen Sowjetunion und Finnland, Besetzungen, Vertreibungen, »Säuberungen«, Umsiedlungen, Entstehung der »sozialistischen Staaten« nach sowjetischen Vorgaben, Unterdrückung von deren Eigenständigkeit usw. Erst durch erneute Beschäftigung mit ostdeutscher und russischer/sowjetischer Geschichte stand und steht mir deutlich vor Augen, dass die Sowjetunion eine Fortsetzung des Zarenreiches mit anderen Mitteln war und die Stalinsche Politik ein großangelegtes imperialistisches Projekt zur Wiederherstellung des russischen Reiches von 1914 und mehr. Solange die DDR existierte, waren Bürgerinnen und Bürger tagtäglich von verharmlosenden bzw. beschönigenden Narrativen umgeben. Dies wurde durch (mindestens) zwei Faktoren noch begünstigt:

Zum einen bremste das Bewusstsein der tatsächlichen, nicht zu relativierenden Schuld Deutschlands an Krieg und Völkermord die Kritik an den sowjetischen Siegern, die gerade noch die Opfer des deutschen Angriffskrieges gewesen waren. Zum anderen ist das Leben in Diktaturen etwas leichter auszuhalten, wenn man sich nicht (oder jedenfalls nicht gleichzeitig) in Totalopposition begibt. Der Journalist Jan Rübel zitiert in einem Artikel über die Russland-Nähe der AfD einen ungenannten Bundestagsabgeordneten mit der Feststellung: »Deutschland [...] war der Kriegsverlierer. So wie Westdeutschland dann eine stark positive Sicht auf die USA, Frankreich und Großbritannien einnahm und die kulturelle Nähe suchte, hat sich das im Osten aus diesem Unterlegenheitsgefühl zu einer Orientierung an den Siegern entwickelt – eben Russland.«[4]

---

4 Jan Rübel, Patrioten für fremde Mächte, in: Publik-Forum (2024), Heft 9, 24–26.

Offiziell war die Freundschaft zur Sowjetunion nicht nur ein Ideal, sondern in der Verfassung der DDR selbst verankert:

> »Die Deutsche Demokratische Republik ist für immer und unwiderruflich mit der Union der Sozialistischen Sowjetrepubliken verbündet. Das enge und brüderliche Bündnis mit ihr garantiert dem Volk der Deutschen Demokratischen Republik das weitere Voranschreiten auf dem Wege des Sozialismus und des Friedens. Die Deutsche Demokratische Republik ist untrennbarer Bestandteil der sozialistischen Staatengemeinschaft.«[5]

Und dazu hat die Errichtung einer Massenorganisation Beachtliches beigetragen: Die »Gesellschaft für Deutsch-Sowjetische Freundschaft«, kurz »DSF« wurden zielgerichtet von der sowjetischen Besatzungsmacht aufgebaut und sollte der nachwirkenden Untermenschenpropaganda der Nazis etwas entgegensetzen. Der wohl prominenteste Name unter den Gründungsmitgliedern ist der der Schriftstellerin Anna Seghers, die die DSF 1947 zunächst als »Gesellschaft zum Studium der Kultur der Sowjetunion« etablierte. Ich beziehe mich bei meiner Darstellung der Geschichte der DSF auf eine Dissertation, die die heutige Präsidentin der Fachhochschule Westküste/Schleswig-Holstein, Prof. Katja Kuhn, 2002 unter dem Titel »Wer mit der Sowjetunion verbunden ist, gehört zu den Siegern der Geschichte ...«[6] veröffentlicht hat.

---

5 Verfassung der DDR, 1974, Art. 6, Abs. 2.

6 KATJA KUHN, »Wer mit der Sowjetunion verbunden ist, gehört zu den Siegern der Geschichte ...«. Die Gesellschaft für Deutsch-Sowjetische Freundschaft im Spannungsfeld von Moskau und Ostberlin, Mannheim 2002, URL: https://madoc.bib.uni-mannheim.de/64/1/DSF.PDF (Stand 22.4.2024).

Die Regierung der Sowjetunion hatte ein großes Interesse daran, mit der DDR als direktem Nachbar von Westdeutschland, das ab 1955 in die NATO eingebunden wurde, einen starken Partner zu haben. Diese Partnerschaft sollte keineswegs nur das politische Bekenntnis von Regierenden sein, sondern durch Rückhalt in der Bevölkerung untermauert werden.[7]

So verwundert es nicht, dass in der Analyse der Dokumente – etwa jenen, die von der Gründungsversammlung erhalten sind – deutlich zutage tritt,

> »daß es von Anfang an geplant war, die Gesellschaft als Massenorganisation zu strukturieren und als Mittel zur ideologischen Indoktrination der Deutschen einzusetzen. Insofern kann die sowjetische Initiative zur Gründung einer Gesellschaft zum Studium der Kultur der Sowjetunion als Weiterführung der [...] (von der Sowjetischen Militäradministration in Deutschland) [...] geförderten Propaganda der Popularisierung der Sowjetunion mit anderen Mitteln angesehen«[8] werden.

Die Sowjetunion war in der DDR überall präsent. Russisch-Unterricht war in den Schulen der DDR ab der fünften Klasse Pflicht. Es wurden »Russisch-Olympiaden« abgehalten und

---

7 »Durch die antisowjetische Stimmung in der Bevölkerung und durch die zunehmenden Spannungen mit den Westmächten gerieten die Vertreter der Sowjetunion real immer mehr unter Druck. Die Schaffung einer Massenorganisation, die sich ausdrücklich zur Sowjetunion bekannte, sollte nun die eigene Basis stärken sowie der ideologischen Absicherung dienen und bot darüber hinaus der Sowjetunion gleichzeitig die Möglichkeit, durch eine Ausweitung gegenüber Westdeutschland offensiv vorzugehen. Somit war die Gründung einer ›Gesellschaft zum Studium der Kultur der Sowjetunion‹ eindeutig eine Reaktion auf den sich verschärfenden Kalten Krieg, wobei diese Gründung eindeutig von den Sowjets forciert wurde.« (A. a. O., 62).

8 Ebd.

Brieffreundschaften angeregt. Und es gab die sowjetische Literatur, die die Deutsch-Stunden prägte: Werke wie Nikolai Ostrowskis »Wie der Stahl gehärtet wurde«, aber auch Tschingis Aitmatows stilles Meisterwerk »Djamila«, sowie eine ansehnliche Sammlung von Gedichten und Liedern in den Schulbüchern. Dazu kam, dass vieles, was historisch interpretiert werden musste, ungefragt mithilfe sowjetrussischer Interpretamente gedeutet wurde. Nur ein Beispiel: Für Klassenstufe 9 der DDR-Schulen war ein Besuch in der Gedenkstätte des Konzentrationslagers Buchenwald Pflicht. Dass auf dem Boden, auf dem man sich der ungeheuerlichen Verbrechen der eigenen Landsleute bewusst wurde, nicht nur, wie uns pauschal beigebracht wurde, »Kommunisten und Sowjetbürger« ermordet worden waren,[9] sondern Menschen aus über 26 Nationen, Menschen unterschiedlichster Herkunft, verschiedenen Glaubens und verschiedener Überzeugungen (u. a. wurden in Buchenwald etwa 12.000 Juden ermordet), das wurde verschwiegen. Überhaupt war Antisemitismus offiziell in der DDR kein Thema. Also auch kein Problem. So einfach war das. Menschen, die aus jüdischen Familien stammten oder die selbst Teil einer (ganz kleinen) jüdischen Minderheit waren, haben das allerdings völlig anders erlebt. Ebenso verschwiegen wurde in der Geschichtsschreibung der KZ-Gedenkstätte, dass hier zwischen 1945 bis 1950 ein sowjetisches Speziallager angesiedelt war. Dies anzusprechen, war verboten. Ebenso durfte kein Mensch von durch russische Soldaten und andere Vertreter des russischen Militärs erlittenem Leid berichten. Öffentliche Erschießungen, wahllose Verhaftungen, grau-

9 Im Konzentrationslager Buchenwald waren etwa 250.000 Häftlinge inhaftiert. Davon starben bis zur Befreiung des Lagers im April 1945 ca. 56.000 Menschen.

enhafte Massenvergewaltigungen, systematische Plünderungen … hatte es niemals gegeben, so die DDR-Staatsführung. Die Sowjetunion hatte nicht nur Hitlerdeutschland besiegt, sie hatte glanzvoll-strahlend gesiegt. Und diese Gloriole war unantastbar, koste es, was es wolle. Was es als Erstes kostete, war die Wahrhaftigkeit, den größenwahnsinnigen und alles bisher Bekannte an grauenvollem Morden in den Schatten stellenden Angriff Deutschlands gegen die halbe Welt in keiner Weise zu relativieren und dennoch von der Brutalität sprechen zu dürfen, die viele erlitten hatten, die von den Sowjets von der Nazidiktatur befreit wurden.

Ich bin bei der Vorbereitung auf den Vortrag zu der Überzeugung gelangt, dass diese über 40 Jahre und damit zwei Generationen unterdrückte und damit *ausgesetzte* Beschäftigung mit den Abgründen der eigenen Geschichte einen Teil von dem darstellt, was heute zu völlig unkritischer Solidarität mit Putins Wahnvorstellungen und übrigens auch – ich habe es eben nur mit dem Verweis auf die Verweigerung der DDR-Politik gegenüber dem Thema »Antisemitismus« angedeutet – zu bis heute andauernden abwertenden und feindlichen Überzeugungen gegenüber Jüdinnen und Juden im Osten Deutschlands beiträgt!

Doch zurück zur Massenorganisation »DSF«, die zu ihren Spitzenzeiten immerhin 6,5 Mio. Mitglieder hatte, was für knapp 17 Mio. Einwohner in der DDR eine echte Größe darstellte. Die Verbindung zur Friedensfrage war zwar immer schon latent in der ideologischen Ausrichtung dieser verordneten »Freundschaft« mitgeführt, wurde aber mit Beginn der 1980er Jahre neu bestimmt:

Als »Brudervolk« der Sowjetunion war es der DDR, dezidiert der Sozialistischen Einheitspartei Deutschlands, bis dahin nicht gelungen, die

»Stationierung von amerikanischen Raketen in der BRD zu verhindern und so der Politik der USA entgegenzuwirken. Dieses außenpolitische Engagement der Partei scheiterte, in der DDR selbst entwickelten sich immer mehr oppositionelle Gruppen, die für die Sicherung des Friedens und den Schutz der Umwelt eintraten und sich besonders im Umfeld der Kirchen etablierten. Doch sobald diese Gruppen militärische Abrüstung und eine Entmilitarisierung der Gesellschaft forderten, wurden sie von der Partei als negative, feindliche Kräfte kategorisiert, die fortan unter der Beobachtung des MfS standen. Die SED fürchtete, dass ›äußere und innerer Feinde ihre Bestrebungen unter dem Deckmantel des Eintretens für Frieden und Abrüstung [...] verstärken, um [...] in der DDR eine alternative, pseudopazifistisch ausgerichtete, sogenannte staatlich unabhängige Friedensbewegung zu etablieren. Sie sollte als Basis und als Sammelbecken für feindliche, oppositionelle und andere negative Kräfte dienen‹«[10]

So schlug man einen anderen Kurs ein. Man stärkte den Begriff »Friedensbewegung« jetzt auf einmal staatlicherseits. Die FDJ (»Freie Deutsche Jugend«), die als »Kampfreserve der Partei« verstanden wurde und in der mehr als 90 % aller Jugendlichen ab 14 Jahren bis zur Beendigung der Schulzeit, danach deutlich weniger, organisiert waren, schwenkte auf einmal Winkelemente mit weißen Friedenstauben und rief zur Unterstützung eines landesweiten Friedensmarsches auf. Man ging sogar so weit, offensiv auf die evangelische Kirche zuzugehen, um deren Friedensgruppen durch die staatlich organisierte Friedensarbeit zu unterwandern. Diese Art von Friedensarbeit gehörte von da an zum festen Programm der Arbeit der DSF. Parallel dazu wurde der 60. Jahrestag der Gründung der Sowjetunion (1982) zum Anlass genommen, die geradezu bilderbuchhafte Rolle des Landes bei der Erhaltung des Weltfriedens

[10] KUHN, DSF (s. Anm. 6), 118.

deutlich zu machen.[11] Aus dem Munde der DSF-Funktionäre hieß der Auftrag:

> »[...] die Jugendlichen [sollen] die Gelegenheit nutzen, sich für die ›konsequente und aktive Friedenspolitik der Sowjetunion‹ zu bedanken, und mit dem Schlussappell ›Kinder wollen den Frieden‹ ihre Gewißheit deutlich machen, daß die Sowjetunion und die mit ihr verbündeten sozialistischen Staaten den Sozialismus und den Frieden sicher schützen würden.«[12]

Wie das auf Seiten der Bundesrepublik erlebt wurde, schildert der Professor für Zeitgeschichte an der Uni Mannheim Philipp Gassert:

> »Tatsächlich versuchten östlich finanzierte Gruppierungen innerhalb der westdeutschen Friedensbewegung die sowjetische Mitverantwortung für den nuklearen Rüstungswettlauf zu kaschieren. Westdeutsche Kommunisten machten die Nato und US-Präsident Ronald Reagan einseitig für die Hochrüstung verantwortlich. Auch jetzt sind wieder Plakate ›USA-Nato wollen keinen Frieden‹ zu sehen – ein Argumentationsmuster, das auch die Propagandaabteilungen des Kremls bedienen. In den Achtzigerjahren trafen derartige Einseitigkeiten auf Widerspruch bei Menschen wie Kelly und Beckmann, die auch daher ganz bewusst in Ostberlin auf dem Alexanderplatz für ›Abrüstung Ost + West‹ demonstrierten.«[13]

---

11 So zitiert Kuhn, a. a. O., 128 f., aus einem Beschluss des ZK der SED: »60 Jahre UdSSR künden von [...] ihrem unbeugsamen Kampf für die Sicherung des Friedens und d[ie] Verbannung imperialistischer Kriege aus dem Leben der Völker.«

12 A. a. O., 131.

13 Gassert, Pazifisten (s. Anm. 1). Vollständig lautet der Absatz: »Mit historischen Versatzstücken spielte auch Alexander Graf Lambsdorff, als er jüngst in der ZEIT Ostermarschierende als ›fünfte Kolonne‹ Putins brandmarkte. Das reaktivierte Redeweisen, die 1983 während des Streits um den Nato-Doppelbeschluss gängig waren. Damals wurde über die ›Unterwan-

In der DDR hingegen hieß staatliche Friedensarbeit »Frieden schaffen gegen NATO-Waffen«.

Die pausenlos im Munde geführte unverbrüchliche Beziehung zum Brudervolk erhielt mit dem Amtsantritt von Michail Gorbatschow im Frühjahr 1985 eine inhaltliche Neuformulierung, die für viele nicht mehr mit innerer Ablehnung einherging. Mit seiner Politik von Glasnost und Perestroika setzte der neue KPdSU-Chef einen revolutionären Prozess in Gang, den die DDR-Bürger mit Staunen und teilweise mit Sympathie verfolgten. Von Stund an galt die UdSSR als ein Land, von dem entscheidende Impulse zur Überwindung des Kalten Krieges ausgingen. Die DDR-Bürger erhofften sich eine Demokratisierung ihres Landes und brachten Gorbatschow gegen die Machthaber im eigenen Land in Stellung, die sich vehement gegen das neue Denken aus Moskau sträubten.

Wo sich freilich heute fahnenschwenkende Russlandfreunde versammeln, ist diese Geschichte kein Begriff. Dort geht es eher um Opposition gegen die Regierung/die Bundesrepublik und damit die USA/die NATO etc. als um reflektierte Russlandfreundlichkeit. Diese wird als Vehikel genutzt, um sich gegen die Regierung in Stellung zu bringen, die zurzeit

---

derung der Friedensbewegung‹ durch Ostberlin und Moskau polemisiert. Tatsächlich versuchten östlich finanzierte Gruppierungen innerhalb der westdeutschen Friedensbewegung die sowjetische Mitverantwortung für den nuklearen Rüstungswettlauf zu kaschieren. Westdeutsche Kommunisten machten die Nato und US-Präsident Ronald Reagan einseitig für die Hochrüstung verantwortlich. Auch jetzt sind wieder Plakate ›USA-Nato wollen keinen Frieden‹ zu sehen – ein Argumentationsmuster, das auch die Propagandaabteilungen des Kreml bedienen. In den Achtzigerjahren trafen derartige Einseitigkeiten auf Widerspruch bei Menschen wie Kelly und Beckmann, die auch daher ganz bewusst in Ostberlin auf dem Alexanderplatz für ›Abrüstung Ost + West‹ demonstrierten.«

gerade nicht russlandfreundlich ist. Der Ukraine-Krieg wird gerade von Menschen in Ostdeutschland als Konflikt zwischen Ost und West wahrgenommen. Dass man sich selbst gern heraushalten möchte, hängt vielleicht auch mit fehlender Verbindung und Identifikation gegenüber dem Westen zusammen.

2. Anmerkungen zum Demokratieverständnis im Osten Deutschlands

Das Policy Paper 2023–2: »Autoritäre Dynamiken und die Unzufriedenheit mit der Demokratie« des Else-Frenkel-Brunswik-Instituts (EFBI) der Universität Leipzig liefert folgende Feststellungen:[14] Zwei Drittel der Ostdeutschen zeigen eine ausgeprägte Sehnsucht nach der DDR. Etwa die Hälfte rechnet sich zu den Gewinnern der deutschen Einheit, ein Drittel hingegen zählt sich zu den Verlierern. Insgesamt ist die Identifikation als Ostdeutsche hoch. Der Rückblick auf die DDR hängt den Studienautoren zufolge nicht zuletzt mit dem Wunsch nach einer Ein-Parteien-Diktatur zusammen. Eine hohe Zustimmung gab es zur Forderung nach »einer einzigen starken Partei, die die Volksgemeinschaft verkörpert«. Statt pluralistischer Interessensvielfalt werde eine »völkische Gemeinschaft« gewünscht. Entsprechend hätten extrem rechte Par-

[14] Oliver Decker/Johannes Kiess/Elmar Brähler, Autoritäre Dynamiken und die Unzufriedenheit mit der Demokratie. Die rechtsextreme Einstellung in den ostdeutschen Bundesländern, EFBI Policy Paper 2023-2, Leipzig 2023, URL: https://efbi.de/details/efbi-policy-paper-2023-2-autoritaere-dynamiken-und-die-unzufriedenheit-mit-der-demokratie.html (Stand 23.7.2024).

teien mit ihren ideologischen Angeboten im Osten besonders viele Anknüpfungspunkte in der Breite der Bevölkerung.

Gleichzeitig belegt die Studie eine hohe Zustimmung zu rechtsextremen Aussagen in den ostdeutschen Bundesländern. Mehr als ein Viertel der Ostdeutschen zeigt sich ausländerfeindlich. Positionen mit eindeutig rechtsextremen Inhalten werden in einzelnen ostdeutschen Bundesländern nur von 20 bis 30 Prozent abgelehnt, sieben Prozent vertreten sogar ein rechtsextremes Weltbild. Besonders ausgeprägt ist die Zustimmung zu rechtsextremen Gedanken der Studie nach in Sachsen, Sachsen-Anhalt und Thüringen, also im klassischen Mitteldeutschland.

Und dennoch sei der Einwand gestattet: Das Verhältnis zur Demokratie ist kein ostdeutsches, sondern ein gesamtdeutsches Thema. Die wahrgenommene Schwäche der großen Parteien und der Aufstieg der AfD haben zwar vor allem in Ostdeutschland, aber mittlerweile in ganz Deutschland zur Störung des eingespielten Gleichgewichts der politischen Lager geführt. Dies hat machttaktische Konsequenzen und führt regelmäßig zu inhaltlich dysfunktionalen Regierungen. Diese wiederum suchen den kleinsten gemeinsamen Nenner, was zu Repräsentationslücken führt, die wiederum von populistischen Parteien gefüllt werden.

Der Aufstieg des Populismus ist darüber hinaus auch ein europäisches und internationales Phänomen. Deutschland ist auch Teil dieser Entwicklungen.

Die wirtschaftliche Entwicklung der neuen Bundesländer, der Aufbau des Wohlstandes und der wohlfahrtsstaatlichen Absicherung sollten eigentlich Gründe zum Stolz und zur Selbstachtung sein, sind es merkwürdigerweise aber nicht. Wirtschaftliche Strukturfragen müssen allerdings in den Blick genommen werden, damit sich die Wirtschaft in den kommenden Jahren positiv entwickeln kann. Die demographische Entwicklung in Ostdeutschland ist und bleibt dagegen ein Grund zur Sorge und dürfte zu einer Abbremsung der guten Entwicklungen führen, ebenso der sich verstärkende Gegensatz zwischen Stadt und Land.

Der Osten Deutschlands und dessen politische Kultur sind durch ein hohes Maß an innerer Zerrissenheit geprägt. Manche Konflikte reichen bis in die Zeit der gesellschaftlichen und wirtschaftlichen Transformation der 1990er Jahre zurück. Hinzu kommen gesellschaftlich-emotionale Prägungen, die in der DDR-Zeit ihren Ursprung haben.

Blickt man auf den Organisationsgrad der Parteien in Ostdeutschland, so ist dieser – durch die Bank – als äußerst gering zu bezeichnen. Schauen wir etwa auf Sachsen, gibt es dort ungefähr 30.000 Parteimitglieder, 22.000 sind es in Brandenburg, 13.000 in Mecklenburg-Vorpommern, Thüringen und Sachsen-Anhalt liegen dazwischen. Dagegen engagieren sich allein im Stadtstaat Hamburg 25.000 Menschen parteipolitisch, in Nordrhein-Westfalen, das ja ungefähr so viele Menschen wie ganz Ostdeutschland hat, sind es 270.000.

Schaut man sich dann die *Vertrauenswerte* gegenüber Parteien und Politik im Allgemeinen an, so könnten sie schlechter kaum sein. Hierin spiegeln sich die Distanz zu politischen Organisationen nach erwarteter oder erzwungener Parteimitgliedschaft in Zeiten der DDR, aber ebenso eine delikate Mischung aus überhöhten Erwartungen an Politik und den Staat, besonders an den Versorgungsstaat, und vorschnellen Versprechungen von Politikern. Das Nicht-Engagement ist zudem ein Ausfluss der zu beobachtenden Individualisierungsprozesse, die mit einem Rückzug ins Private und einem Unwillen, selbst gesellschaftliche Verantwortung zu übernehmen, einhergehen.

3. Erinnerungskultur – Einige wenige Beispiele aus Mitteldeutschland

Glocken mit Nazi-Symbolik: Wir haben am Streit um diese Glocken in den vergangenen Jahren erlebt, wie toxisch ein Erbe sein kann, wenn plötzlich etwas hochgespült wird, das man kollektiv verdrängt hatte. Das hat einzelne Gemeinden so gespalten, dass Pfarrpersonen dort nicht mehr gelitten waren und Gemeindekirchenräte zurücktraten. Und auch Antijudaismus zeigt sich in einzelnen Gemeinden wieder deutlicher. Da hatten sich Kommunen und Kirche gegen diese Kritik »von außen« verbündet. Ich fürchte, da wird noch einiges sichtbar werden, wenn – wie jetzt von völkischer Seite aus – Erinnerungskultur so grundsätzlich in Frage gestellt wird.

Das sogenannte »Entjudungsinstitut« und sein Leiter Walter Grundmann: Bei der Einweihung eines Mahnmals vor Ort in Eisenach am 6. Mai 2019 waren Vertreter von fünf der sieben Landeskirchen anwesend, die heute für die elf früheren Kirchen stehen, die das Institut einst gründeten. Die Hälfte aller theologischen Wissenschaftler aus allen Fakultäten Europas war damals involviert. Man hat mit Walter Grundmann exemplarisch einen Vertreter identifiziert, nun aber muss es auch darum gehen, inwieweit die gesamte Theologie bis heute von dem Gedankengut durchzogen ist, für welches das Institut stand. – Eine wichtige Linie ist z. B. das »Theologische Wörterbuch zum Neuen Testament« von Gerhard Kittel. Er hat in Tübingen gelehrt, und seine Schriften sind nach wie vor gerühmt.

4. Beispiel von Friedensspiritualität im Osten: Ein Leben für Versöhnung

Als geradezu unerträglich schilderte es der Präses der Synode der Evangelischen Kirche in der Kirchenprovinz Sachsen (KPS), Lothar Kreyssig,[15] wie schnell die Deutschen nach Kriegsende

---

15 Nach dem Krieg leitete Lothar Kreyssig das Konsistorium in Magdeburg und war langjähriger Präses der Synode der Evangelischen Kirche der Kirchenprovinz Sachsen (KPS). Er gründete die Evangelische Akademie der KPS und regte die Telefonseelsorge an. Er vertrat die KPS 1948 auf der Gründungsversammlung des Ökumenischen Weltrates der Kirchen (ÖRK) in Amsterdam und arbeitete in der Programmeinheit »Kirche und Gesellschaft« mit. Kreyssig bemühte sich seit 1953 um »Ökumenische Diakonie« und eine gerechte Nord-Süd-Beziehung, damit »anhaltender Überfluss und elementarer Mangel in rechter Weise zueinander gebracht werden könnten«. Auf Lothar Kreyssig gehen viele gesamtdeutsche kirchliche Einrichtungen und Ideen zurück. Er gründete 1957 die Aktionsgemeinschaft für die Hungernden und gehört damit zu den Wegbereitern und Mitinitiatoren von »Brot für die Welt«. Sein bedeutendstes Werk aber war die Aktion Sühnezeichen Friedensdienste (ASF), die er 1958 gründete. Mit dem Bau der Mauer war Kreyssig von den internationalen Aktivitäten seiner Organisation abgeschnitten. Er gab daher 1962 die Leitung ab und widmete sich dem Aufbau der Aktion Sühnezeichen in der DDR. Einer der ersten Einsätze dieser Initiative war die Enttrümmerung der zerstörten Magdeburger Kirchengebäude St. Petri und Wallonerkirche. Als Mitglied des Präsidiums des Deutschen Kirchentages und des Rates der EKD war Lothar Kreyssig ein Mittler zwischen Ost und West und bestrebt, dass die Kirchen unter dem Wort und in der Welt bleiben. Wie nur wenige Protestanten nach dem II. Weltkrieg hat er frühzeitig in ökumenischer Perspektive öffentliche Verantwortung von den Kirchen wie von der Gesellschaft verlangt. Dabei waren ihm die Kernbereiche des späteren konziliaren Prozesses Gerechtigkeit, Frieden und die Bewahrung der Schöpfung von herausgehobener Bedeutung. Seit 1999 wird mit einem in Magdeburg gestifteten Lothar-Kreyssig-Friedenspreis an sein Wirken erinnert. 2009 schließlich wurde in Magdeburg

wieder zur Tagesordnung übergingen. Am 30. April 1958 setzte er deshalb ein Zeichen der Schuldanerkennung. In seinem Aufruf zur Gründung der »Aktion Sühnezeichen Friedensdienste« (ASF) hieß es: Wir bitten »die Völker, die Gewalt von uns erlitten haben, daß sie uns erlauben, mit unseren Händen und mit unseren Mitteln in ihrem Lande etwas Gutes zu tun.«[16] In Polen, Russland und Israel solle damit begonnen werden.

Die »Aktion Sühnezeichen Friedensdienste« war als »Aktion Sühnezeichen« auch nach der Teilung Deutschlands im Osten unter dem Dach der evangelischen Kirche (als Fachverband des Diakonischen Werkes) und mit ökumenischem Selbstverständnis aktiv: seit 1962 im Aufbau und der Entwicklung von Sommerlagern, in denen junge Menschen aus verschiedenen Ländern, vorzugsweise aus Osteuropa, für zwei bis drei Wochen zusammenlebten und -arbeiteten. In den Jahren 1965 und 1966 konnten Freiwilligengruppen in Zusammenarbeit mit dem Katholischen Seelsorgeamt Magdeburg nach Auschwitz, Majdanek, Stutthof und Groß Rosen fahren. 1967 und 1968 scheiterten weitere Reisen zu Gedenkstätten in der Volksrepublik Polen und in die ČSSR trotz Einladungen an der staatlichen Visa-Verweigerung. Erst nach Einführung des visafreien Reiseverkehrs zwischen der DDR und Polen sowie der ČSSR 1972 konnten wieder deutsche Jugendliche und nun

das Lothar-Kreyssig-Ökumenezentrum der EKM errichtet, das sich im Geiste von Kreyssig für Gerechtigkeit und Frieden einsetzt. Vgl. URL: https://www.oekumenezentrum-ekm.de/lothar-kreyssig/ (Stand 24.7.2024), dort auch das Zitat.

16 Zitiert nach der Homepage von Aktion Sühnezeichen Friedensdienste, »Über uns«, URL: https://asf-ev.de/ueber-uns/leitsaetze-und-geschichte/ (Stand 23.7.2024).

auch polnische und tschechoslowakische Freiwillige an Sommerlagern in Polen und Einsätzen in der DDR teilnehmen. 1979 arbeitete erstmals eine Gruppe in Buchenwald. Auf diese Weise fand nun ein Teil der Sommerlager auch außerhalb der Kirche statt. Ab 1981 wurde die Anzahl der Sommerlager in diesen Arbeitsbereichen erweitert, so etwa in Sachsenhausen, Ravensbrück und Mittelbau-Dora. Sühnezeichen-Gruppen waren ab dieser Zeit an der Erhaltung und Wiederherstellung von jüdischen Friedhöfen in vielen Regionen der DDR beteiligt. Von 1962 bis 1992 nahmen über 12.000 Freiwillige an den Sommerlagern von ASF teil.

Es gab Jahrestreffen, zu dem sich Interessenten und Unterstützer zur thematischen Arbeit zusammenfanden, und zwar immer unter staatlicher Beobachtung, übrigens auch zum Thema »Wege zueinander – unser Verhältnis zur Sowjetunion«.[17]

Der Lothar-Kreyssig-Friedenspreis ging in den vergangenen Jahren an Preisträger, die sich etwa für die deutsch-polnische Verständigung und Versöhnung, für Demokratie und Weltoffenheit, in einer Kriseneinrichtung für Mädchen und junge Frauen mit Migrationshintergrund, im Verein Kinderhilfe für Siebenbürgen, als Bürgerrechtlerin in Weißrussland oder auch im Internationalen Auschwitz-Komitee engagieren. Der Preis wird seit 1999 verliehen, erster Preisträger war Tadeusz Mazowiecki, erster demokratisch gewählter Ministerpräsident Polens und Weggefährte von Lothar Kreyssig. –

---

17 Von Theologen wie Pfarrer Gerhard Feige/Erfurt, Prof. Dr. Hans-Dieter Döpmann/Berlin, Erzpriester Baschkirow/Westberlin und Pfarrer Dr. Christian Diedrich/Großglienicke/Potsdam wurden Vorträge über die Liturgie, die geschichtliche Entwicklung und das kirchliche Wirken der Russisch-Orthodoxen Kirche (ROK) in der UdSSR sowie über die Beziehungen zwischen Russen und Deutschen in Vergangenheit und Gegenwart gehalten.

Abschließend ein Eindruck: Wir brauchen, denke ich, insgesamt als Kirche in Deutschland, eine ehrlichere Erinnerungskultur. Wir brauchen Antworten auf Fragen wie: Wo waren wir in unserer (auch je eigenen) Geschichte stark? Wo haben wir die Ressourcen aus unserem Glauben eingebracht und wo waren wir anfällig oder haben auch ganz versagt? Nur wenn wir solch eine Erinnerungskultur leben, werden wir widerstandsfähig gegenüber infamen Geschichtsverdrehungen, wie sie die AfD auf ihren zahlreichen Kundgebungen in Greiz, Gera, Altenburg, Erfurt, Magdeburg, Sonneberg ... verbreitet.

Arnulf von Scheliha

Wie kann der »Import« religiöser Konflikte verhindert werden?

1. Einleitung: Der Import religiöser Konflikte

Zu Beginn des Fastenmonats Ramadan im Jahr 2024 postete der deutsche Fußballnationalspieler Antonio Rüdiger bei Instagram ein Foto, das ihn, gekleidet in ein traditionelles weißes Gewand, mit erhobenem Finger zeigt. Dieser Tauhid-Finger gilt im Islam als Symbol der Einheit und Einzigartigkeit Gottes. Rüdiger, derzeit bei Real Madrid unter Vertrag, ist praktizierender Muslim. Der bekannte Publizist Julian Reichelt griff diesen Post auf und deutete den performativen Akt des Innenverteidigers als islamistische Geste, näher als Sympathiekundgebung zur terroristischen Bewegung »Islamischer Staat«. Damit leistete der ohnehin umstrittene Journalist einen Beitrag zum Import religiöser Konflikte. Denn der IS ist vor allem ein Phänomen der Konflikte im Nahen und Mittleren Osten, in dem verschiedene Faktoren mitwirken. Der terroristisch radikalisierte Islam spielt dabei eine treibende Rolle. Reichelts Deutung der Geste Rüdigers löste in den Feuilletons eine Debatte aus, durch die dessen (bewusste) Missinterpretation offengelegt und eine Eskalation des Konfliktes vermieden werden konnte. Die Prominenz und die untadelige Haltung Rüdigers trugen dazu bei. Die Geste sei, so Rüdiger, »unter Muslimen auf der ganzen Welt verbreitet und wurde [...] auch vom Bundesinnenministerium wieder als unproblematisch eingeordnet«[1].

[1] Zitiert nach: ZDF heute, Rüdiger wehrt sich gegen Islamismus-Vorwürfe,

Der erhobene Zeigefinger der rechten Hand geht auf die Tradition des Propheten Muhammad zurück und repräsentiert den strikten islamischen Monotheismus. Der arabische Begriff »Tauhid« bedeutet »Eins-Sein«. Durch den einzelnen Finger soll die Einheit Gottes symbolisiert werden. Neben Gott dürfe demnach keine weitere anbetungswürdige Macht existieren. Damit wird selbstverständlich auch ein religionspolemischer Akzent gesetzt, der zum Islam gehört. Die Ablehnung des Polytheismus kommt in Sure 112 des Korans zum Ausdruck, in der es heißt: »Sprich: Gott ist ein Einziger.« In der Praxis wird diese Geste allerdings von Muslim:innen eher selten benutzt. In der hanafitischen Rechtsschule, eine der vier Rechtsschulen im Islam, die vor allem in der Türkei, Bosnien, Afghanistan und Pakistan verbreitet ist, ist es üblich, während des Gebets den rechten Zeigefinger zu heben. Dort wird es traditionell beim ersten Teil des islamischen Glaubensbekenntnisses ausgeführt: »Es gibt keinen Gott außer Gott, und Muhammad ist sein Gesandter.«

Auch nach Einschätzung des Verfassungsschutzes Niedersachsen ist der Tauhid-Finger per se kein extremistisches Zeichen. Es gibt jedoch islamistische Gruppierungen, die diese Geste nutzen und damit vereinnahmen. Bekannt wurde der erhobene Zeigefinger durch den Terroristen Osama bin Laden, um damit wirksam seine Botschaften zu inszenieren und zu unterstreichen. Die Salafisten führten diese Praxis fort. Einen unrühmlichen Höhepunkt stellte dann die Übernahme der Geste des erhobenen Zeigefingers durch die Terroristen des sogenannten Islamischen Staats dar. Sie benutzten diese

---

zdf.de, 27.3.2024, URL: https://www.zdf.de/nachrichten/sport/fussball-antonio-ruediger-reichelt-reaktion-100.html (Stand 3.11.2024).

Symbolik als Provokation, um die für sie bestehende Überlegenheit des islamischen Glaubens zum Ausdruck zu bringen. Aber das war nicht der Kontext, in dem Antonio Rüdiger diese Geste gepostet hat.

Das Allgemeine an diesem Beispiel ist: Die religiösen oder religiös mitmotivierten Konflikte im Nahen Osten oder in Afrika können auch in Deutschland oder Europa ausbrechen, indem sie importiert und hierzulande ausgetragen werden.

In einem von Friedrich Lohmann geleiteten DFG-Projekt zu den religiösen Komponenten im aktuellen Syrienkonflikt und seiner langjährigen Vorgeschichte wurde überzeugend dargelegt, dass die Bürgerkriegsfronten entlang der innerislamischen Abgrenzungen verlaufen. Die Kriegspropaganda bedient sich religiöser, auch religionspolemischer und selbstverständlich auch politischer Motive.[2] Die Menschen, die vor solchen religiös mitaufgeheizten Konflikten fliehen, stoßen in Europa und Deutschland auf ihre Widersacher:innen oder Sympathisant:innen ihrer Widersacher:innen, und die Konflikte könnten aufleben. Dafür kann, wie das Eingangsbeispiel zeigt, auch die mediale Kommunikation mitverantwortlich sein, nämlich dann, wenn sie sich die Latenz des Imports von religiösen Konflikten aus strategischen oder ideologischen Zwecken zu Nutze macht.

In diesem Beitrag wird in sozialethischer Perspektive darüber nachgedacht, welche präventiven Mittel aus der reformatorischen, näherhin: lutherischen Denktradition mobilisiert werden können, um einem solchen Import entgegenzutreten bzw. mit ihm umzugehen. Dabei wird das wichtige

---

2 Vgl. DFG – GEPRIS – Religiöse Komponenten im Konflikt um Syrien (1970 bis heute). Eine theologisch-ethische Fallstudie (Stand 03.11.2024).

Thema »Antisemitismus« ausgespart. Es hängt zwar mit der hier behandelten Fragestellung zusammen, aber bei dem gegenwärtig wieder aufflammenden Antisemitismus handelt es sich primär nicht um einen Import, sondern – wie Michael Meyer-Blanck in seinem eindrucksvollen Buch »Glaube und Hass. Antisemitismus im Christentum« kürzlich gezeigt hat – um die Aktualisierung einer Strömung, die in unseren Denk- und Theologietraditionen beheimatet war und deren kritische Bearbeitung nicht ›nebenbei‹ geleistet werden kann, sondern einen eigenen Beitrag verdient hätte.[3]

Bei der Einschätzung der Gefahr des Imports religiöser Konflikte braucht man aber nicht nur auf die Religion des Islams zu schauen. Der Krieg der Russischen Föderation gegen die Ukraine hat auch die christliche Orthodoxie in Kriegsparteien gespalten. Von dieser Spaltung sind potentiell auch orthodoxe Christ:innen in Deutschland und Europa betroffen, so dass auch diesbezüglich ein Import dieses Konfliktes nicht auszuschließen ist.

2. Sozialethische Grundlagenbesinnung

Fußpunkt der sozialethischen Grundüberlegungen ist die reformatorische Lehre von den zwei Regierweisen Gottes, wie sie u. a. in CA XVI und in der entsprechenden Auslegung der Apologie niedergelegt sind.[4] Danach besteht die Aufgabe der

---

[3] Vgl. Michael Meyer-Blanck, Glaube und Hass. Antisemitismus und Christentum, Tübingen 2024.

[4] Eine gründliche, friedensethisch fokussierte Interpretation von CA XVI haben kürzlich Rochus Leonhardt und Renate Penßel vorgelegt: Die

von Gott eingesetzten Obrigkeit in der Herstellung und Sicherung »gute[r] Ordnung«[5] in der Gesellschaft, die ein friedliches und ziviles Miteinander herstellen und sichern soll. In diesem Sinne können und sollen sich die Christ:innen in den Dienst der obrigkeitlichen Aufgabe stellen und diese »mit gutem Gewissen brauchen«, d. h. sowohl an ihr mitwirken als auch ihren entsprechenden Anordnungen gehorsam folgen. An den Formulierungen der CA und Apologie wird deutlich, dass Philipp Melanchthon die Aktivität der Christ:innen betont. Der »Gehorsam« wird von ihm nicht als eine passive oder quietistische Haltung beschrieben, sondern als tätiger Beitrag zur Umsetzung der obrigkeitlichen Ordnungsaufgabe.[6] Sie ist Ausdruck der christlichen Nächstenliebe, »nicht [...] um der Strafe willen, sondern [...] um des Gewissens willen«[7].

Im Unterschied zum weltlichen Regiment ist die Sphäre des Geistlichen beschränkt auf die Verkündigung des Evangeliums, die auf den Glauben der Christ:innen bezogen ist und keinen Eingriff der weltlichen Obrigkeit, ihrer Rationalität und Funktionen gestattet. Gott regiert die Herzen durch sein von der Kirche gepredigtes Wort – und nur dadurch. Damit wird von der reformatorischen Bewegung dem Grundsatz

---

evangelische Friedensethik, das Völkerrecht und Confessio Augustana 16, in: Zeitschrift für evangelisches Kirchenrecht 67 (2022), 113–145.

5 CA XVI, zitiert nach: Die Bekenntnisschriften der evangelisch-lutherischen Kirche, hrsg. im Gedenkjahr der Augsburgischen Konfession 1930, Göttingen ^{9}1982, 70.

6 Zum aktiv-partizipativen Verständnis des Gehorsamsbegriffs in CA XVI vgl. Leonhardt und Penssel, Die evangelische Friedensethik (wie Anm. 4), 120–124.

7 Apologie der Konfession, zitiert nach: Die Bekenntnisschriften der evangelisch-lutherischen Kirche, hrsg. im Gedenkjahr der Augsburgischen Konfession 1930, Göttingen ^{9}1982, 308 Z. 39 f.

nach jeder politischen Instrumentalisierung des Glaubens bzw. der Religion von den Reformatoren erteilt. Diesbezüglich werden in der Apologie Irrtümer aus der Kirchengeschichte benannt, exemplarisch gesichtet und scharf kritisiert.

Der Umgang mit politisch aufgeladenen religiösen Konflikten fällt aber primär der Obrigkeit zu. Ihr gegenüber sind die Religionsparteien mit Blick auf ihr politisches Wollen rechenschaftspflichtig, wie der Sitz im Leben der CA auf dem Augsburger Reichstag zeigt. Die CA und ihre Apologie vollziehen in ihrem Gesamtsinn und explizit in Art. XVI die Selbstunterscheidung des Glaubens von der Sphäre des Politischen unter der Bedingung agonaler religiöser Pluralität – also religiöser Konflikte.[8] Sie treten damit dem Anspruch der Altgläubigen, die weltliche Obrigkeit in Gestalt von Kaiser, Fürsten und Reichsstädten maßregeln und die reformatorische Bewegung unterdrücken zu wollen, grundsätzlich entgegen. Insofern ist die Zwei-Regimenten-Lehre von CA und Apologie selbst ein Beitrag zur Regulierung politisch wirksamer religiöser Konflikte, weil man an die Ordnungsaufgabe der Obrigkeit appelliert und für die Predigt des reinen Evangeliums Freiheit fordert.

Vor diesem Hintergrund wird nun die gegenwärtige religionsrechtliche Konstellation in Deutschland beleuchtet.

Bekanntlich setzt das deutsche Religionsverfassungsrecht unter der Bedingung vielfacher Transformationen die Tradition der Unterscheidung der beiden Regimente fort, und zwar

---

8 Bereits in der Vorrede zur CA werden die damaligen religionspolitischen Konflikte genannt und dem Kaiser als dem höchsten Vertreter der politischen Obrigkeit vorgelegt, nämlich einmal derjenige mit dem »Erbfeind, den Turken« (a. a. O., 44) und sodann »der Zwiespalt in dem heiligen Glauben und der christlichen Religion« (ebd.).

unter besonderer Akzentuierung ihres Aufeinander-verwiesen-Seins auf der Basis der Trennung. Maßgeblich sind die Art. 4 und 140 des Grundgesetzes. Durch letzteren werden die Artikel 136–139 und 140 der Weimarer Reichsverfassung in das Grundgesetz inkorporiert. Die fundamentale Ordnungsaufgabe der Obrigkeit wird durch den Staat des Grundgesetzes durch die Garantie der Grundrechte, insbesondere durch Artikel 4 (»Glaubens- und Religionsfreiheit«) sowie das Staatsorganisationsrecht realisiert. Mit beidem wird der Trennung der Regimente und deren unterschiedlicher Funktionslogik Rechnung getragen. Zugleich wird die Pluralität der Glaubensweisen zugestanden und ermöglicht. Jede Religion genießt Freiheit im Sinne der positiven und negativen Religionsfreiheit. Der Grundrechtsartikel 4 gilt übrigens schrankenlos.

Durch die aus der Weimarer Reichsverfassung inkorporierten Artikel gibt sich der Staat des Grundgesetzes überdies als religionsfreundlicher Staat zu erkennen, der mit den Religionsgemeinschaften kooperiert. Er tut dies vorzüglich auf den Gebieten des schulischen Religionsunterrichtes (vgl. Art. 7 Abs. 3), bei der Gewährung des Status einer öffentlich-rechtlichen Körperschaft und den damit verbundenen Rechtsfolgen sowie den sog. res mixtae, insbesondere der Militär- und Anstaltsseelsorge. Dadurch wird eine religionsrechtliche Ordnungsstruktur etabliert, die die deutsche Religionskultur nicht nur nachhaltig befriedet hat, sondern sich – das ist das Ergebnis der religionspolitischen Entwicklungen der letzten Jahre – auch als pluralitätsoffen erwiesen hat, weil neben den großen christlichen Kirchen, auf die hin das Religionsrecht zunächst konzipiert war, nun auch der Zentralrat der Juden in Deutschland, viele muslimische Organisationen und Verbände, aber auch die christlichen Orthodoxien als Akteure und Kooperationspartner eingetreten sind. Die dynamischsten religionspolitischen Gebiete mit Richtung auf plurale Öffnung sind der schulische Religionsunterricht (einschließlich der Etablierung der dafür erforderlichen akademischen Ausbildungsinstitutionen)[9] sowie die Militär- und die Notfallseelsorge, weil auf diesen Gebieten die Bundesländer mit vielen Religionsgemeinschaften Abmachungen getroffen und neue res mixtae begründet haben. Zur religiösen Umsetzung dieser Vorhaben treten die religiösen Institutionen und Organisationen als politische Akteure auf. Wie stets sind der Abgleich und die Durchsetzung politischer Interessen mit Konflikten verbunden, die aber ein erträgliches Maß bisher nicht, oder nur in Einzelfällen, überschritten haben.

3. Präventive Maßnahmen

Vor diesem Hintergrund können nun in sozialethischer Hinsicht einige Güter abgeleitet werden, die als präventive Maßnahmen gegen den Import religiöser Konflikte verstanden und verwendet werden können.

Zunächst ist auf die fundamentale Ordnungsaufgabe des Staates für ein friedliches, ziviles Leben zu verweisen. Das staatliche Gewaltmonopol stellt für das bürgerliche Leben Ordnung auf der Basis der grundrechtlichen Freiheiten sicher. Verstöße gegen die Ordnung, insbesondere Gewalttaten gegen Personen und Sachen sind zu ahnden. Diese strafbewehrte Durchsetzung der zivilen Ordnung ist die Hauptaufgabe der

---

[9] Vgl. ARNULF VON SCHELIHA/HINNERK WISSMANN, Religionsunterricht 4.0. Eine religionspolitische Erörterung in rechtswissenschaftlicher und ethischer Perspektive, Tübingen 2024.

obrigkeitlichen Funktion und wesentlicher Teil ihrer Legitimität. Sie sichert auch die positive Religionsfreiheit. Die ungestörte Religionsausübung ist zu gewährleisten und darf keinesfalls durch religiös motivierte Gewalt verhindert werden. Deshalb sind religiös motivierte Attacken auf Synagogen, aber auch auf Moscheen oder Kirchen besonders verwerflich. Die Möglichkeit öffentlicher und sichtbarer Religionsausübung ist ein hohes sittliches Gut und als solches Teil der öffentlichen Ordnung.

Sodann, mit Blick auf den Import religiöser Konflikte, ist auf die mit dem Religionsrecht verbundene Ordnungsstruktur zu verweisen. Das bedeutet zunächst: »Die Freiheit des Glaubens, des Gewissens und die Freiheit des religiösen und weltanschaulichen Bekenntnisses« (Art. 4 GG) gilt auch für diejenigen religiösen Einstellungen und Vorstellungen, die Migrant:innen aus Ländern, in denen religiöse oder religionshaltige Konflikte vorherrschen, mitbringen oder einführen. Es wäre zu viel erwartet und meines Erachtens mit der Religionsfreiheit nicht zu vereinbaren, dass die mit den religiösen Einstellungen bzw. Vorstellungen verbundenen Konflikte mit dem religiös oder politisch Anderen sozusagen an der Landesgrenze abgegeben werden und dass man von den religiösen Menschen verlangen könnte, dass sie die mitgebrachte Religion auf ihre religiöse Essenz reduzieren könnten oder sollten. Vielmehr wird die politische (und notabene auch kulturelle) Imprägnierung immer Teil des religiösen Bekenntnisses sein (und bleiben). Ich erinnere daran, dass die Religionspolemik auch in der christlichen Religionsgeschichte stets (konstitutiver) Teil des Aufbaus konfessioneller Identität war und ist. Deshalb lebt auch die christliche Ökumene bis heute von einer theologischen Grenzhermeneutik, die stets eine abgrenzend-polemische Seite hat, aus der wiederum religionspolitische Konsequenzen abgeleitet werden, die als solche auch Anerkennung finden. Mit dieser Einsicht im Rücken wird man daher mit religiös imprägnierten politischen und potenziell konfliktuösen Einstellungen auch unter Einwanderer:innen rechnen und sie sogar würdigen müssen. Diese sind so lange legitim, sofern diese Konflikte zivil, d. h. gewaltfrei ausgetragen werden. Für die Beheimatung solcher Gruppen wird dies dann bedeuten, dass die Menschen, die mit einem solchen religiös-politischen Hintergrund einwandern, nicht einfach pauschal *dem* Islam oder *der* Orthodoxie zugerechnet werden können, sondern dass man die Bildung ethnisch, national und ›konfessionell‹ orientierter bzw. segregierter Religionsgemeinschaften nicht nur respektiert, sondern ggf. sogar fördert.

Drittens, aus der religionsfreundlichen Neutralität des deutschen Staates ergibt sich das grundsätzliche Angebot, dass diese Religionsgemeinschaften in das System der Kooperation der staatlichen Ebenen mit den Religions- und Weltanschauungsgemeinschaften eintreten können, das ja wesentlich zur friedlichen, toleranten und dialogorientierten Religionskultur in Deutschland beigetragen hat. Damit würden neue Akteure religionspolitisch integriert und die religionshaltigen Konflikte in anderen Ländern in den Hintergrund gestellt bzw. im Prisma der partizipativen Religionsordnung in Deutschland ›gebrochen‹. Dies ist mit Blick auf die basale Ordnungsfunktion der weltlichen Obrigkeit ein großer Vorzug der deutschen Religionskultur. In diesem Sinne ist sie eine »gute Ordnung«, um es in den Worten von CA XVI auszudrücken. Da auf der staatlichen Seite die Bundesländer zuständig sind, können die Partizipationsangebote gezielt dort unterbreitet werden, wo sich entsprechende religiöse Communities mit der erforderlichen ›kritischen Masse‹ gebildet haben. Dies geschieht gegenwärtig im Zuge der Einführung des islamischen Religionsunterrichtes in einigen Bundesländern, aber auch bei der Einführung der orthodoxen Religionsunterrichte. Friedensethisch ist nun wichtig, dass eigentlich in allen Bundesländern die Schulen durch die Schulgesetze zur Erziehung zu »Frieden« und »Toleranz« verpflichtet sind, was auch für den Religionsunterricht nach Art. 7 Abs. 3 GG gilt. Im Bildungssystem ist also ein wichtiges Mittel vorhanden, das zur De-Eskalation importierter religiöser Konflikte beitragen kann. Durch die allgemeine Schulpflicht kann der schulische Religionsunterricht Eltern und Kinder von Migrant:innen erreichen und durch die Vielzahl der Fächerperspektiven, aber auch durch das Neben- und Ineinander von politischer und religiöser Bildung mäßigend auf ›mitgebrachte‹ religiös-politische Konflikte einwirken.

Während die Schule der Ort ist, an dem der Staat gemeinsam mit den Religionsgemeinschaften an der Schnittstelle von Politik und Religion an der Eindämmung importierter religiöser Konflikte arbeiten kann, können, *viertens*, die Religionsgemeinschaften im ökumenischen und interreligiösen Dialog durch Fokussierung auf Glaubensfragen gemeinsam an der Differenzierung von Politik und Religion arbeiten, die wiederum konfliktentschärfend wirken kann. Für die Kirchen in der reformatorischen (lutherischen) Tradition dürfte es darum zu tun sein, jene Unterscheidung von den zwei Regierweisen Gottes in den Dialog einzubringen und im Dialog auszuloten, ob und in welcher Gestalt der Sachgehalt und die Sachlogik dieser Unterscheidung auch in der Vorstellungswelt anderer Konfessionen und Religionen identifiziert werden können. Dabei kann auch der Verweis auf die eigene Lerngeschichte hilfreich sein, denn zwischen der CA XVI und dem Bekenntnis zum Staat des Grundgesetzes von 1985 liegt eine vierhundertjährige Transformationsgeschichte,[10] die den ›eingewanderten‹ Konfessionen und Religionen selbstverständlich nicht in vierhundert Tagen zum Nachvollzug angesonnen werden kann.

Daneben ist zur De-Eskalation importierter religiöser Konflikte eine *fünfte* präventive Maßnahme diejenige der Aufklärung durch religiöse Bildung, die gerade in einer Epoche zunehmender Säkularisierung oder Religionslosigkeit erforderlich ist. Sie hat im Falle des Eingangsbeispiels von Antonio Rüdiger im Feuilleton auch gut funktioniert. Aber bei den Auseinandersetzungen in den (sozialen) Medien handelt es sich um ein sehr freies Spiel der Kräfte, das mit Blick auf die religiösen oder religionshaltigen Konflikte auch eskalierend wirken kann. Daher dürfte die religiöse und interreligiöse Bildung von Funktionsträger:innen in Sozial- und Medienarbeit eine weitere, wichtige Konfliktpräventionsmaßnahme sein. Solche Gesten, wie sie Rüdiger auf dem Foto tätigt, müssen gelesen und verstanden werden können. Dafür müssen in der Ausbildung und in der sozialen Kommunikation über die Religionen mehr Bildung, Sachverstand und Geschichten über gelungene Integration und religiöse Normalität mobilisiert werden. Daraus ergibt sich noch einmal ein Plädoyer für die Stärkung des Themas »Religion« an den Schulen,[11] Ausbil-

---

[10] Vgl. Arnulf von Scheliha, Protestantische Ethik des Politischen, Tübingen 2013, 12–218.

[11] Etwa durch Kooperation von Religionslehrkräften mit den Lehrkräften der sog. Ersatzfächer. Vgl. dazu Anne Burkard, Herausforderungen für die Kooperation zwischen bekenntnisorientiertem Religionsunterricht und seinen Ersatzfächern, in: Andreas Kubik/Susanne Klinger/Coskun Saglam (Hrsg.), Neuvermessung des Religionsunterrichtes nach Art. 7 Abs. 3 GG, Osnabrück 2022, 179–202 und von Scheliha/Wissmann, Religionsunterricht 4.0., 132–138.

dungsstätten für Sozialarbeiter:innen, Verwaltungsfachkräfte und Polizist:innen, damit das jeweilige Gefahren- und De-Eskalationspotenzial erkannt und entsprechend kommuniziert werden kann. Die Schließung der Evangelischen Journalistenschule in Berlin ist diesbezüglich sicherlich das falsche Signal. Am Exzellenzcluster »Religion und Politik« der Universität Münster bietet die Wissenschaftskommunikation eine »Fortbildung ›Fachjournalismus Religion‹« in Zusammenarbeit mit der Journalistenschule ifp an. Medienmenschen können sich in einem berufsbegleitenden Programm dafür qualifizieren, um über Religionen in pluralen Gesellschaften differenziert und kritisch berichten zu können.[12] Die Öffnung solcher und anderer Programme für Sozialarbeiter:innen und Sozialpädagog:innen, die mit Einwanderer:innen und Flüchtlingen arbeiten, wäre sinnvoll und geboten, um die professionelle Hermeneutik des Religiösen zu verbessern, die für einen sachgerechten und realistischen Umgang mit religiös imprägnierten Konfliktlagen in der Zivilgesellschaft erforderlich ist.

4. Die Verantwortung der Akteure

Neben den sozialethisch abgeleiteten Ordnungsstrukturen, die aus unserer theologischen Tradition als Präventive verstanden werden können, sei abschließend in tugendethischer Perspektive die Verantwortung der individuellen Akteur:in-

---

12 Vgl. Universität Münster, Noch wenige Plätze frei: Bundesweit einzige Fortbildung »Fachjournalismus Religion«, uni-muenster.de, 5.9.2024, URL: https://www.uni-muenster.de/Religion-und-Politik/presse/fachjournalist/fachjournalismus—religion—2.shtml (Stand 3.11.2024).

nen betont.[13] Auch die Begegnung und der Umgang mit religiös-politisch erregten Zeitgenoss:innen und Einwander:innen kann grundsätzlich als eine Chance zur Ausübung des Gebotes der Nächstenliebe nach Mt 22,37–39 verstanden werden, die bekanntlich nach Mt 5,44 auch die Feindesliebe einschließt. Aber so weit muss man gar nicht gehen. Schon nach CA XVI bestünde die Aufgabe auch der einzelnen Christenmenschen darin, sich aktiv an der Durchsetzung der obrigkeitlichen Ordnungsaufgabe zu beteiligen. Das bedeutet in negativer Hinsicht, dass man sich nicht an der Stiftung von Unordnung oder dem Schüren von Konflikten, Misstrauen oder Vorurteilen beteiligt, wie es Julian Reichelt am Beispiel des Antonio Rüdigers ganz offensichtlich getan hat. Selbstverständlich gehört es zur journalistischen Aufgabe, kritisch nachzufragen, hinter die Kulissen zu schauen, Naivitäten aufzudecken und Missstände zu kritisieren. Aber auch dafür braucht es kritische Aufklärung, um wirklich sachkundig zu sein, eine Verpflichtung auf Wahrhaftigkeit und den Respekt vor einer abweichenden, vielleicht auch unheimlichen religiösen Einstellung. Das ist die Tugend der Toleranz. Positiv wünschen wir uns Engagement und Zivilcourage, um mäßigend auf religiös motivierte Konfliktparteien einzuwirken und im Dialog auf Ausgleich und – wo es möglich ist – Kompromisse hinzuwirken.

Insofern gehören das Bemühen um religiöse Sachkunde und um den Aufbau eines davon getragenen Bewusstseins, wo die Probleme und Sollbruchstellen zwischen den Religionsparteien liegen, zu den Grundtugenden, die allen Akteur:innen auf diesem schwierigen Gebiet anzuempfehlen sind. Denn

---

13 Dies geschieht in Anknüpfung an Erwägungen in: Arnulf von Scheliha, Protestantische Ethik des Politischen, Tübingen 2013, 311–316.

wir wissen nur wenig von den religionshaltigen Konflikten der Menschen, die geflohen sind und mit diesen Erfahrungen nach Europa kommen. Wir wissen wenig von den Jesiden, von den muslimischen Splittergruppen der Drusen, der Alawiten, der Angehörigen der »Dreier«- oder »Fünfer«-Schia, die alle in den syrischen Bürgerkrieg verwickelt sind. Aber auch die komplexen theologischen Faktoren, die zu den kirchlichen Trennungen innerhalb der Orthodoxien geführt haben, sind selbst für Fachleute schwer zu durchschauen.

Die Menschen, die in den letzten Jahren nach Deutschland geflohen sind, sind von den religiös aufgeheizten politischen Konflikten in ihrer Heimat traumatisiert. Wir wissen oftmals nicht, wie und mit welchen Reflexen sie auf bestimmte Phänomene, Riten und Aussagen reagieren. Daher braucht es auf allen Ebenen der personalen Interaktion eine Hermeneutik der Vorsicht, des Verstehen-Wollens, der Einfühlung und des Taktes, wenn man diesen Menschen begegnet und mit ihnen kommuniziert – gerade auch über religiöse Fragen. Pauschalisierende, vereinnahmende oder ausgrenzende Urteile sind daher zu vermeiden. Zwar ist der religiös motivierten Gewaltbereitschaft selbstverständlich entgegenzutreten, aber dort, wo eine in unseren Augen problematische religiöse oder religiös-politische Einstellung wahrgenommen wird, darf diese wiederum nicht mit dem ›ganzen‹ Menschen verrechnet werden. Auch hier gilt der Tiefenschichtsinn der Lehre von den zwei Regierweisen Gottes: Das Gewissen, die Würde der Menschen bleibt auch in der personalen Interaktion unantastbar. Die Haltung von Respekt und Toleranz ist auch von den Menschen der Aufnahmegesellschaft gefragt.

Umgekehrt besteht in ethischer Perspektive die berechtigte Erwartung, dass die eingewanderten Personen unsere staatliche Ordnung mit ihrer religionspolitischen Praxis, die bei uns insbesondere die unauslöschliche Erinnerung und Vergegenwärtigung der historischen Schuld an den Verbrechen gegenüber jüdischen Menschen einschließt, respektieren und sich ggf. einem Lernprozess unterziehen, wenn sie hier einreisen und bleiben wollen. Dabei ist freilich erneut vor dem Aufbau überschwänglicher Erwartungen zu warnen. Dass diese von maßgeblichen Repräsentant:innen unserer Gesellschaft gelegentlich ins Übermaß gesteigert werden, wurde jüngst an der Debatte um das neue Grundsatzprogramm der CDU deutlich. In dem Entwurf stand zunächst der Satz: »Muslime, die unsere Werte teilen, gehören zu Deutschland.«[14] Diesem Satz ist in der Perspektive der Zwei-Regimenten-Lehre zu widersprechen. Er müsste stattdessen lauten: »Muslime, die sich an unsere Gesetze und Regeln halten, gehören zu Deutschland.« Zu erwarten, dass auch »unsere Werte« (die an dieser Stelle nicht näher erläutert werden) geteilt werden, ist tendenziell übergriffig. Vielmehr ist zu unterstellen, dass Muslime bzw. die Angehörigen anderer religiöser Traditionen aus ihrer Werteinstellung die hierzulande geltenden Gesetze und Regeln halten und ›unsere Werte‹ aus der Perspektive *ihrer* konfessionellen oder religiösen Tradition interpretieren. Die Möglichkeit und Reichweite einer konvergenten Interpretation dieser Werte wäre diskursiv auszuloten, die Werte um die es dabei gehen soll zu benennen, und ihr Inhalt wäre auf die Ordnungsaufgabe des Staates zu beziehen. Denn zur Unterscheidung der Sphären des Staates und der Religionen mit ih-

---

14 Vgl. CDU, In Freiheit leben. Deutschland sicher in die Zukunft führen. Grundsatzprogramm der CDU Deutschlands, URL: https://assets.ctfassets.net/nwwnl7ifahow/2EL5GCfZkrwIGaWfsWozAB/64d5811f7ded1136930 95b1d7fboba67/240113—CDU—GSP—2024—Beschlussfassung—FINAL.pdf, 36 (Stand 3.11.2024).

ren Ethiken gehört, dass es für die öffentliche Ordnung erforderlich und zwingend ist, dass sich die Menschen an die Gesetze halten. Die inneren Gründe, warum sie es tun, sind demgegenüber nachgeordnet. Die »gute Ordnung« kann in einem gewissen Rahmen in unterschiedlichen Wertperspektiven begründet werden. Entscheidend ist, dass sie gehalten wird. Diese Einwände haben in der CDU überzeugt: In der Endfassung des Grundsatzprogrammes sind Formulierungen gefunden worden, die die Verpflichtung auf die gemeinsamen Werte ermäßigen und die religionspolitische Ordnungsaufgabe herausstellen.[15]

Schließlich sei der Blick noch einmal gelenkt auf die Rückwirkungen des Krieges der Russischen Föderation gegen die Ukraine und die damit verbundene politische Spaltung der Christenheit, wie sie auch auf der Vollversammlung des ÖRK in Karlsruhe 2022 sichtbar wurde. Soweit bisher zu erkennen ist, hat es bisher keinen Import des Konfliktes zwischen den orthodoxen Christ:innen in unsere Zivilgesellschaft gegeben, obwohl man es nicht hätte ausschließen können. Im Gegenteil: Es besteht hier die friedensethische Chance, dass sich russisch-orthodoxe und die (kirchlich gespaltenen) ukrainisch-orthodoxen Christ:innen, die alle in Deutschland leben, hierzulande als Menschen begegnen und in einen Dialog eintreten können, der sich auf der Basis eines »Jenseits des Krieges« vollzieht. Die bisher friedliche, kooperative und dialogorientierte Religionskultur in Deutschland bietet dafür jedenfalls eine sehr gute Grundlage. Sie kann auch von den *einzelnen* Akteuren genutzt werden mit dem Ziel, in den Köpfen und Herzen der Menschen Frieden zu stiften.

---

15 Vgl. 240507—cdu—gsp—2024—beschluss—parteitag—final—1.pdf, 38 (Stand 3.11.2024).

Sarah Jäger

Friedensspiritualität als Friedenspraxis aus systematisch-theologischer Sicht

1. Einleitung

Die Bitte um Gottes Frieden in Gebet und Segen durchzieht den evangelischen wie katholischen Gottesdienst. Man denke nur an: »Geht hin im Frieden des Herrn« als Entlassungsformel nach dem Abendmahl oder an den Kanzelsegen: »Der Friede Gottes, der höher ist als alle Vernunft ...« Diese und noch andere sind Formeln und Zusprüche, die uns aus dem gottesdienstlichen Vollzug wohlvertraut sind, die ihren gewachsenen Traditionsort im gottesdienstlichen Geschehen aller Konfessionen haben und damit Teil christlicher Spiritualität, verstanden als Friedensspiritualität, sind. Solche gottesdienstlichen Vollzüge lassen sich außerdem als Praktiken verstehen. In den Worten Hilmar Schäfers gilt: »Praktiken sind das Tun, Sprechen, Fühlen und Denken, das wir notwendig mit anderen teilen. Dass wir es mit anderen gemeinsam haben, ist Voraussetzung dafür, dass wir die Welt verstehen, uns sinnvoll darin bewegen und handeln können.«[1]

---

1 Hilmar Schäfer, Einleitung. Grundlagen, Rezeption und Forschungsperspektiven der Praxistheorie, in: Ders. (Hrsg.), Praxistheorie. Ein soziologisches Forschungsprogramm, Bielefeld 2016, 9–25, 12.

Dieser Beitrag möchte daher einführen in den Zusammenhang von Friedensspiritualität, wie sie sich vor allem in Friedenspraktiken entfaltet (und das stellt bereits eine inhaltliche Entscheidung dar), und einer Friedensethik aus evangelischer Perspektive. Es wird konkret im Fokus stehen, welche Friedenspraktiken Christ:innen im Gottesdienst und in anderen Bereichen von Kirche erleben und wie sich diese dann auch für Friedensethik fruchtbar machen lassen. Wenn wir theologisch über Friedenspraktiken nachdenken wollen, dann sind diese eingebunden in das kirchliche Leben und haben auf drei Ebenen Relevanz: im individuellen Glaubensleben jedes Christen und jeder Christin, auf der gemeindlichen Ebene und auf der institutionellen Ebene von Kirchen, auch als Akteurinnen der Zivilgesellschaft.

2. Friedensspiritualität als Praxis in den kirchlichen Grundvollzügen

Das Nachdenken über Friedensspiritualität in diesem Text nimmt seinen Anfang in den drei Grundvollzügen von Kirche: Diese lassen sich als die griechisch-neutestamentlichen Begriffe Zeugnis, Liturgie und Diakonie fassen, also als die Hauptaufträge, die den Sinn und Zweck der Kirche als institutionelle Organisation der Gemeinde der christlichen Gläubigen begründen und legitimieren.[2] Sie sind damit Wesensmerkmale der Kirche.

---

2 Vgl. zur Verwendung in diesem Sinne auch das Dokument der Gemeinschaft Evangelischer Kirchen in Europa (GEKE), »Gemeinsam Kirche sein in einer Pandemie«– Reflexionen aus evangelischer Perspektive,

Diese Grundvollzüge aus der frühen Kirche sind vor allem in der katholischen Tradition aufgenommen und diskutiert worden.[3] Traditionell werden die drei Grundvollzüge beschrieben als:

- Zeugnis (altgriechisch μαρτυρία – *martyría*): Zeugnis, Verkündung und Verbreitung des Evangeliums
- Liturgie (λειτουργία – *leiturgía*): Gottesdienst, gemeinsames Gebet, insbesondere Feier der Eucharistie
- Diakonie (διακονία – *diakonía*): Dienst an den Menschen, zum Beispiel die Linderung von Not und Armut in der Welt

Klassisch wird darin die theologische Tradition des dreifachen Amtes Christi, nämlich seine Sendung als Prophet, Priester und Hirte, weitergeführt; an diesen Ämtern hat das ganze Volk Gottes mit all seinen Gliedern durch Taufe und Firmung Anteil.[4] Seit dem Zweiten Vatikanischen Konzil wird außerdem eine vierte Grunddimension der Kirche beschrieben, die Gemeinschaft (lateinisch *commúnio*/altgriechisch κοινωνία – *koinonía*), in der die christliche Gemeinde ebenfalls ihren Ausdruck findet. Diese überlieferte Vierteilung soll aufgenommen und neu angeeignet werden. Für die Frage nach Friedensspiritualität lässt sich zusätzlich auch noch über Bildungshandeln als einen fünften Grundvollzug nachdenken, ist Frieden

focus No. 29 (D/2021), URL: https://www.leuenberg.eu/cpce-content/uploads/2021/03/GEKE-focus-29-DE-web.pdf (Stand 28.8.2024).

3 Vgl. dazu exemplarisch: Veronika Prüller-Jagenteufel, Grundvollzüge der Kirche, in: Maria Elisabeth Aigner/Anna Findl-Ludescher/Dies. (Hrsg.): Grundbegriffe der Pastoraltheologie (= 99 Wörter Theologie konkret), München 2005.

4 Christian Grappe, Art. Kirche III. Urchristentum, in: Religion in Geschichte und Gegenwart Online (2018), URL: https://doi.org/10.1163/2405-8262—rgg4—COM—11584 (Stand 28.8.2024).

als prozessuales Geschehen doch immer auch von einer Bildung und Erziehung zum Frieden abhängig. Kirche, auch und gerade in der Gegenwart, ist auf alle vier bzw. fünf Grundvollzüge ihres Handelns gleichermaßen angewiesen, die mit den Ebenen zusammenhängen, auf denen Friedenspraktiken Relevanz entfalten.[5]

3. Zum Zusammenhang von Friedensethik und Friedensspiritualität

In einer ersten Annäherung an das Themenfeld der Friedensspiritualität wird der Definition christlicher Spiritualität von Corinna Dahlgrün gefolgt:

> »Christliche Spiritualität ist die von Gottes – dem Menschen erfahrbaren – Handeln [...] hervorgerufene und geforderte liebende Bezogenheit auf Gott und sein Gebot, die Haltung der Hingabe in der Ausgestaltung dieser Beziehung; demzufolge umfaßt sie zugleich die Bezogenheit auf den Nächsten als tätige Liebe und die Verantwortung gegenüber der Welt als Gottes uns anvertrauter Schöpfung, verwirklicht vom einzelnen und von der Gemeinschaft der Glaubenden, in die er gewiesen ist, in einem auf dieser Welt nicht endenden Prozeßgeschehen [...]; dieser Prozeß und mit ihm das eigene Denken, Fühlen und Tun ist stets neu zu reflektieren, mit dem Ziel der Selbsterkenntnis ebenso wie zur Verantwortung der Praxis vor dem Ganzen von Gottes überliefertem Wort und seinen möglichen Auslegungen.«[6]

---

5 Vgl. MICHAEL ZIMMERMANN, Mut zum Frieden: Friedensbildung als Aufgabe von Gemeinde- und Religionspädagogik, in: Praxis Gemeindepädagogik 75/3 (2022), 38–39, und EBERHARD MARTIN PAUSCH, Alles fließe von selbst. Gewalt sei ferne den Dingen. Friedensbildung als Teil des friedensethischen Diskurses, in: Deutsches Pfarrerblatt 114/11 (2014), 626–630.

6 CORINNA DAHLGRÜN, Christliche Spiritualität: Formen und Traditionen der Suche nach Gott, Berlin [2]2018, 107 f. (ohne Angabe der Ziffern).

Für Spiritualität ist auch zentral, dass sie sich im Inneren eines Menschen abspielt und dabei trotzdem von Gottes Handeln abhängt – mit Blick auf die Friedensspiritualität lässt sich mit Klara Butting fragen:

> »Welchem Geist gebe ich in mir Raum? Welchen Erfahrungen gebe ich Gewicht? Welche Formen finden wir, die eigene Fantasie zu reformieren und utopische Vorstellungskraft zu üben? Wie halten wir unsere Herzen und Ohren für Frieden offen und verhindern, dass Leiden, Wut und Entsetzen zu Resignation, zu ohnmächtiger Radikalität oder auch zu unmerkbarer Gewaltgläubigkeit führen?«[7]

Menschliches Leben ist also mit einer großen Friedenssehnsucht verbunden. Deutlich wird in dieser Bestimmung die doppelte Bezogenheit auf Gott und auf den Anderen. Es wird zudem erkennbar, dass es sich in letzter Konsequenz um eine Praxis handelt bzw. zu einer Praxis führt. Friedenspiritualität lässt sich also als eine Haltung in der Gottesbeziehung verstehen, die mit Gottes Frieden rechnet, diesen erbittet und sich unter diesen immer wieder neu stellt. Dabei wird es auch darum gehen, zu präzisieren, was Gottes Frieden hier genau bedeutet.

Für den Zusammenhang von Friedensspiritualität und Friedensethik gilt: »Sachgerechte Analysen und theologisch verantwortete, in geistlichen Praktiken verankerte normative Orientierung und damit Friedensethik, Friedenstheologie und

---

7 KLARA BUTTING, Frieden geht. Friedensspiritualität im Gespräch mit den Psalmen 120–134, in: Auf dem Weg zu einer Kirche der Gerechtigkeit und des Friedens. Ein friedenstheologisches Lesebuch. Im Auftrag des Präsidiums der Synode der Evangelischen Kirche in Deutschland, hrsg. durch das Kirchenamt der EKD, Leipzig 2019, 25–35, 25.

Friedensspiritualität gehören zusammen«[8]; so formuliert es die Schrift der Evangelischen Militärseelsorge »Maß des Möglichen«. Eine Friedensethik, die sich aus dem Erfahrungsraum des Protestantismus[9] heraus äußern möchte, bleibt rückgebunden an die biblischen Überlieferungen, die theologischen Traditionsbestände, aber auch an die konkreten Erfahrungen, die Menschen in ihrem Glaubensleben machen, in Gottesdienst und kirchlichem Leben. Dies bedeutet einen engen Zusammenhang von Friedensethik und Friedensspiritualität, in der Friedensspiritualität einen Teil des Kontextes darstellt, den Friedensethik in ihrem Nachdenken beschreiben und in den Blick nehmen muss: »Eine Friedensspiritualität, die aus dem geschenkten Frieden Gottes lebt, wie es die Friedensdenkschrift von 2007 schon in ihrem Titel markiert, ist eine wesentliche Ressource für eine Kultur des Friedens, aus der verantwortliche Friedenspolitik hervorgehen wird«, so eine weitere Überlegung aus der Schrift »Maß des Möglichen«.[10] Zum Nachdenken über Frieden wie zum Tätigwerden für den Frieden gehört daher auch eine innere geistliche Arbeit, die wir »Spiritualität« nennen und die vor allem an den Raum der

8 EVANGELISCHE MILITÄRSEELSORGE, Maß des Möglichen. Perspektiven evangelischer Friedensethik angesichts des Krieges in der Ukraine. Ein Debattenbeitrag, Berlin 2023, URL: https://www.bundeswehr.de/resource/blob/5586906/60b6811963283 21d90e4fcf9297a7501/mass-des-moeglichen-data.pdf (Stand 28.8.2024).

9 Vgl. dazu: OLAF BLASCHKE/FRANK-MICHAEL KUHLEMANN, Religionen in Geschichte und Gesellschaft. Sozialhistorische Perspektiven für die Erforschung religiöser Mentalitäten und Milieus, in: DIES. (Hrsg.), Religion im Kaiserreich. Milieus – Mentalitäten – Krisen (= Religiöse Kulturen der Moderne 2), Gütersloh 1996, 7–56, 21.

10 EVANGELISCHE MILITÄRSEELSORGE, Maß des Möglichen (s. Anm. 8), 13.

Kirche rückgebunden ist. Die gesamte Aufmerksamkeit richtet sich so darauf, in der Realität bestehen zu können. Hoffnung bedeutet, sich keine falschen Vorstellungen über die eigenen Fähigkeiten und die gesellschaftlichen Verhältnisse zu machen, und dennoch nicht gleichgültig wegzuschauen.

Wenn (theologische) Ethik als Theorie der Moral verstanden wird, so verfährt sie deskriptiv. Sie beschreibt und analysiert als hermeneutischer Vorgang moralische Kommunikation, dazu gehört auch religiöse Kommunikation, wie sie sich etwa in Praktiken der Spiritualität ausdrückt. Bevor es zu einem Urteil kommen kann, steht also das Verstehen der je konkreten Situation.[11] Zu dieser gehören starke Bilder, Erfahrungen und Narrative, die von den Möglichkeiten von Frieden erzählen. Denn die Gewalt in unserer Welt hat auch unsere Fantasie und Vorstellungskraft vergiftet. Wie lässt sich Fantasie reformieren? Wie können wir unsere Herzen und Ohren für Frieden offenhalten? Wie können wir verhindern, dass Wut und Entsetzen zu Resignation, zu ohnmächtiger Radikalität oder auch zu unmerkbarer Gewaltgläubigkeit führen, so fragt etwa Klara Butting.[12]

---

11 Vgl. ULRICH H. J KÖRTNER, Ethik/Moral, in: REINER ANSELM/DERS. (Hrsg.), Evangelische Ethik Kompakt. Basiswissen in Grundbegriffen, Gütersloh 2015, 33–40, 37.

12 BUTTING, Frieden geht (s. Anm. 7), 26.

4. Friedenspraktiken und Friedensspiritualität als Dimension kirchlichen Handelns in der Öffentlichkeit

Wenn Kirche sich – so die These des Textes – gerade unter den Bedingungen einer unumkehrbaren religiösen Pluralisierung und Säkularisierung glaubwürdig und wiedererkennbar im öffentlichen Diskurs platzieren möchte, ist dies nur möglich, wenn diese Positionierung das Praxiswissen um jahrhundertealte Traditionen, Rituale und verdichtete menschliche Glaubenserfahrungen einschließt. Die Fokussierung auf Praktiken und Narrative sowie ihre Öffentlichkeitswirkung ist dabei keinesfalls neu. Sie findet sich in der ganzen Christentumsgeschichte, besonders deutlich etwa in der Reformationszeit.[13]

Friedensstiftung bleibt dabei immer gebunden an bestimmte Praktiken und distinkte »Communities of Practice«, in denen und durch die sich Frieden vollzieht. Sie sind gleichsam die Orte, wo Frieden real wird.[14] Die kraftvollen biblischen Erzählungen und Bilder des Friedens haben durch jahrhundertelange Aneignung und ständige Neudeutung an Bedeutung gewonnen. Diese bildhaften Darstellungen finden ihren Ausdruck in Liturgien und Gottesdiensten, die von ihnen le-

---

[13] Roger Mielke, »Differenzierter Konsens«. Das Leitbild des gerechten Friedens und seine umstrittene Anwendung, in: Ines-Jacqueline Werkner/Christina Schües (Hrsg.), Gerechter Frieden als Orientierungswissen, Wiesbaden 2018, 27–48, 43.

[14] Marco Hofheinz, Gottesdienstliche Praktiken des Friedensstiftens. Für eine Spiritualität der Friedfertigkeit, in: Auf dem Weg zu einer Kirche der Gerechtigkeit und des Friedens. Ein friedenstheologisches Lesebuch. Im Auftrag des Präsidiums der Synode der Evangelischen Kirche in Deutschland, hrsg. durch das Kirchenamt der EKD, Leipzig 2019, 269–278, 269.

ben. Sie fungieren als »moralische Imaginationen« (Oliver O'Donovan) und stellen somit bedeutende gesellschaftliche Ressourcen dar – so der Theologe und Ethiker Roger Mielke.[15]

Das Leitbild des gerechten Friedens, wie es in der EKD-Friedensdenkschrift entfaltet wird, erweitert den traditionellen Friedensbegriff, insbesondere durch die Einbeziehung biblischer Grundlagen des »Schalom«, der christlichen Tradition und geistlichen Praktiken.[16] Der Friedensforscher Dieter Senghaas beschreibt die »zentrale Friedensaufgabe«[17] als die Schaffung und Gewährleistung einer friedlichen Koexistenz in Gesellschaften, die potenziell und tatsächlich durch unterschiedliche Identitäten und Interessen geprägt und politisiert sind. Sein Konzept des »zivilisatorischen Hexagons«, eines der wichtigsten Modelle in der Friedens- und Konfliktforschung, definiert die Voraussetzungen für einen Frieden, der im Kontext einer zivilgesellschaftlichen Gemeinschaft verwurzelt ist.

Um diese Praktiken des Friedens in der Kirche besser zu verstehen, kann auf die Praxistheorie zurückgegriffen werden. Aus der Fülle der praxistheoretischen Literatur wird der Fokus

---

15 Reiner Anselm/ Katja Bruns/Roger Mielke, Starke Zeichen. Überlegungen zu einer neuen evangelischen Friedensethik, in: Zeitzeichen, April 2022, URL: https://zeitzeichen.net/node/9632 (Stand 28.8.2024).

16 Vgl. Roger Mielke, »Schafft Frieden in euren Toren« (Sach 8,16): Zum Friedensauftrag der Kirchen in Zeiten der Polarisierung, in: Auf dem Weg zu einer Kirche der Gerechtigkeit und des Friedens. Ein friedenstheologisches Lesebuch. Im Auftrag des Präsidiums der Synode der Evangelischen Kirche in Deutschland, hrsg. durch das Kirchenamt der EKD, Leipzig 2019, 109–124, 115.

17 Dieter Senghaas, Über Frieden und die Kultur des Friedens, in: Renate Grasse/Bettina Gruber/Günther Gugel (Hrsg.), Friedenspädagogik. Grundlagen, Praxisansätze, Perspektiven, Reinbek bei Hamburg, 21–34, 28.

des Zugriffes auf den Überlegungen des Soziologen Andreas Reckwitz liegen:

> »Die Praxistheorie begreift die kollektiven Wissensordnungen der Kultur nicht als ein geistiges ›knowing that‹ oder als rein kognitive Schemata der Beobachtung, auch nicht allein als die Codes innerhalb von Diskursen und Kommunikationen, sondern als ein praktisches Wissen, ein Können, ein know how, ein Konglomerat von Alltagstechniken, ein praktisches Verstehen im Sinne eines ›Sich auf etwas verstehen‹.«[18]

Praktiken bestehen also bereits, bevor Einzelne handeln und

> »ermöglichen dieses Handeln ebenso wie sie es strukturieren und einschränken. Sie werden nicht nur von uns ausgeführt, sie existieren auch um uns herum und historisch vor uns. Sie zirkulieren unabhängig von einzelnen Subjekten und sind dennoch davon abhängig, von ihnen aus- und aufgeführt zu werden.«[19]

Praxen leben also von ihrer Routinisierbarkeit und beständigen Wiederholbarkeit. Diese Wiederholbarkeit nun ist eingebunden in eine Gemeinschaft, es sind Gruppen von Menschen vor Augen, die miteinander Formen des Handelns in eingeübter Form wiederholen. Gerade Friedenspraktiken haben ihren Ort und ihren Kontext im Gottesdienst oder an anderen Stellen des gemeindlichen Lebens. So sind diese Praktiken in ihrer Wiederholbarkeit untrennbar mit Relationalität verbunden:

18 ANDREAS RECKWITZ, Grundelemente einer Theorie sozialer Praktiken. Eine sozialtheoretische Perspektive, in: Zeitschrift für Soziologie 32/4 (2003), 282–301, 289 (einfache Anführungszeichen im Original).

19 SCHÄFER, Einleitung (s. Anm. 1), 12 (Herv. i. O.).

»›Sinn‹ ergibt eine Praxis für uns wie für andere Teilnehmer/innen unserer Kultur nur, weil ein Verhältnis besteht zwischen dem Aspekt ihres Vorkommens, ihrer Verteilung und ihrer Erfahrbarkeit und dem Aspekt ihrer Aneignung, Ausführung und Erfahrung. Wir können mit einer Praxis niemals vollständig allein sein.«[20]

Praktiken realisieren sich als körperliche Vollzüge. Es geht also um das Tätigwerden, um konkrete Handlungen, im Falle des Friedenshandelns also um konkrete Praktiken des Miteinanders, des performativen Vollziehens einer Friedenshandlung. Auch Friedenspraktiken sind im Falle von Sprachhandlungen als körperliche Vollzüge zu untersuchen. Es geht der Praxistheorie um das Inkorporiertsein von Wissen und um die Performativität des Handelns.

Solche Handlungen sind keine »diskrete[n], punktuelle[n] und individuelle[n]« Fälle, sondern »im sozialen Normalfall eingebettet [...] in eine umfassendere, sozial geteilte und durch ein implizites, methodisches und interpretatives Wissen zusammengehaltene Praktiken als ein typisiertes, routinisiertes und sozial ›verstehbares‹ Bündel von Aktivitäten.«[21]

Für Reckwitz besteht eine Praktik aus bestimmten routinisierten Bewegungen und Aktivitäten des Körpers. Praktiken sind der Ort des Sozialen und Kulturellen.[22] Aus Sicht der Praxistheorie liegt das Soziale einer Praktik in einer Wiederholung und Wiederholbarkeit »gleichartiger Aktivitäten über zeitliche und räumliche Grenzen hinweg, die durch ein prak-

20 A. a. O. 13.

21 RECKWITZ, Grundelemente (s. Anm. 18), 289.

22 Vgl. ANDREAS RECKWITZ, Das hybride Subjekt. Eine Theorie der Subjektkulturen von der bürgerlichen Moderne zur Postmoderne, Weilerswist 2006, 39.

tisches Wissen ermöglicht« werden.[23] Jene gleichartigen Aktivitäten sind durch ein kollektiv inkorporiertes praktisches Wissen bedingt:

> »Jede Praktik und jeder Komplex von Praktiken – vom Zähneputzen bis zur Führung eines Unternehmens, von der Partnerschaft bis zur Verhandlung zwischen Konfliktparteien – bringt sehr spezifische Formen eines praktischen Wissens zum Ausdruck und setzt dieses bei den Trägern der Praktik voraus.«[24]

5. Friedensspirituelle Verdichtungen

Die Friedenspraktiken der Kirche, der Umgang mit Gottes Wort im Gottesdienst, Verkündigung und Sakramente, das Gebet, die Gemeinschaft, das Bildungshandeln stellen also eben nicht nur Diskurse dar, sondern sind vielmehr leibhaft prägende und routinisierte Praktiken. Sie markieren Vollzüge, in denen Menschen sich für den Frieden Gottes öffnen und sich damit Freiheitsräume schaffen. Menschen erleben diese Vollzüge an ihrem eigenen Leib, sie tragen diese Erfahrungen als Zeug:innen in die Räume ihres Lebens jenseits spiritueller Orte.

Praktiken sind fundamental sozial. Das hat gerade für Friedenspraktiken zur Folge, dass sie im gottesdienstlichen Vollzug wie außerhalb von diesem notwendigerweise auf eine Gemeinschaft angewiesen sind, in der sie sich ereignen können.

Der *Friedensbegriff*[25], der diesen Überlegungen zugrunde liegt, speist sich aus dem Ansatz des gerechten Friedens mit

---

23 RECKWITZ, Grundelemente (s. Anm. 18), 292.

24 Ebd.

25 Vgl. SARAH JÄGER, Artikel Gerechter Frieden, in: Ethik-Lexikon der Bayrischen Landeskirche, URL: https://www.ethik-evangelisch.de/lexikon/gerechter-frieden (Stand 28.8.2024).

seinen Wurzeln in der biblischen Tradition. Der im Alten Testament erhoffte ewige Frieden unterscheidet sich zwar vom irdischen Frieden, ist jedoch untrennbar mit ihm verbunden. Der religiöse Gehalt des Friedens umfasst auch seine weltliche Dimension und die Möglichkeit, ihn zumindest teilweise zu verwirklichen. Der Frieden, den die Gläubigen im Gottesdienst und in der Gemeinschaft erfahren, schafft Resonanz für das menschliche Handeln im Streben nach Frieden in dieser Welt. Der Ursprung des Friedens liegt in der von Gott geschenkten Versöhnung zwischen ihm und den Menschen sowie untereinander. Das biblische Verständnis von Frieden ist eng mit dem Konzept der Gerechtigkeit verknüpft. Frieden und Gerechtigkeit stehen nicht in einem einfachen Zweck-Mittel-Verhältnis zueinander. Vielmehr wird in Psalm 85,11 formuliert, dass »Gerechtigkeit und Frieden sich küssen«, und Jesaja 32,17 besagt, dass »der Gerechtigkeit Frucht wird Friede sein«. Diese Verse verdeutlichen, dass Frieden und Gerechtigkeit in einem wechselseitigen Verhältnis zueinander stehen und voneinander abhängig sind. Frieden kann als das Ergebnis oder die »Frucht« der Gerechtigkeit betrachtet werden, während gerechtes Handeln nur im Kontext des Friedens geschehen und aus ihm hervorgehen kann. Die Praxis eines gerechten Friedens umfasst ein mehrdimensionales und umfassendes Friedensverständnis, das über die bloße Abwesenheit von Gewalt hinausgeht. Frieden ist demnach kein statischer Zustand, sondern ein dynamischer Prozess, der sowohl innerhalb von Staaten als auch zwischen ihnen auf die Vermeidung von Gewalt, die Förderung von Freiheit und den Abbau von Not abzielt.

5.1 Liturgie und Gottesdienst

Die im obigen Kontext dargestellten Deutungen stehen in vielerlei Hinsicht in Verbindung mit praktischen Formen, die auf Frieden abzielen. Diese finden sich in unterschiedlichen Bereichen des kirchlichen Lebens, sei es implizit in Begegnungen, bei denen Versöhnung und Neuanfänge gelingen, oder explizit in Gebeten und Gottesdiensten. Das Gebet für den Frieden in der Welt ist ein fester Bestandteil vieler Gottesdienste. Zudem bieten die jährliche ökumenische Friedensdekade und der internationale Gebetstag für den Frieden am 21. September Gelegenheiten, an denen Friedensgottesdienste gefeiert werden. Auch die Friedensdenkschrift von 2007 hebt die Erfahrungen des Friedens Gottes im gottesdienstlichen Rahmen hervor, insbesondere im Abendmahl, im Friedensgruß und im Gebet um Frieden.[26] Diese hält zum Gottesdienst fest:

> »Friede Christi wird in jeder Feier des christlichen Gottesdienstes vergegenwärtigt. Die meisten unserer Gottesdienste enden mit der Weitergabe des Friedens Gottes im aaronitischen Segen: ›… und gebe euch Frieden‹ (vgl. 4. Mose 6,24–26). Die Verkündigung des ›Evangeliums des Friedens‹ (Eph 6,15) in Wort und Sakrament lässt sich insgesamt als Inhalt jedes Gottesdienstes verstehen. Die Beauftragung zum Eintreten für den Frieden auf Erden oder die Beratung über mögliche Wege zu ihm empfangen hier Richtung und Orientierung. In besonders inten-

---

26 Evangelische Kirche in Deutschland (EKD), Aus Gottes Frieden leben – für gerechten Frieden sorgen. Eine Denkschrift des Rates der Evangelischen Kirche in Deutschland, Gütersloh 2007, Ziff. 39 u. 40; vgl. Sarah Jäger, Adressaten kirchlicher Kundgebungen. Eine praxistheoretische Rekonstruktion, in: Hendrik Stoppel/Christian Polke (Hrsg.), Pluralität und Pluralismus in der evangelischen Friedensethik, Wiesbaden 2021, 123–144.

> siver Weise wird der Friede Christi in der Feier des Heiligen Abendmahls erlebbar.«[27]

Dazu gehört der Friedensgruß, den Christ:innen einander zusprechen; darauf werde ich noch zu sprechen kommen.

Wenn die Gemeinde im Rahmen des Abendmahls Vergebung der Sünden, Frieden mit Gott und Gemeinschaft erlebt, kann dies dazu beitragen, Konflikte zu überwinden und neue Perspektiven zu schaffen. Den Frieden, den sie empfangen hat, nimmt die Gemeinde mit, wenn sie nach dem Mahl mit den Worten »Geht hin in Frieden« entlassen wird. Durch die gottesdienstlichen Ausdrucksformen wie Gruß, Zuspruch und Segen wird der Frieden auf wirkungsvolle Weise weitergegeben.

Der Ethiker Hans G. Ulrich[28] begreift den Gottesdienst so als Raum der Öffentlichkeit, verstanden als »das in Erscheinung-Treten dessen, was Öffentlichkeit im Sinne einer öffentlichen Angelegenheit, einer *res publica*, stiftet«. Für ihn erweckt der Gottesdienst selbst eine bestimmte politisch gefasste Öffentlichkeit, in der es gemeinsam in der Welt zu handeln gilt.[29]

Es ist also möglich, Rückfragen von den kirchlich-gottesdienstlichen Praktiken auf die darin artikulierte Handlungslogik zu stellen. Es gilt, gleichsam diese Praktiken heranzuzoomen, um nach dem in diesen verkörperten »impliziten Wissen« zu fragen. In diesem Zusammenhang ist es wichtig, das Ethos zu erfassen, das in der Praxis des gottesdienstlichen Feierns verankert ist. Die Untersuchung der friedensethischen Dimension des Gottesdienstes beschäftigt sich somit mit der

---

27 EKD, Aus Gottes Frieden leben (s. Anm. 26), Ziff. 39.

28 Hans G. Ulrich, Wie Geschöpfe leben. Konturen evangelischer Ethik, Münster 2005, 275 (Herv. i. O.).

29 Vgl. dazu Hofheinz, Gottesdienstliche Praktiken (s. Anm. 14).

politischen »Grammatik« des gottesdienstlichen Handelns, die in allen Lebensbereichen wirksam sein sollte. Das altkirchliche Motto »lex credendi – lex agendi« (Das Gesetz des Betens ist das Gesetz des Handelns) erhält hierbei eine neue Bedeutung. Die friedensethische Relevanz des Gottesdienstes beschränkt sich nicht nur auf die Stärkung und Motivation individueller Moralsubjekte. Vielmehr geht es im Gottesdienst um die Teilhabe am Leib Christi und seinem Schalom sowie um die Ausrichtung auf das Friedenshandeln Gottes.[30]

5.2 Gebet[31]

Das Gebet stellt eine der zentralsten christlichen Praktiken dar, das Gott konkretes Handeln zutraut und dieses von Gott erbittet.[32] Die biblische Überlieferung verheißt das Hören Gottes auf diese menschlichen Bitten und die Umsetzung menschlicher Bitten, sofern diese auch Gottes Willen entsprechen. Gott wird somit grundsätzlich ansprechbar, beeinflussbar und handlungsfähig gedacht.[33] Gott lässt sich dabei durchaus vom menschlichen Klagen, Bitten oder Loben bewegen. Gott gilt nicht als unwandelbar, weil allwissend, er ist nicht

30 Vgl. a. a. O., 275.

31 Vgl. Hans G. Ulrich, Das Gebet um den Frieden Gottes als politisches Zeugnis, in: Auf dem Weg zu einer Kirche der Gerechtigkeit und des Friedens. Ein friedenstheologisches Lesebuch. Im Auftrag des Präsidiums der Synode der Evangelischen Kirche in Deutschland, hrsg. durch das Kirchenamt der EKD, Leipzig 2019, 279–286.

32 Vgl. Christoph Benke, ›Wachet und betet‹: Mystik, Spiritualität und Gebet in Zeiten politischer und gesellschaftlicher Unruhe, in: Geist & Leben 96/1 (2023), 109–110.

33 Vgl. Martin Leuenberger, Art. Gebet/Beten (AT), in: WiBiLex, URL: https://bibelwissenschaft.de/stichwort/19002/ (Stand 28.8.2024).

gleichsam »der Gefangene seiner eigenen Göttlichkeit«[34], sondern grundsätzlich veränderlich. Für die betenden Personen zielt das Gebet dann darauf, in einer zunächst als gott-los erfassten, externen Situation das Wirken Gottes wahrzunehmen[35] – dabei bleibt unklar, ob ein externes Ereignis auch ohne Gebet eingetreten wäre.

Dabei schließt gerade das Wissen um Gottes Jenseitigkeit im weisheitlichen Kontext auch die grundsätzliche Reflexion über die Möglichkeiten und Grenzen menschlicher Gotteserkenntnis ein[36] und damit zugleich auch die Erkenntnis grundsätzlichen menschlichen Scheiterns bei dem Versuch des Friedenschaffens. Christ:innen beten im Gottesdienst um die Erfüllung und das Wirklich-Werden des Friedens, den Gott in seinem Versöhnungswerk gestiftet hat. Wer in einer Beziehung zu Gott steht und in einer Form der Kommunikation mit Gott (und Christus) verbunden ist, der:die betet.[37] Die Aufforderung zum ständigen Gebet (1. Thessalonicher 5,17) dient als Erinnerung, die Verbindung und Beziehung zu Gott kontinuierlich zu pflegen. Für Christ:innen ist das Beten ein wesentlicher Bestandteil ihres Wesens.[38]

---

34 Eberhard Jüngel, Was heißt beten?, in: Ders., Wertlose Wahrheit. Zur Identität und Relevanz des christlichen Glaubens. Theologische Erörterungen III (= BEvTh 107), München 1990, 397–405, 402.

35 Vgl. Christiane Tietz, Was heißt: Gott erhört Gebet?, in: ZThK 106 (2009), 327–344, 341 f.

36 Annette Schellenberg, Erkenntnis als Problem. Qohelet und die alttestamentliche Diskussion um das menschliche Erkennen (= OBO 188), Freiburg (Schweiz) u. a. 2002.

37 Vgl. Karl-Heinrich Ostmeyer, Art. Gebet/Beten (NT), in: WiBiLex, URL: https://bibelwissenschaft.de/stichwort/48891/ (Stand 28.8.2024).

38 Vgl. Karl-Heinrich Ostmeyer, Das immerwährende Gebet bei Paulus, in: ThBeitr 33 (2002), 274–289.

In der Praktik des gottesdienstlichen gemeinschaftlichen Friedensgebetes werden der Frieden mit Gott und Gottes Versöhnung mit der Welt real und öffentlich verkündigt. Dieses Bitten um den Frieden rechnet somit mit der Möglichkeit der Realisierung von Frieden und antizipiert diesen so zugleich. So bitten Christ*innen um das Wirklich-Werden des Friedens, den Gott in seinem Versöhnungswerk gestiftet hat, und realisieren im Beten den Frieden mit Gott und Gottes Versöhnung mit der Welt. Hier wird das Beten zum »Anteil an der Weltherrschaft Gottes«[39]. Das Gebet um diesen Frieden ist somit selbst Zeugnis von dieser in die Welt eingesetzten, gestifteten Wirklichkeit – die etwa auch im gottesdienstlichen Segen zugesprochen wird.[40]

Der mit jedem Gottesdienst verbundenen Praktik des Friedensgebetes entspricht es, dass sich eigene gottesdienstliche Friedensgebete entwickeln, die regelmäßig in vielen Gemeinden stattfinden. Das gemeinsame Gebet um den Frieden, durch das Christ:innen den Frieden mit Gott praktizieren, ist immer zugleich das Gebet jedes:jeder Einzelnen, in dem jeder: jede Einzelne den Frieden, den Gott gestiftet hat, für sich wahrnimmt und einlöst. Der von Jedem:Jeder im Gebet realisierte und bezeugte »innere« Friede Gottes präfiguriert den äußeren Frieden.

39 PETER BUKOWSKI, Beten gegen die Mächte der Welt, in: Junge Kirche 4 (2007), S. 45–49, 46.

40 Vgl. ULRICH, Das Gebet (s. Anm. 31).

5.3 Der Friedensgruß[41]

Ein weiteres liturgisches Element, in dem es um Frieden geht, stellt der Friedensgruß dar. In der Form bedeutet dies, dass ein Gebet gesprochen wird, gefolgt von der Einladung, einander ein Zeichen des Friedens und der Versöhnung zu geben. In einigen Gemeinden äußert sich dies vielleicht in einem kurzen Zunicken, in anderen durch einen Händedruck oder sogar eine Umarmung – abhängig von den jeweiligen Gepflogenheiten. Gemeinschaft kann nur dann erlebt werden, wenn Frieden vorhanden ist. In der Grundform der lutherischen Abendmahlsliturgie steht der Friedensgruß zwischen Vaterunser und Agnus Dei mit anschließender Austeilung der Gaben.

Die intensive Interaktion des Friedensgrußes, die sowohl verbale als auch körperliche Zuwendung zu anderen Gottesdienstbesucher:innen umfasst, stellt eine klare liturgische Unterbrechung dar. Während es in anderen Teilen des Gottesdienstes möglich ist, zu entscheiden, ob man aktiv beten, mitsingen, zuhören oder teilnehmen möchte, kann die Aufforderung »Gebt einander ein Zeichen des Friedens« kaum ignoriert werden, ohne eine gewisse Irritation hervorzurufen. Diese Aufforderung zwingt zu Blick- und Körperkontakt sowie zu einem verbalen Austausch, der darüber hinaus keine festgelegte liturgische Form hat und so einige Herausforderungen birgt.[42]

---

41 Stefan Heuser, Der Friedensgruß im Gottesdienst. Einstimmen in das Friedenshandeln Gottes, in: Auf dem Weg zu einer Kirche der Gerechtigkeit und des Friedens. Ein friedenstheologisches Lesebuch. Im Auftrag des Präsidiums der Synode der Evangelischen Kirche in Deutschland, hrsg. durch das Kirchenamt der EKD, Leipzig 2019, 287–294.

42 Vgl. ebd.

Im Kontext des Gottesdienstes geht es beim Friedensgruß nicht in erster Linie darum, menschliche Friedfertigkeit aufzubieten und zu demonstrieren, sondern sich gemeinsam dem Frieden Gottes anzuvertrauen. Insofern wird hier in besonderer Weise deutlich, dass es Gott ist, der den Frieden wirkt, und sich dieses Handeln immer den menschlichen Möglichkeiten entzieht, somit unter dem Vorbehalt menschlichen Scheiterns steht. Wenn die Teilnehmenden des Gottesdienstes einander das Zeichen des Friedens geben, treten sie in eine neue »Erzählung« ein – die Geschichte des Friedens Gottes mit den Menschen. Diese Geschichte entfaltet sich im Kontext von Frieden und Unfrieden im sozialen Leben und wirkt transformierend. Der Friedensgruß schafft eine eschatologische Realität des Friedens, die die bestehenden sozialen Strukturen durchbricht und die Hoffnung weckt, dass dieser Frieden über den Gottesdienst hinaus in den Alltag hineinwirkt.

Durch den Friedensgruß wird der Frieden Gottes verkündet, inszeniert und in Beziehung zu den menschlichen Erfahrungen von Frieden und Unfrieden gesetzt. Wie bei allen Momenten des Gottesdienstes besteht auch hier die Erwartung, dass in diesem Akt die Wirklichkeit Gottes und die der Menschen aufeinandertreffen, wie Stefan Heuser[43] es treffend formuliert.

5.4 Gemeinschaft

Eine Spiritualität der Friedfertigkeit ist an konkrete Orte gebunden, wo eine Gemeinschaft die Praxis des Glaubens lebt und Sozialformen des gelebten Glaubens verkörpert.

---

43 Vgl. a. a. O., 289.

Ein Beispiel für eine solche Gemeinschaftspraxis in der Öffentlichkeit ist der ökumenische Pilgerweg der Gerechtigkeit und des Friedens. Er ordnet sich ein in den konziliaren Prozess für Gerechtigkeit, Frieden und Bewahrung der Schöpfung, der die Vision des biblischen Schalom mit der politisch-ethischen Verantwortung für einen Frieden durch Recht und Gerechtigkeit verbindet. Dieser Pilgerweg wurde bei der Ökumenischen Vollversammlung 2013 in Busan beschlossen und folgt dem Thema »Gott des Lebens, weise uns den Weg zu Gerechtigkeit und Frieden«.[44] Mit der Formulierung des Friedens und der Gerechtigkeit soll insbesondere zum Ausdruck gebracht werden, dass die Kirchen selbst dazu aufgerufen sind, sich auf den Weg zu machen, sprich eigene Praxisformen zu entwickeln. Das Wort »Pilgerweg« wurde gewählt, um auszudrücken,

> »dass es sich um einen Weg mit einer tiefen spirituellen Bedeutung und mit hochtheologischen Konnotationen und Auswirkungen handelt. Als ›Pilgerweg der Gerechtigkeit und des Friedens‹ ist es weder ein Weg hin zu einem konkreten Ort auf der Landkarte, noch eine einfache Form des Aktivismus. Es ist vielmehr ein verwandelnder Weg, zu dem Gott aufgerufen hat, in Erwartung des letztlichen Ziels für die Welt, das der dreieinige Gott bewirkt.«[45]

---

[44] Vgl. Ökumenischer Rat der Kirchen (ÖRK), Schließt euch unserer Pilgerreise der Gerechtigkeit und des Friedens an. Botschaft der 10. ÖRK-Vollversammlung 2013, URL: https://www.oikoumene.org/de/resources/documents/message-of-the-wcc-10th-assembly (Stand 28.8.2024).

[45] Ökumenischer Rat der Kirchen (ÖRK): Eine Einladung zum Pilgerweg der Gerechtigkeit und des Friedens – überarbeitete Fassung, Dokument Nr. GEN 05 rev. 2014, URL: https://www.oikoumene.org/sites/default/ files/Document/GEN05rev—Einladung—zum—Pilgerweg—der—Gerechtigkeit—und—des—Friedens—REVISED.pdf (Stand 28.8.2024).

Unter diesen Pilgerweg fallen zahlreiche kirchliche Engagementformen im Bereich von Frieden und sozialer Gerechtigkeit, das Eintreten für gerechten Frieden, für ein Wirtschaften im Dienst des Lebens und für Klimagerechtigkeit. Alle diese Formen machen damit christliche Inhalte und Überzeugungen in der Öffentlichkeit sichtbar und stellen eine Ergänzung zu kirchlichen Verlautbarungen dar. Zwei zuvor geschilderte Überlegungen sind hier umgesetzt: Zum einen ist eine kirchliche Positionierung in der Öffentlichkeit rückgebunden an konkrete Erfahrungen christlicher Spiritualität in Gottesdienst, Gebet und Gemeinschaft und zum anderen drückt sich diese Positionierung selbst in der Praxis aus.

6. Ausblick

Friedensspiritualität stellt somit eine Ressource dar, in deren Licht die Wirklichkeit von Gottes verändernder Liebe gesehen werden kann, im Bewusstsein jedoch auch, dass jedem menschlichen Handeln in dieser Welt Grenzen gesetzt sind. Diese Friedensspiritualität braucht eine bewusste Förderung – so lässt sich zusammenfassend festhalten; sie braucht Vermittlungsprozesse, die umso wichtiger werden, je mehr sich die traditionelle Gestalt kirchlichen Christentums zumindest in Deutschland und den westeuropäischen Gesellschaften verändert. Damit sind auch Aufgaben der Friedensbildung angesprochen, die eine klare Verankerung brauchen und doch weit über den Raum der Kirche hinaus reichen.

Zugleich muss sich ein Ansatz, wie ich ihn zu entfalten versucht habe, mit den kirchlichen Veränderungsprozessen auseinandersetzen, wie sie in der 6. Kirchenmitgliedschaftsuntersuchung deutlich vor Augen getreten sind. Eine solche

Konzeption von Friedensspiritualität setzt voraus, dass Christ*innen in zentralen Vollzügen von Kirche Friedenspraktiken erleben und diese dann bezeugen und für friedensethisches Nachdenken fruchtbar machen. Welche Konsequenzen hat es nun, wenn immer weniger kirchlich gebundene Menschen den Gottesdienst besuchen oder an anderen religiösen Praktiken teilnehmen?[46] Was bedeutet dies für eine Kirche, deren Aufgabe es auch ist, ein inklusiver Raum zu sein, in dem Debatten geführt, Konflikte ausgetragen und solche Praktiken eingeübt werden?

Friedensethik ist auf ihre Fundierung in religiösen Praktiken und damit ihre eigene soziale Einbettung in kirchlicher Praxis angewiesen, so kann sie glaubwürdig Position beziehen, im Wissen jedoch auch darum, dass sie diese Überzeugungen jenseits des kirchlichen Raums in einer anschlussfähigen Sprache formulieren muss.[47]

»Die Erwartung Gottes zielt auf das Wunder, dass die Realität sich verändert, weil ein neues Kraftfeld entsteht, weil wir achtsam werden, d. h. auf unsere Möglichkeiten achten, zu denen Gott uns hier und jetzt drängt.«[48]

---

46 EVANGELISCHE KIRCHE IN DEUTSCHLAND (EKD) (Hrsg.), Wie hältst du's mit der Kirche? Zur Bedeutung der Kirche in der Gesellschaft. Erste Ergebnisse der 6. Kirchenmitgliedschaftsuntersuchung, Leipzig 2023, 34 ff.

47 ROGER MIELKE, An der Epochenschwelle. Evangelische Friedensethik revisited – anlässlich des Überfalls Putins auf die Ukraine, in: Zeitzeichen, 8.2.2022, URL: https://zeitzeichen.net/node/9601 (Stand 28.8.2024).

48 BUTTING, Frieden geht (s. Anm. 7), 35.

Rochus Leonhardt und Renate Penßel

Die evangelische Friedensethik, das Völkerrecht und Confessio Augustana 16*

I. Einführung

Der im Februar 2022 begonnene Angriffskrieg Russlands gegen die Ukraine hat nicht nur zu einer opferreichen und folgenschweren militärischen Auseinandersetzung in Europa geführt; er hat auch das Vertrauen in die Tragfähigkeit einer politischen Weltordnung erschüttert, in der Kooperation und Ausgleich dominieren – und nicht die militärische Konfrontation. Diese Irritation ist auch eine Herausforderung für die evangelische Friedensethik. »Wir waren zu naiv und haben den zivilisatorischen Effekt der grausamen Geschichte des 20. Jahrhunderts überschätzt« – diese Formulierung des scheidenden Vorsitzenden der EKD-Kammer für Theologie, Christoph Markschies, bringt die Verunsicherung auf den

* [Erstveröffentlichung in: Zeitschrift für evangelisches Kirchenrecht 67 (2022), 113–145. Zitationsweisen wurden moderat dem Verlagsstandard angepasst. Aktualisierungen beschränken sich auf die Überprüfung von Online-Nachweisen.] Der vorliegende Beitrag geht zurück auf eine – im Auftrag der VELKD-Synode vollzogene – Befassung des Theologischen Ausschusses (TA) der VELKD mit der Frage nach der Gegenwartsrelevanz von CA 16. Das vom TA mehrere Monate vor dem Ukraine-Krieg verabschiedete Votum war nicht allein, aber maßgeblich, von den Autoren dieses Textes erarbeitet worden. Die wesentlichen Einsichten des TA-Votums wurden in den vorliegenden Aufsatz eingearbeitet und im Blick auf die aktuelle Lage zugeschärft.

Punkt.[1] Wie die evangelische Friedensethik mit dieser Situation umgehen wird, ist derzeit noch strittig, und es dürfte, jedenfalls zum Teil, auch vom weiteren Verlauf der Ereignisse abhängen. Aber erste Überlegungen wurden bereits angestellt. So haben etwa Reiner Anselm, Katja Bruns und Roger Mielke auf zeitzeichen.net »Überlegungen zu einer neuen evangelischen Friedensethik« vorgetragen.[2] Sie haben dabei an die Heidelberger Thesen zur Friedensethik vom April 1959 erinnert.[3] Darin wurde, im Rückgriff auf die »Ohnmachtsformel« der Spandauer EKD-Synode von 1958,[4] die Komplementarität von pazifistischem Friedenszeugnis und gewaltbewehrter politischer Ordnung betont. Konkret heißt es in den Heidelberger Thesen einerseits: »*Die Kirche muss den Waffenverzicht als eine christliche Handlungsweise anerkennen*«;[5] und andererseits wird eingeschärft: »*Die Kirche muss die Beteiligung an dem Versuch, durch das Dasein von Atomwaffen einen Frieden in Freiheit zu sichern, als eine heute noch mögliche christliche Handlungsweise anerkennen*«.[6]

---

[1] https://www.evangelisch.de/inhalte/198187/09-03-2022/ekd-theologe-markschies-zur-friedensethik-wir-waren-zu-naiv [15. September 2025].

[2] R. Anselm/K. Bruns/R. Mielke, Starke Zeichen. Überlegungen zu einer neuen evangelischen Friedensethik, https://www.zeitzeichen.net/node/9632 [15. September 2025].

[3] Heidelberger Thesen zur Frage von Krieg und Frieden im Atomzeitalter (1959), in: E. Wilkens (Hrsg.), Christliche Ethik und Sicherheitspolitik. Beiträge zur Friedensdiskussion, 1982, 237-247; vgl. dazu: N. Keitel, Verantwortung durch Perspektivendifferenzierung. Die Debatten um die Atomwaffen in den 1950er und 1980er Jahren, in: C. Albrecht/R. Anselm (Hrsg.), Aus Verantwortung. Der Protestantismus in den Arenen des Politischen, 2019, 229–246, bes. 232–237.

[4] Vgl. Heidelberger Thesen (Anm. 3), 241 (These 6).

[5] A. a. O., 242 (These 7).

[6] A. a. O., 243 (These 8).

Moraltheoretisch und friedensethisch entscheidend ist dann der Versuch, die beiden *prima vista* gegensätzlichen Thesen aufeinander zu beziehen:

> »Faktisch stützt heute jede der beiden Haltungen, die wir angedeutet haben, die andere. Die atomare Bewaffnung hält auf eine äußerst fragwürdige Weise immerhin den Raum offen, innerhalb dessen solche Leute wie die Verweigerer der Rüstung, die staatsbürgerliche Freiheit genießen, ungestraft ihrer Überzeugung nach zu leben. Diese aber halten, so glauben wir, in einer verborgenen Weise mit den geistlichen Raum offen, in dem neue Entscheidungen vielleicht möglich werden.«[7]

Die »Komplementaritätsthese«, mittels derer damals die antagonistischen friedensethischen Lager im deutschen Protestantismus aus ihrer starren Gegensätzlichkeit herausgeführt werden sollten, betraf zwar zunächst die *konkrete* Situation der atomaren Abschreckung. Aber in der Folgezeit wurde sie auch *allgemein* im Blick auf das Verhältnis von Christen zu militärischer Gewalt angewendet – konkret in der EKD-Friedensdenkschrift von 1981 (»Frieden wahren, fördern und erneuern«).

Allerdings: In den letzten Jahren wirkte das in der protestantischen Friedensethik der Nachkriegszeit zunächst kultivierte Festhalten daran, die Beteiligung an einer gewaltbewehrten Friedenssicherung als eine mögliche christliche Handlungsweise zu behaupten, fast anachronistisch. Insbesondere seit der EKD-Friedensdenkschrift von 2007 (»Aus Gottes Frieden leben – für gerechten Frieden sorgen«) »haben sich in einer Reihe evangelischer Synoden […] Meinungsmehrheiten ausgebildet, die eine grundsätzlich pazifistische Re-

[7] A. a. O., 246 (These 11).

interpretation der evangelischen Friedensethik auf den Weg gebracht haben«.[8] 2019 hat dann auch die EKD-Synode empfohlen, der Ausübung von Gewalt nicht durch Gegengewalt, sondern »mit aktivem Gewaltverzicht« entgegenzutreten.[9] Das in der EKD-Friedensdenkschrift von 2007 noch enthaltene Plädoyer für rechtserhaltende Gewalt[10] wird nicht mehr rezipiert.

Die skizzierte Neigung zur Ablehnung wirklich aller Formen von militärischer Gewalt hat sich auch auf die Beurteilung jener friedensethischen Überlegungen ausgewirkt, die in den lutherischen Bekenntnisschriften enthalten sind. Ungeachtet ihrer Verwurzelung in den religionskulturellen und gesellschaftsgeschichtlichen Kontexten der frühen Neuzeit entfalten diese Bekenntnisschriften die bis heute als normativ betrachteten Grundorientierungen des reformatorischen Christentums-Verständnisses. Sie haben eine ordnende Funktion für Lehre und Leben der evangelischen Kirchen. Dies fin-

---

8 Anselm/Bruns/Mielke, Starke Zeichen (Anm. 2).

9 Kirche auf dem Weg der Gerechtigkeit und des Friedens. Kundgebung der 12. Synode der Evangelischen Kirche in Deutschland auf ihrer 6. Tagung (https://www.ekd.de/kundgebung-ekd-synode-frieden-2019-51648.htm [15. September 2025]): »Wir folgen Jesus, der Gewalt weder mit passiver Gleichgültigkeit noch mit gewaltsamer Aggression begegnet, sondern mit aktivem Gewaltverzicht. Dieser Weg transformiert Feindschaft und überwindet Gewalt, und er achtet die Würde aller Menschen, auch die von Gegnerinnen und Gegnern.«

10 »Im Rahmen des Leitbilds vom gerechten Frieden hat die Lehre vom bellum iustum keinen Platz mehr. Daraus folgt aber nicht, dass auch die moralischen Prüfkriterien aufgegeben werden müssten oder dürften, die in den bellum-iustum-Lehren enthalten waren. Denn ihnen [...] liegen *allgemeine Kriterien einer Ethik rechtserhaltender Gewalt* zugrunde« (Aus Gottes Frieden leben – für gerechten Frieden sorgen. Eine Denkschrift des Rates der Evangelischen Kirche in Deutschland, 2007, 68 [Nr. 102], online unter: https:// www.ekd.de/ekd—de/ds—doc/ekd—friedensdenkschrift.pdf [15. September 2025]).

det seinen sinnenfälligen Ausdruck in der expliziten Nennung reformatorischer Bekenntnisschriften in den Verfassungspräambeln der EKD-Gliedkirchen. Wie genau der Geltungsanspruch der Bekenntnisschriften und ihre Normativität am Ort der kirchlichen Verkündigung und der individuell-christenmenschlichen religiösen Selbstverständnisse zum Zuge kommen, muss allerdings immer wieder neu ausgemittelt werden.

Dies gilt selbstverständlich auch und in besonderer Weise für den Artikel 16 der »Confessio Augustana« und die dort enthaltene Rede vom »iure bellare«, deren Grundintention in diesem Beitrag herausgearbeitet und auf das moderne Völkerrecht bezogen werden soll. In besonderer Weise gilt die Notwendigkeit einer Bekenntnishermeneutik im Blick auf CA 16 deshalb, weil innerevangelisch, insbesondere von christlichen Mitgliedern der Friedensbewegung, die gegenwärtige Gültigkeit dieses Artikels aus dem Augsburger Bekenntnis von 1530 immer wieder angefragt wird. Die jüngste Variante dieser Anfrage stammt von Friederike Spengler und wurde vorgetragen auf der Generalsynode der VELKD sowie der EKD Synode im November 2019 in Dresden. »Ist es nicht«, so fragte die 1968 in Leipzig geborene Synodale und EKM-Regionalbischöfin, »endlich an der Zeit, diesen Glaubenssatz zu revidieren?«[11]

Mit dieser – natürlich rhetorisch gemeinten – Frage hat Frau Spengler Eulen nach Athen getragen. Denn die kritische Auseinandersetzung mit CA 16 gehört zu den Dauerbrennern der evangelischen Friedensethik. Bereits im Jahre 2005 wurde eine lutherische Stellungnahme zur Bedeutung dieses Artikels

---

[11] Vgl. https://www.sonntag-sachsen.de/2020/07/ist-das-bekenntnis-uberholt [15. September 2025].

publiziert.[12] Hinzu kommt, dass die Auseinandersetzung mit CA 16 auch in der DDR eine wichtige Rolle gespielt hat. Noch im Jahre 1989 hat ein ad-hoc-Ausschuss Friedensfragen unter Beteiligung der Kommission für theologische Grundsatzfragen des DDR-Kirchenbundes geprüft, »wie angesichts der nuklearen Bedrohung eine kirchlich verbindliche aktualisierende Auslegung des ›iure bellare, militare‹ (rechte Kriege führen, streiten) in Artikel 16 der Augsburgischen Konfession gegeben werden kann.« Das Votum beginnt mit der Feststellung, dass »angesichts der Gefahr eines atomaren Krieges [...] die Aussage von Artikel 16 des Augsburger Bekenntnisses nicht mehr nachvollziehbar ist, wonach ›Christen [...] ohne Sünde [...] rechtmäßig Kriege führen und an ihnen teilnehmen können‹.«[13] Und kurz danach heißt es: »Im atomaren Zeitalter kann [...] Krieg kein zu rechtfertigendes Mittel der Politik mehr sein.«[14] Zur Friedenserhaltung wird stattdessen eine internationale Rechtsordnung gefordert. Hinzugefügt wird allerdings: »Solange eine solche übergreifende Rechtsordnung nicht wirksam geworden ist, sehen wir nationale Befreiungsbewegungen als den Versuch an, mehr Gerechtigkeit für Unterdrückte anzustreben.«[15] – Das Verhältnis solcher Befrei-

---

[12] Vgl. »... rechtmäßig Kriege führen«. Lutherische Stellungnahme zur Bedeutung von Artikel 16 des Augsburger Bekenntnisses, 2005 (Texte aus der VELKD 134).

[13] »Rechtmäßig Kriege führen«? CA 16 und unsere Verantwortung für den Frieden, in: Zwischen Anpassung und Verweigerung. Dokumente aus der Arbeit des Bundes der evangelischen Kirchen in der DDR. Im Auftrag des Rates der Evangelischen Kirche in Deutschland hrsg. von C. Demke, M. Falkenau und H. Zeddies, 1995, 339–341, hier 339.

[14] A. a. O., 340.

[15] Ebd.

ungsbewegungen zur Gewalt wird im Text von 1989 nicht thematisiert.

Im Folgenden wird auf die *vergangenen* Debatten zu CA 16 nicht weiter eingegangen. Stattdessen soll im nun folgenden Abschnitt II. vor dem Hintergrund der *gegenwärtigen* Lage eine Auslegung von CA 16 unternommen werden und zwar sowohl generell als auch speziell im Hinblick auf das vielfach kritisierte »iure bellare«. Abschnitt III. versucht dann eine Bewertung der friedensethischen Intention von CA 16 vor dem Hintergrund des gegenwärtig geltenden Völkerrechts. Einige kurze Schlussfolgerungen bezüglich der aktuellen Situation in Abschnitt IV. stehen am Ende des Beitrags.

II. Zur Auslegung von CA 16

1. Allgemeines

a) CA 16 im Kontext der reformatorischen Ethik

Im Anschluss an eine Formulierung von Oswald Bayer hat Andreas Stegmann eine »Bekehrung zur Welt« als Pointe von Luthers Ethik namhaft gemacht.[16] Damit ist zweierlei gemeint: Die reformatorische Ethik zielte *erstens* auf eine Anerkennung der Weltlichkeit der Welt, d.h. auf ein Ernstnehmen des Gegeben-Seins der Welt, die von Gott angesichts und trotz

[16] Vgl. A. Stegmann, Luthers Auffassung vom christlichen Leben, 2014 (BHTh 175), 9 f. mit Anm. 24; ferner: Ders., »Bekehrung zur Welt« – Zur Gegenwartsbedeutung von Luthers Ethik. Dankesrede anlässlich der Verleihung des Martin-Luther-Preises für den wissenschaftlichen Nachwuchs am 26. September 2014 in der Schlosskirche Wittenberg, in: Luther 86, 2015, 114–119.

ihrer unüberwindbaren Sündenverfallenheit zum Wohl und Nutzen des Menschen erhalten wird. Im Hintergrund stand dabei die rechtfertigungstheologisch fundierte Einsicht, nach der die moralische Exzellenz des Weltlebens, die *bürgerliche Gerechtigkeit*, ungeachtet ihrer zugestandenen Bedeutung für das *irdische Wohl*, nicht *heilsrelevant* ist, also auf einer anderen Ebene liegt als die *Gerechtigkeit vor Gott*. Daraus ergab sich zum einen der Verzicht darauf, die Moralität des weltlichen Christenlebens als einen nur zweitbesten Weg zu betrachten, dem das Leben nach den evangelischen Räten (Armut, Keuschheit, Gehorsam) ebenso moralisch überlegen sei wie die Separation einer selbsternannten Gemeinde der Heiligen von der vermeintlich sündenbehafteten Großkirche. Zum anderen folgte aus der Unterscheidung zwischen bürgerlicher Gerechtigkeit und Gerechtigkeit vor Gott eine Bestreitung einer Richtlinienkompetenz der geistlichen Gewalt (in Gestalt der Papstkirche) in weltlichen Angelegenheiten. Mit dieser Bestreitung verbunden war dann auch die Akzeptanz der – ihrer unüberwindbaren Sündenverfallenheit geschuldeten – Sprödigkeit der Welt gegenüber einer umfassenden Verchristlichung.

Es ging *zweitens* um ein transformatives Interesse: »Die reformatorische *Bekehrung zur Welt* erweist sich [...] nicht als Reduktion des biblischen Ideals auf ein zeitgemäßes Ethos, sondern als Radikalisierung des laikalen Ethos in Richtung auf das monastische Ideal«.[17] Anders formuliert: Luther erwartete »die Verchristlichung des sozialen Lebens [...] durch die langsam und aus den Herzen herausstrahlende Gewalt schenkender Liebe.«[18] Allerdings war das transformative Interesse

---

[17] Stegmann, Luthers Auffassung vom christlichen Leben (Anm. 16), 347.

[18] W. Maurer, Historischer Kommentar zur Confessio Augustana. Band 1: Einleitung und Ordnungsfragen, 1976, 175.

im reformierten Bereich (im 16. Jahrhundert konkret in den Reformationen in Zürich und Genf) deutlich stärker ausgeprägt. *Luther* war, getragen von einer eschatologischen Grundstimmung, eher pessimistisch, was die Realisierbarkeit einer Verchristlichung dieser Welt angeht. Er war weit davon entfernt, »den religiösen Menschen, den Menschen des Glaubens, heimisch und zufrieden zu machen in dieser Welt und ihm etwa zu sagen, dass er am Bau des Reiches Gottes auf Erden in dienender Liebe sein Genüge und sein Ideal finden soll«.[19] Hinzu trat seine Befürchtung, dass es durch eine (auch noch so gut gemeinte) Transformation bestehender Ordnungsstrukturen zur Destabilisierung derjenigen Rahmenbedingungen kommen könnte, deren Funktionieren sowohl für die Verfolgung elementarer menschlicher Lebensinteressen (Überleben, körperliche Unversehrtheit, Erwartungssicherheit im gesellschaftlichen Interagieren) als auch für die Verkündigung des Evangeliums unverzichtbar war. *Luthers* einschlägige Aussagen zum Obrigkeitsgehorsam[20] legen davon ebenso Zeugnis ab wie seine »Parteinahme [...] zugunsten der landesherrlichen Reformation«,[21] also sein Plädoyer dafür, die Verantwortung für die Durchführung *kirchlicher* Neuerungen an die Inhaber des *weltlichen* Regiments zu übertragen.

Aus der so verstandenen »Bekehrung zur Welt« ergibt sich eine Art »Zweigleisigkeit« des christlichen Lebensvollzugs.

---

19 A. v. Harnack, Lehrbuch der Dogmengeschichte, Bd. 3: Die Entwickelung des kirchlichen Dogmas II/III, 4., neu durchgearbeitete und vermehrte Auflage, 1910, 831.

20 Vgl. dazu: R. Leonhardt, Religion und Politik im Christentum. Vergangenheit und Gegenwart eines spannungsreichen Verhältnisses, 2017, 123–150, bes. 141 ff.

21 Th. Kaufmann, Geschichte der Reformation, 2009, 389.

Einerseits kann sich der im Glauben seines Heils gewisse Christ bereits hier und jetzt als Teilhaber am geistlichen Reich Christi verstehen. Andererseits lebt er faktisch (noch) in einer vom Reich Christi unterschiedenen – und höchst ambivalenten – Welt; von dieser gilt nämlich, dass sie zwar Gottes gute Schöpfung ist, ja darüber hinaus sogar aufgefasst werden kann als »eine von Gottes schöpferischer Gnade veranstaltete Anordnung [...] wider die Sünde«[22], aber zugleich doch auch notorisch vom sündenbedingten Un-Heil kontaminiert bleibt.

Diese »Zweigleisigkeit« des christlichen Lebensvollzugs nötigt Christen zu einer Differenzierung der beiden Bezüge. Diese Differenzierung ist das Thema der reformatorischen Lehre von den zwei Reichen (»Zwei-Reiche-Lehre«) bzw. der Lehre von den zwei Regierweisen (Regimenten) Gottes (»Zwei-Regimenten-Lehre«). Betont wird darin zum einen die *weltliche Inkompetenz des geistlichen Regiments*: Weil die geistliche Gewalt mit der Verkündigung des Evangeliums betraut ist und ihr die angemessenen Mittel zur Führung des weltlichen Regiments fehlen, soll sie darauf verzichten, es in weltlichen Angelegenheiten aus religiösen Gründen besser wissen zu wollen als die (von Gott zur Bearbeitung dieser Angelegenheiten eigens geschaffene) säkulare Vernunft. Diese Verzichtsleistung impliziert eine Absage an die Idee, die Welt unmittelbar nach dem Evangelium zu regieren.

Betont wird zum anderen die *geistliche Inkompetenz des weltlichen Regiments*: Weil die weltliche Gewalt mit der Gewährleistung äußerlicher Ordnung und Sicherheit betraut ist und

---

22 G. WENZ, Theologie der Bekenntnisschriften der evangelisch-lutherischen Kirche. Eine historische und systematische Einführung in das Konkordienbuch, Bd. 2, 1998, 443.

ihr die angemessenen Mittel zur Führung des geistlichen Regiments fehlen, soll sie darauf verzichten, einen Beitrag zur Verkündigung des Evangeliums leisten zu wollen. Diese Verzichtsleistung impliziert eine Absage an alle Versuche einer Verteidigung oder Ausbreitung des christlichen Glaubens mittels politischer Macht; Ketzerverfolgung durch die weltliche Obrigkeit ist damit ebenso ausgeschlossen wie die Kriegführung im Namen des rechten Glaubens. Denn »über die Seele kann und will Gott niemand anderen als nur sich selbst regieren lassen«.[23] – »Diese Begrenzung der Gewaltausübung impliziert den Gedanken der Gewissensfreiheit als politisch-ethische Konsequenz«.[24] Infolge der – durch *Luthers* Parteinahme zugunsten der *landesherrlichen* Reformation forcierten – Etablierung des landesherrlichen Kirchenregiments fielen den Fürsten im 16. Jahrhundert zwar *faktisch* (jedenfalls teilweise) jene geistlichen Befugnisse wieder zu, die *Luther* ihnen *prinzipiell* abgesprochen hatte. Im Horizont der Moderne aber, namentlich im Rahmen einer zwar säkularen, dabei aber religionsoffenen Rechtsordnung,[25] kann die in der frühen Neuzeit noch ausgebremste antitotalitäre Stoßrichtung des reforma-

---

23 M. Luther, Von der weltlichen Obrigkeit: Wie weit man ihr Gehorsam schuldet (1523), in: J. Schilling et al. (Hrsg.), Martin Luther, Deutsch-Deutsche Studienausgabe (DDStA), Bd. 3, 217–289 (Übertragung: Hellmut Zschoch), hier 253, 40 f.

24 V. Stümke, Das Friedensverständnis Martin Luthers. Grundlagen und Anwendungsbereiche seiner politischen Ethik, 2007 (ThFr 34), 230.

25 Säkularität, verstanden als Verzicht auf die Identifikation des Staates mit einer bestimmten Religion oder Weltanschauung bei gleichzeitiger Offenheit für eine Pluralität religiös-weltanschaulicher Überzeugungen, kann als entscheidende Pointe des deutschen Religionsverfassungsrechts gelten; vgl. dazu H. Dreier, Staat ohne Gott. Religion in der säkularen Moderne, 2018.

torischen Grundsatzes der jeweiligen Nicht-Zuständigkeit zum Zuge kommen: »Einer Kirche, die mit Zwangsmaßnahmen auch über die äußere Existenz herrschen will, entspricht ein Staat, der auch die innere Gesinnung mit Terror erzwingen will. In der Vermischung der beiden Gewalten besteht das Wesen des Totalitarismus.«[26]

Bis hierher wurde deutlich: Aus der reformatorischen »Bekehrung zur Welt« und der daraus folgenden »Zweigleisigkeit« des christlichen Lebensvollzugs, die, ungeachtet sonstiger Differenzen in der politischen Ethik, als gesamtreformatorisches Gemeingut gelten kann, ergibt sich für das Weltleben des Christenmenschen insbesondere, dass die als Gottes Schöpfung wahr- und anzunehmende Welt – inklusive ihrer sündenbedingt unüberwindbaren Unvollkommenheiten – das Betätigungsfeld christlichen Liebeshandelns bzw. christlicher Verantwortungspraxis bildet. Diese Einsicht steht im Hintergrund des 16. Artikel der (unveränderten) »Confessio Augustana« (CA); im Folgenden wird auch der entsprechende Artikel 16 aus der »Apologie der Confessio Augustana« (ApolCA) berücksichtigt.[27]

---

26 W. v. Loewenich, Luthers Stellung zur Obrigkeit, in: W. P. Fuchs (Hrsg.), Staat und Kirche im Wandel der Jahrhunderte, 1966, 53–68, hier 57 f.

27 Vgl. BSELK 110,8–113,2 (CA 16) und BSELK 542,1-549,5 (ApolCA 16). Eine Übertragung in heutiges Deutsch enthält: Unser Glaube. Die Bekenntnisschriften der evangelisch-lutherischen Kirche. Ausgabe für die Gemeinde. Im Auftrag der Vereinigten Evangelisch-Lutherischen Kirche Deutschlands (VELKD) hrsg. vom Amt der EKD. Redaktionell betreut von J. Hund und H.-O. Schneider, 6., völlig neu bearbeitete Auflage, 2013, 56–58 (CA 16); 289–293 (ApolCA 16).

b) Zum Sachgehalt von CA 16

In ApolCA 16 ist vom »unterscheid des geistlichen reichs Christi und des weltlichen reichs« die Rede (542,12 f.; vgl. 543,9: »de discrimine regni Christi et regni civilis«). Damit werden auch die in CA 16 enthaltenen Ausführungen explizit in den Kontext der eben angesprochenen reformatorischen Lehre von den zwei Reichen bzw. zwei Regimenten gestellt. Diesen Zusammenhang machen auch die inhaltlichen Aussagen von CA 16 deutlich, der nachstehend gemeinsam mit ApolCA 16 als *ein* Artikel behandelt wird.

Zunächst wird grundsätzlich eingeschärft, dass die innerweltlichen Ordnungsstrukturen von Gott geschaffen und eingesetzt sind (vgl. 110,10 f.), weshalb sie als »bona opera Dei« (111,7 f.) betrachtet werden müssen. Deshalb, so wird weiter argumentiert, ist es Christen erlaubt (»liceat«: 111,8; 543,3), sich in vielfältiger Weise innerweltlich zu betätigen. Der deutsche Text spricht ausdrücklich davon, dies könne »one sunde« geschehen (110,12), also »mit Gott und gewissen« (542,3 f.).

Des Weiteren werden die verschiedenen, Christen erlaubten, weltlichen Tätigkeiten aufgezählt. Christen dürfen

- ein obrigkeitliches Amt (ein Fürsten- oder Richteramt) wahrnehmen (vgl. 110,11 f.; »gerere Magistratus, exercere iudicia«: 111,8);
- nach kaiserlichem oder anderem gültigen Recht richten und Recht sprechen (vgl. 110,12 f.; »iudicare res ex Imperatoriis et aliis praesentibus legibus«: 111,9);
- Verbrecher mit dem Schwert strafen (vgl. 110,13; »supplicia iure constituere«: 111,9 f.);
- dem Recht entsprechende Kriege führen und [in ihnen] Kriegsdienst leisten (vgl. 110,14; »iure bellare, militare«: 111,10; »iure bella gerere«: 453,4 f.);

- kaufen und verkaufen (vgl. 110,14; »lege contrahere«: 111,10);
- der obrigkeitlich auferlegten Eidpflicht entsprechen (vgl. 110,14 f.; »iusiurandum postulantibus Magistratibus dare«: 111,10 f.);
- Eigentum besitzen (vgl. 110,15; »tenere proprium«: 111,10);
- eine Ehe eingehen (vgl. 110,15; »ducere uxorem, nubere«: 111,11).

Die genannten Tätigkeiten lassen sich in drei Gruppen einteilen. (1) Die drei zunächst genannten Gestalten christlichen Welthandelns (Übernahme eines Fürsten-, Richter- oder Henkeramts) beschreiben die Ausübung der weltlichen Obrigkeit. Sie listen auf, wie diese Obrigkeit zwischen den ihr Untergebenen die *innere Sicherheit* wahrt, indem sie von ihrem »Gewaltmonopol«[28] Gebrauch macht. (2) Das »iure bellare, militare« steht für die Beteiligung von Christen an der Wahrung der *äußeren Sicherheit*; es geht also um einen von den im ersten Schritt genannten Handlungsfeldern unterschiedenen Bereich der zwangsweisen Durchsetzung von Recht »unter Gleichen«, mit heutigen Begriffen gesprochen, nicht um den *inner-*, sondern den *zwischen-*»staatlichen« Bereich. (3) Die vier als letzte genannten Tätigkeiten schließlich betreffen die *Einbindung von Christen in innerweltliche Lebensnormalitäten* (eine Ehe eingehen, Eigentum haben, am Rechtsverkehr teilnehmen, den Eid zur Wahrhaftigkeitsbeteuerung leisten).

---

[28] Ein Gewaltmonopol im modernen Sinn gab es zur Entstehungszeit der Confessio Augustana selbstverständlich noch nicht. Das Wort »Obrigkeit« bezeichnete aber eine Instanz, die gegenüber den ihr Unterstehenden das Recht hatte, Rechtsverletzungen festzustellen und mit ihrer Gerichtsbarkeit zu ahnden. Sie sicherte damit die Rechte von Untergebenen, die selbst wechselseitig nicht befugt waren, ihr Recht eigenmächtig mit Gewalt durchzusetzen. Darin entspricht sie dem modernen Staat.

Die Ausführungen des Artikels insgesamt wenden sich gegen die täuferisch-schwärmerische wie teilweise altgläubige (im lateinischen Text den »Anabaptistas« zugeschriebene) Auffassung, nach welcher irdisches Weltengagement etwas Unchristliches ist oder sich darin nur ein zweitklassiges Christentum artikuliert, wohingegen christliche Vollkommenheit in einer äußerlich greifbaren Distanzierung von der als sündhaft betrachteten Welt bestünde. Das Interesse an einer nachhaltig-überzeugenden Ablehnung der täuferisch-schwärmerischen Position hat dazu geführt, dass in CA 16/ApolCA 16 die irdischen Ordnungen eher positiv gewertet wurden, als Niederschlag einer »von Gottes schöpferischer Gnade veranstaltete[n] Anordnung zur Erhaltung der Welt wider die Sünde«.[29] Die Tatsache der notorischen Kontamination der irdischen Ordnungen durch die Sünde trat demgegenüber tendenziell in den Hintergrund, womit auch der Verzicht auf die – sonst bei *Luther* durchaus anzutreffende – Obrigkeits*kritik* zusammenhängen dürfte zugunsten eines – allerdings von *Luther* auch geforderten – Obrigkeits*gehorsams*: »Derhalben sind die Christen schuldig, der Oberkeit unterthan und iren geboten und gesetzen gehorsam zu sein inn allem, so one sunde geschehen mag.« (110,25-27). Getilgt wurde schließlich die – in *Luthers* Denken durchaus lebendige – Relativierung der Geltung irdischer Ordnungen im Blick auf die erwartete Parusie Christi,[30] die noch im 14. Schwabacher Artikel eine Rolle gespielt hatte.[31]

Am Ende des Artikels allerdings wird mit dem Hinweis auf Apg. 5,29 (»Man muss Gott mehr gehorchen als den Men-

[29] Zitat nachgewiesen in Anm. 22.

[30] Vgl. das in Anm. 19 nachgewiesene Zitat.

[31] Vgl. BSELK.QM 1,41,18–24.

schen«) die Möglichkeit eines Gewissensvorbehalts gegen obrigkeitlich autorisierte Anordnungen eingeräumt. Ein solcher Gewissensvorbehalt ist geltend zu machen, wenn der – grundsätzlich zu leistende – Obrigkeitsgehorsam »one sund nicht geschehen mag« (112,1) bzw. wenn, wie es der lateinische Text sagt, die Obrigkeiten den Christen befehlen, zu sündigen (»cum iubent peccare«; 113,1). Dieser Vorbehalt, der auch im Blick auf die Beteiligung von Christen an kriegerischen Handlungen gilt, ist, wie sich noch zeigen wird, von Bedeutung für die Beurteilung des reformatorischen »iure bellare« aus heutiger Sicht (vgl. dazu Abschnitt III.).

Der gerade referierte Vorbehalt, der auf die Möglichkeit reagiert, dass die Übernahme christlicher Weltverantwortung »sündenanfällig« ist, steht in einer gewissen Spannung zu der am Anfang des Artikels formulierten Feststellung, die Wahrnehmung obrigkeitlicher Ämter (einschließlich der Kriegführung) könne »one sunde« geschehen (110,12). Zu beachten ist dabei allerdings die für die Anfangsformulierung wichtige Annahme, nach der »alle Oberkeit inn der welt und geordnete regiment und gesetze gute ordenung, von Gott geschaffen und eingesetzt, sind« (110,9.11). Zu ergänzen ist daher: Das »one sunde« gilt nur, *sofern* und *soweit* von den bestehenden innerweltlichen Ordnungsstrukturen gesagt werden kann, dass ihr Gebrauch dem göttlichen Ordnungswillen grundsätzlich entspricht. Dabei ist stets auch mit der Möglichkeit eines Missbrauchs und einer dadurch bedingten Pervertierung dieser Ordnungsstrukturen zu rechnen. Der späte *Werner Elert* etwa hat, konkret angesichts der »Enthüllung der wahren Natur des Dritten Reiches«,[32] vom Vorgang der Dämonie gesprochen,

---

[32] R. HAUBER, Werner Elert. Leben und Werk eines »Lutheranissimus«, NZSTh 29, 1987, 113 (129).

»bei dem aus Gutem Böses wird«. Die Gesetze nämlich, »nach deren Ordnung das Böse seine Herrschaft ausbreitet, sind ja Gesetze der Schöpfung Gottes selbst, sind Gesetze der guten Ordnung, mit deren Hilfe das kreatürliche Leben nach dem Willen des Schöpfers erhalten wird und geschützt werden soll.«[33] – Liest man CA 16 vor dem Hintergrund dieser Überlegungen, dann hat der Verweis auf die *clausula Petri* am Ende des Artikels wohl die Möglichkeit einer solchen – zumindest teilweisen – Pervertierung vor Augen, auch ohne die Erfahrung des Nationalsozialismus. Und in der Tat: Gerade für *Luther* entscheidet sich, wie in II. 2. b) deutlich werden wird, die Christentumskompatibilität des soldatischen Handelns daran, ob obrigkeitliche Befehle einen Missbrauch der *bona ordinatio* Dei bedeuten und daher diese Ordnung durch solche Vorgaben der »Gefahr des Zerstörtwerdens« ausgesetzt ist.[34]

Vor einer genaueren Analyse des konkreten Bedeutungsgehalts des immer wieder im Kreuzfeuer der Kritik stehenden »iure bellare, militare« aus CA 16 (BSELK 111,10) bzw. des »iure bella gerere« aus ApolCA (BSELK 453,4 f.) ist noch kurz zu erörtern, inwieweit die politische Ethik des Reformationsjahrhunderts auf die gegenwärtige Debattenlage bezogen werden kann; dabei ist namentlich auf den Begriff der Obrigkeit einzugehen.

Auf den modernen Menschen wirkt *Luthers* Obrigkeitsbegriff zunächst anachronistisch. Dies hat damit zu tun, dass im Reformationsjahrhundert die heute gegebenen demokratischen Strukturen, durch die das einstmalige Obrigkeits-

---

33 W. Elert, Das christliche Ethos. Grundlinien der lutherischen Ethik, 1949 (^{2}1961), 110.

34 A. a. O.,166.

Untertan-Verhältnis aufgelöst wurde, nicht absehbar waren. Hinzu kommt, dass konkret bei *Luther* das angesprochene Verhältnis paternalistisch verstanden war: Der Vertreter der weltlichen Obrigkeit galt als Landes*vater*. Deutlich wird *Luthers* paternalistischer Zugriff daran, dass der im Elternehrgebot des Dekalogs (»Du sollst deinen Vater und deine Mutter ehren«: Ex 20,12a/Dtn 5,16a) formulierte Anspruch über die Eltern hinaus, auch auf die »Herren« – und damit auf die politische Obrigkeit – bezogen wurde: »Wir sollen Gott fürchten und lieben, dass wir unsere Eltern *und Herren* nicht verachten noch erzürnen, sondern sie in Ehren halten, ihnen dienen, gehorchen, sie lieb und wert haben.«[35] Allerdings gilt zugleich, dass *Luther* sowohl in der Obrigkeits- als auch in der Kriegsleute-Schrift die »Untertanen« dort, wo diese der weltlichen Obrigkeit aus Gewissensgründen widersprechen, erkennbar als »mündige Bürger« vorstellt. So soll der Christ, wenn die Obrigkeit die Grenzen ihrer weltlichen Gewalt missachtet (»Wenn dir nun dein Fürst oder weltlicher Herr gebietet, es mit dem Papst zu halten und so oder so zu glauben«), nach *Luther* Folgendes entgegnen:

> »Es steht Luzifer nicht zu, neben Gott zu sitzen. Lieber Herr, ich bin verpflichtet, euch mit Leib und Gut zu gehorchen. Wenn ihr mir nach dem Maß eurer irdischen Macht etwas gebietet, werde ich gehorchen. Wenn ihr aber von mir verlangt, zu glauben [...], werde ich nicht gehorchen. Denn dann seid ihr ein Tyrann und greift zu hoch, indem ihr gebietet, wozu ihr weder Recht noch Macht habt.«[36]

---

[35] Vgl. R. Leonhardt, Ethik, 2019, 99.

[36] M. Luther, Von der weltlichen Obrigkeit (Anm. 23), 263,32–40. In der Kriegsleute-Schrift empfiehlt Luther ein ganz ähnliches Vorgehen des Untertanen in dem Fall, dass die Obrigkeit einen unrechtmäßigen Krieg vom Zaun bricht (vgl. das in Anm. 78 angeführte Zitat). – In beiden Fällen

In den gewaltenteilig-rechtsstaatlichen Demokratien der westlichen Moderne ist das paternalistische Obrigkeitsverständnis ebenso obsolet geworden wie das Gottesgnadentum; vielmehr beruht heute die Legitimation politischer Macht darauf, dass die (von *Luther* nur ansatzweise vorgestellten) »mündigen Bürger« auch an der Konstitution politischer Machtstrukturen beteiligt sind – mittels ihrer politischen Partizipation, die auf ihrem aktiven und/oder passiven Wahlrecht beruht. Ungeachtet dessen lassen sich aber auch im demokratisch-politischen »Normalbetrieb« Regierende und Regierte so klar unterscheiden, dass eine grundsätzlich-pauschale Kritik an der Verwendung des Obrigkeitsbegriffs überzogen ist.[37] Zwar haben die Bürger eines modernen, demokratischen Staates Mitgestaltungsrechte und Möglichkeiten zur Kritik der aktuell Regierenden (Versammlungsfreiheit, Meinungsfreiheit usw.), die den Untertanen des frühneuzeitlichen und späteren »Obrigkeitsstaates« noch nicht zu Gebote standen. Allerdings bestehen diese Rechte gerade durch die und in den Grenzen einer bestimmten Rechtsordnung, der als solcher genauso »Gehorsam« zu leisten ist, wie den inhaltlich selbstverständlich anderen, weit weniger »liberalen« Anordnungen des früheren »Obrigkeitsstaates«. – Die mit dem Obrigkeitsbegriff gegebenen vormodernen Assoziationen implizieren also keineswegs die Irrelevanz der reformatorischen politischen Ethik für heutige Problemlagen.

---

betont der Reformator, dass der Christ die Straffolgen seines Ungehorsams – bis zum Martyrium – willig zu tragen habe.

37 Eine solche überzogene Kritik – konkret gerichtet gegen Schleiermacher – wird vorgetragen von W. Jaeschke, Schleiermacher als politischer Denker, in: Christentum – Staat – Kultur, hg. von A. Arndt, U. Barth und W. Gräb, 2008 (SchlAr 22), 303–315.

2. Zur Bejahung des »iure bellare«

Wie gerade gesehen, erstreckt sich die Hochschätzung von »Policey und weltlichem regiment« (110,9) in CA 16 auf eine ganze Reihe von beispielhaft aufgeführten Formen der Wahrnehmung von Weltverantwortung. Unter diesen Beispielen wird ausdrücklich auch das Führen rechtmäßiger Kriege (»iure bellare«) genannt.

Dabei zeigt ein Text von *Luther*, der nur vier Jahre älter ist als CA 16, nämlich seine schon erwähnte Kriegsleute-Schrift von 1526,[38] dass dem Reformator die Problematik des Kriegführens, die ethische Fragwürdigkeit von »Töten und Rauben«,[39] vollauf bewusst war. In seinen Predigten zum Matthäus-Evangelium bezeichnet er den Teufel als »Urheber der Kriege, der die Völker gegeneinander aufhetzt und immer neues Blutvergießen und allen Jammer in der Welt anrichtet«.[40] Auch andere reformatorische Schriften belegen das Be-

---

38 M. Luther, Ob Kriegsleute auch in seligem Stande sein können, in: WA 19, 623–662, hier stets zitiert nach DDStA 3, 557–629 (unter dem Titel »Ob Soldaten in ihrem Beruf Gott gefallen können«; Übertragung: Volker Stümke).

39 A. a. O., 565,10 f.; der Krieg wird auch als »ein großes Unglück« (565,33 f.) beschrieben, das »solchen Jammer anrichtet« (565,21 f.).

40 So zusammenfassend M. Heckel, Martin Luthers Reformation und das Recht, 2016, 721 (unter Verweis auf WA 47, 558). Vgl. auch Luthers Hinweise zur pazifizierenden Wirkung der christlichen Predigt: »Wenn man also die Wahrheit sagen will, ist der zeitliche Friede, der das größte Gut auf Erden ist, das auch alle anderen zeitlichen Güter umgreift, im Kern eine Frucht des rechten Predigtamtes. Denn wo dieses wirkt, gehen Krieg, Streit und Blutvergießen sicher zurück.« (M. Luther, Predigt, dass man Kinder zur Schule schicken soll, in: DDStA 3, 715–787, hier 739,20–23): Gottes Geist wirkt den Frieden; wo er ist, weil das Wort (recht) gepredigt wird, wehrt er dem Teufelswerk des Krieges.

wusstsein für die verheerenden Folgen des Krieges, die es nach Kräften zu verhindern gilt: So wird etwa in dem maßgeblich von *Melanchthon* verfassten »Unterricht der visitatoren an die pfarrherrn im kurfürstenthum zu Sachsen« von 1528 ausgeführt:

> »Man sol auch die leute unterrichten, wie ein gut köstlich ding frid sei. Denn im krieg können die armen nicht narung suchen, auch kan man nicht kinder ziehen, es werden jungfrauen und weiber geschwecht, geschehen allerlei mutwillen, nicht allein von feinden, sondern auch von freunden, recht und gericht, alle zucht und gottesdienst gehen unter in kriegen. Darümb solt man gott billich teglich bitten, das er uns nicht mit dieser scharfen ruten strafe. Von solchen dingen ists nütze oft predigen, denn es sind die rechte gute werk, auf die uns die schrift auch uberal weiset.«[41]

Diese Stellen zeigen, dass die geschichtlich phasenweise zu beobachtende evangelische, insbesondere lutherische Würdigung des Krieges als »reinigendes Gemeinschaftserlebnis«[42] von einem späteren Zeitgeist beeinflusst, aber nicht im Sinne

41 EKO 1, 149–174, hier 171. Die Reihe der Beispiele ließe sich fortführen. Noch verwiesen sei hier nur noch auf Luthers Tischrede Nr. *6268*: »[...] Gott wende seinen Zorn gnädiglich von uns abe, denn Krieg ist der größten Strafen eine, als der zerstört und nimmt weg die Religion, weltlich und häuslich Regiment. Alles liegt darnieder. Theurung und Pestilenz sind wie Fuchsschwänze, ja nicht zu vergleichen mit Kriege, sonderlich Pestilenz ist die gnädigste und lindeste Strafe. Drüm wählte David unter den dreyen Strafen die Pestilenz, wolle lieber in Gottes, denn in der Menschen Hände fallen, der wäre doch gnädig.« (WA Tr 5, 566,23–28). Das Wort »Fuchsschwanz« (»fuchsschwantz«) bezeichnet hier bei Luther das Gegenteil einer echten Bestrafung; vgl. M. LUTHER, Ob Soldaten in ihrem Beruf Gott gefallen können (Anm. 36), 568,37; 569,38 f.

42 Nachweise bei H.-H. SCHREY, Art. Krieg IV: Historisch/Ethisch, in: TRE 20, 1990, 28–55, hier 30.

Luthers und *Melanchthons* war. Warum also findet sich angesichts dieses Bewusstseins der Reformatoren für den Unwert und die Last des Krieges dieses Beispiel in der Aufzählung von »weltlichen« Aktivitäten, die Christen explizit »erlaubt« sein sollen?

a) Der Begriff des »Krieges« in CA 16

Dafür ist in einem ersten Schritt zu klären, was die Reformatoren meinten, wenn sie den Begriff »Krieg« bzw. lat. »bellum« verwendeten.

Im Kern bezeichnete der Begriff »Krieg« (bzw. lat. »bellum«) in der spätmittelalterlichen Doktrin die Austragung von Konflikten »unter Gleichen«, von denen 1. keiner unter der Hoheit des anderen stand und für die es 2. an einer übergeordneten Autorität fehlte, die verbindliche Rechtsetzungs-, Rechtsprechungs- und Vollzugsgewalt für sich beanspruchte. »Krieg« findet also in einer Rechtsbeziehung statt, in der militärische Mittel angewendet werden konnten und mussten, weil die von einer »Obrigkeit« bereitgestellten, rechtlich geordneten und damit ethisch unproblematischeren Konfliktentscheidungsinstrumente Polizei und Gerichtsbarkeit nicht zur Verfügung stehen.[43] Gleichzeitig bezeichnet der Begriff z. B. bei

[43] Zur Geschichte der Diskussion darüber, zwischen welchen Parteien »Krieg« zulässig ist, vgl. K.-H. Ziegler, Art. Gerechter Krieg, in: HRG² 2, 2012, Sp. 118–122, bes. 119 f.; P. Engelhardt, Die Lehre vom »gerechten Krieg« in der vorreformatorischen und katholischen Tradition. Herkunft – Wandlungen – Krise, in: R. Steinweg (Hrsg.), Der gerechte Krieg: Christentum, Islam, Marxismus, 1980, 72–124, hier 82 ff.; W. G. Grewe, Epochen der Völkerrechtsgeschichte, 1988², 136 f. Zwar gab es in den Herrschaftsverhältnissen des Mittelalters und der Frühen Neuzeit keine volle, abstrakte »Gleichheit« von Herrschaftsträgern. Die Idee einer solchen abstrakten Gleichheit, die

Luther in der soeben erwähnten Kriegsleute-Schrift[44] und generell im Sprachgebrauch seiner Zeit auch die militärische Niederwerfung eines Aufstandes von Untergebenen gegen die für sie bestellte Obrigkeit, also auch Ereignisse wie den »Bauernkrieg«. Da der Aufstand gegen die Obrigkeit allgemein als Unrecht galt, war seine notfalls militärische Niederwerfung einerseits etwas vom Recht an sich nicht Vorgesehenes. Gleichzeitig bestanden auch keine oder kaum Bedenken gegen die Rechtmäßigkeit eines solchen Vorgehens. Es handelt sich hier deshalb um »Krieg« in einem uneigentlichen, besonderen

in das Konzept der Gleichberechtigung souveräner Staaten (s. heute Art. 2 [1] UN-Charta) mündete, war erst in der Entstehung begriffen. Dies drückte sich auch darin aus, dass es verschieden weitgehende Ansätze einer übergeordneten Rechtsetzungs- und Rechtsprechungsgewalt gab, die zunächst praktisch nirgendwo die Schwelle des modernen Gewaltmonopols erreichte. Deshalb waren die Grenzen dieses Bereichs in der Praxis schwer festzustellen und im Fluss (s. auch Grewe, 26 f.). Trotzdem etablierte er sich Schritt für Schritt als Kategorie in der Jurisprudenz, genauso wie der Gegenbegriff der »Obrigkeit« des Einen über den Anderen: Wo Obrigkeit ist, oder, mit heutigen Begriffen formuliert, *innerhalb* eines verfassten Gemeinwesens, wird Gewalt rechtlich geordnet angewandt. Sie ist an einer Stelle monopolisiert, während alle anderen von der Gewaltanwendung ausgeschlossen sind. Auf diese Weise wird Gewaltanwendung reduziert und humanisiert. Dieses »obrigkeitliche Handeln« in der Form des »Richtens«, »Strafens« usw. ist damit unproblematischer als die Gewaltanwendung in der rechtlich weit weniger geordneten Sphäre *zwischen* Obrigkeiten bzw., modern gesprochen, *zwischen* verfassten Gemeinwesen, wo es ohne das Recht zur Selbstverteidigung an Mitteln zur Rechtssicherung fehlt. U. a. für Thomas von Aquin und die an ihn anknüpfenden Autoren war das entscheidende Argument für die Zulässigkeit von »Kriegen« das Fehlen der Möglichkeit, einen Streit (verbindlich) auf dem Rechtsweg zu schlichten, vgl. Engelhardt, 85, allgemein dazu auch Grewe, 132.

44 M. Luther, Ob Soldaten in ihrem Beruf Gott gefallen können (Anm. 36), 577,14 f.; 611,1–42; 613,1–4.

Sinn, nicht um »Krieg« als theoretisch reflektierte Kategorie des mittelalterlichen und frühneuzeitlichen Rechtsdenkens. Gleichwohl hat diese Situation, wenn sie außer Kontrolle gerät, mit dem »Krieg« im Rechtssinne gemeinsam, dass die herkömmlichen, rechtlich geordneten Instrumente zur Durchsetzung von Recht, nämlich Rechtsprechung und Polizei, versagen. Eine funktionsfähige Rechtsordnung muss deshalb, wenn überhaupt, dann auf andere Weise, nämlich durch Anwendung militärischer Gewalt, wiederhergestellt werden.

Wir bewegen uns daher in einem Bereich, in dem die zuerst in CA 16 genannten Fallbeispiele »ein obrigkeitliches Amt (ein Fürsten- oder Richteramt) wahrnehmen«, »richten und Recht sprechen«, »Verbrecher mit dem Schwert strafen« nicht anwendbar sind. Das Fallbeispiel »iure bellare« hat im Rahmen von CA 16 also die Funktion, zu postulieren, dass auch in diesem besonders problematischen, weil rechtlich kaum geordneten Feld, in dem sich am Ende auch nicht zwingend das Recht, sondern grundsätzlich »der Stärkere« durchsetzt,[45]

45 Klassisch zu dieser Problematik des Krieges I. Kant, Zum ewigen Frieden (1795), Zweiter Definitivartikel zum Ewigen Frieden, in: AA VIII, 341–386, hier 355,26–356,9: »Da die Art, wie Staaten ihr Recht verfolgen, nie wie bei einem äußern Gerichtshofe der Proceß, sondern nur der Krieg sein kann, durch diesen aber und seinen günstigen Ausschlag, den *Sieg*, das Recht nicht entschieden wird, und durch den *Friedensvertrag* zwar wohl dem diesmaligen Kriege, aber nicht dem Kriegszustande (immer zu einem neuen Vorwand zu finden) ein Ende gemacht wird [...], indessen daß doch die Vernunft vom Throne der höchsten moralisch gesetzgebenden Gewalt herab den Krieg als Rechtsgang schlechterdings verdammt, den Friedenszustand dagegen zur unmittelbaren Pflicht macht, welcher doch ohne einen Vertrag der Völker unter sich nicht gestiftet oder gesichert werden kann: – so muß es einen Bund von besonderer Art geben, den man den *Friedensbund* (foedus pacificum) nennen kann, der vom *Friedensvertrag* (pactum

Formen der Ausübung weltlicher Gewalt eine Wahrnehmung von Weltverantwortung sein können, die auch Christen erlaubt ist.

Insofern kann das Fallbeispiel heute vor allem übertragen werden auf die militärische Austragung von Konflikten zwischen souveränen Staaten, wo es nach wie vor weitgehend an einer Instanz fehlt, die zur rechtsförmigen Durchsetzung einer die Kontrahenten überspannenden Rechtsordnung ermächtigt und fähig ist. Dazu sogleich mehr. Bezogen auf die innerstaatlichen Verhältnisse existiert heute dagegen das Leitbild, dass diese so stark durch Recht geregelt sind bzw. geregelt sein sollten, dass auch im Fall von Aufständen grundsätzlich eine staatsrechtlich geordnete und damit nicht »kriegerische« Niederschlagung stattfinden kann bzw. können sollte. Damit korrespondiert, dass ein auf das Recht der Vereinten Nationen, also auf Völkerrecht gestütztes militärisches Eingreifen in einen rein internen, nicht die internationale Sicherheit betreffenden Konflikt im Ausgangspunkt nicht vorgesehen und problematisch ist.[46] Deshalb soll die besondere Situation des

---

pacis) darin unterschieden sein würde, daß dieser bloß einen Krieg, jener aber alle Kriege auf immer zu endigen suchte.«

[46] Vgl. dazu Art. 39 UN-Charta (»Der Sicherheitsrat [...] gibt Empfehlungen ab oder beschließt, welche Maßnahmen [...] zu treffen sind, um den *Weltfrieden* und die *internationale Sicherheit* zu wahren oder wiederherzustellen«) im Verhältnis zu Art. 2 (7) UN-Charta (»Aus dieser Charta kann eine Befugnis der Vereinten Nationen zum Eingreifen in Angelegenheiten, die ihrem Wesen nach zur inneren Zuständigkeit eines Staates gehören, oder eine Verpflichtung der Mitglieder, solche Angelegenheiten einer Regelung auf Grund dieser Charta zu unterwerfen, nicht abgeleitet werden«); allgemein dazu P. Kunig, Intervention, Prohibition of, in: Max Planck Encyclopedia of Public International Law, latest update: Augusr 2023, https://opil.ouplaw.com/view/10.1093/law:epil/9780199231690/law-9780199231690-

sich jenseits des Rechts ereignenden Bürgerkriegs hier ausgeklammert bleiben – auch wenn es zu ihr faktisch kommen kann und sie dann tatsächlich dem »Krieg« zwischen Gleichen ähnelt.[47]

b) Zur »Rechtmäßigkeit« von Kriegen i.S.v. CA 16

CA 16 bejaht also Kriegführen als eine mögliche Form der Wahrnehmung von Weltverantwortung. Dies tut der Artikel allerdings nicht vorbehaltlos und uneingeschränkt. Sondern nur das Führen »rechter« bzw. »rechtmäßiger« »Kriege« wird als »erlaubt« (liceat) bzw. »ohne sunde« möglich bezeichnet.[48] Damit knüpfen die Reformatoren an die bereits in der Antike entwickelten und ab dem 4. Jahrhundert auch von der Kirche aufgegriffenen Lehren vom »gerechten Krieg« an. Allerdings findet sich dieser Begriff des »*gerechten* Krieges« in CA 16 gerade nicht, sondern es begegnet der Begriff des »*rechtmäßigen* Krieges«;

---

e1434?prd= EPIL [15. September 2025]. – In den letzten Jahrzehnten tendiert die Staatenpraxis allerdings dazu, den Bereich der Bedrohung oder des Bruchs des Friedens, der nach Art. 39 UN-Charta neben der »Angriffshandlung« zu einem Eingreifen des Sicherheitsrates ermächtigt, immer weiter auszulegen, und auch gewaltsame innerstaatliche Auseinandersetzungen mehr und mehr in den Fokus zu nehmen. Dem korrespondierte eine zunehmend eingeschränktere Auslegung des Interventionsverbots gem. Art. 2 (7) UN-Charta; vgl. St. Hobe, Einführung in das Völkerrecht, [11]2020, 224 ff.; M. Krajewski, Völkerrecht, [2]2020, § 9, Rn. 50 f.

47 Die in Anm. 46 geschilderte neuere Praxis der UN im Umgang mit innerstaatlichen Konflikten befindet sich noch in der Entwicklung. Sie ist von Spannungen begleitet und ihre Grenzen sind erst noch auszuloten. Deshalb, und weil es für sie an Referenzpunkten in den Texten der Reformatoren fehlt, sollen diese Fallkonstellationen hier außer Betracht bleiben.

48 Dies kann als Argument dafür herangezogen werden, dass CA 16 nicht auf den zuletzt erwähnten Fall des »jenseits des Rechts« stattfindenden »Bürgerkriegs« bezogen werden kann.

nur dieser soll deshalb hier gebraucht werden. Denn in der Rede vom »gerechten Krieg« schwingt eine positive Bewertung des »Krieges« mit, die die Reformatoren, wie gezeigt, in keiner Weise teilten, und die auch den historischen Lehren über den »gerechten Krieg« keineswegs prinzipiell eigen war: Diese über die Jahrhunderte weiterentwickelten und verfeinerten Lehren[49] werden missverstanden, wenn man sie maßgeblich als Lehren zur Legitimierung und Beförderung des Krieges deutet. Vielmehr war ihr Grundanliegen, den Einsatz militärischer Gewalt an enge, verbindliche Voraussetzungen zu knüpfen und ihn so auf das zur Erreichung übergeordneter Zwecke Unvermeidliche zu begrenzen. Sie unterschieden »rechtmäßige« von »unrechtmäßigen« Kriegen, um letztere zu verhindern. Dabei ist zuzugeben, dass sie sowohl im Zeitverlauf als auch zwischen ihren unterschiedlichen Vertretern variierten und ihrem Zweck, der Eingrenzung des Krieges, teils mehr, teils weniger gerecht wurden.[50] Trotzdem stimmten sie zumindest in der Tendenz überein, den Krieg als letztes Mittel auszuweisen, zu dem nur zur Wiederherstellung von Frieden und Recht gegriffen werden durfte.[51] Erst im Laufe der Neuzeit wurde die naturrechtliche

---

49 Einen Überblick über ihre Entwicklung bieten: ENGELHARDT, Die Lehre vom »gerechten Krieg« (Anm. 43), 72 ff.; SCHREY, Art. Krieg IV (Anm. 42), 35 ff.; ZIEGLER, Art. Gerechter Krieg (Anm. 43), Sp. 118 ff.; H.-R. REUTER, Art. Krieg IV: Christentum, in: RGG[4], Bd. 4, 2001, Sp. 1770-1772; P. D. MILLER, Just War and Ordered Liberty, 2021, 18 ff.

50 Sehr weitgehend war z. B. das ältere, von dem Kanonisten Henricus de Segusio (Heinrich von Susa, genannt Hostiensis, gest. 1271) vertretene Verständnis, dass Kriege gegen Ungläubige grundsätzlich rechtmäßig seien; vgl. dazu: I. DEFLERS, »Lex« und »ordo«. Eine rechtshistorische Untersuchung der Rechtsauffassung Melanchthons, 2005, 71 f.

51 M. HASPEL, Art. Krieg, in: Evangelisches Staatslexikon, Neuausgabe 2006, Sp. 1340–1345, hier 1342 f.; REUTER, Art. Krieg IV (Anm. 49), Sp. 1770. – Diesen

Idee, dass abschließende Gründe für einen zulässigen Krieg außerhalb des Rechts der einzelnen »Staaten« definiert werden könnten, die für die Staaten verbindlich sind, Schritt für Schritt aufgegeben, so dass am vorläufigen Ende das freie Beurteilungsrecht der verschiedenen Staaten – also das prinzipiell »freie Kriegführungsrecht souveräner Staaten« (ius liberum ad bellum) stand.[52]

---

in CA 16/Apol CA 16 mitgeführten Aspekt (dazu gleich mehr) hat die VELKD in ihrer Stellungnahme von 1984 hervorgehoben: Gegen Missverständnisse der »Lehre vom gerechten Krieg«. Erklärung der Kirchenleitung der VELKD und des Deutschen Nationalkomitees des LWB vom 25. Juni 1984, in: »… rechtmäßig Kriege führen« (Anm. 12), 14–18. Dem entsprach das in der Frühen Neuzeit erkennbare Bemühen, das Feld des Krieges und der Fehde, d. h. die rechtlich kaum regulierte Gewalt zwischen Obrigkeiten, durch den Übergang in eine rechtliche Verfassung zurückzudrängen, in der das Recht nicht durch militärische Gewalt, sondern durch ein »Gewaltmonopol« und Gerichte gesichert war, ein Anliegen, dem im Heiligen Römischen Reich 1495 die Ausrufung des »Allgemeinen Landfriedens« und die Gründung des Reichskammergerichts dienen sollten.

52 Näher zur Ablösung der antiken, mittelalterlichen und frühneuzeitlichen Lehren darüber, dass ein Krieg nur unter bestimmten, eingeschränkten Voraussetzungen als »gerecht« bzw. rechtmäßig gelten kann, durch die im 19. und zu Beginn des 20. Jahrhunderts vorherrschende Lehre vom prinzipiell freien Kriegführungsrecht souveräner Staaten (*liberum ius ad bellum*): Ziegler, Art. Gerechter Krieg (Anm. 43), Sp. 121; Schrey, Art. Krieg IV (Anm. 42), 40; M. Kotzur, Art. Krieg III: (Völker)Rechtlich, in: Staatslexikon. Recht – Wirtschaft – Gesellschaft, in 5 Bänden, hrsg. von der Görres-Gesellschaft und dem Verlag Herder, 8., völlig neu bearbeitete Aufl., Bd. 3, 2019, Sp. 1108 ff.; Hobe (Anm. 46), 21 ff. In seiner extremen Ausprägung bedeutete dieses Völkerrechtsverständnis, dass Konfliktregelungen auf vertraglichem und militärischem Wege als grundsätzlich gleichberechtigte Alternativen wahrgenommen wurden und Krieg als jederzeit mögliche Fortsetzung der »Staatspolitik mit anderen Mitteln« (von Clausewitz) galt, s. dazu Schrey, Art. Krieg IV (Anm. 42), 32; Krajewski (Anm. 46), § 9 Rn. 7.

Angesichts der Wandelbarkeit dieser Lehren drängt sich die Frage auf, welche ihrer Fassungen den Reformatoren bei der Formulierung von CA 16 vor Augen stand. Der Artikel gibt darüber unmittelbar keine Auskunft. Seinem Entstehungszusammenhang und seiner Rolle in der Augsburger Konfession nach wäre es auch völlig unpassend gewesen, hätte er sich darum bemüht, eine Entscheidung des juristischen Meinungsstreits um diese Lehren herbeizuführen. Ihm ging es um Bejahung der »weltlichen Obrigkeit« als Gottes guter Ordnung und darum, festzuhalten, inwieweit christliches Engagement in dieser Ordnung Gottes Gebot und Willen entspricht, so wie es oben in Abschnitt II. 1. entfaltet wurde. In der Kriegsfrage war diesem Anliegen gedient, wenn die Reichweite des »Erlaubten« durch den Verweis auf das »Naturrecht« konkretisiert wurde.

Um herauszufinden, was den Reformatoren bei ihrer Formulierung vor Augen stand, kann man deshalb nur Texte heranziehen, die im Kontext dieses Artikels entstanden. Eine zentrale Rolle nimmt dabei *Luthers* bereits erwähnte Kriegsleute-Schrift von 1526 ein.[53] In dieser auf Anfrage eines befreundeten Ritters angefertigten Schrift[54] mit dem Titel »Ob Kriegsleute auch in seligem Stande sein könnten« setzte sich *Luther* ausdrücklich mit der Frage der Zulässigkeit des Kriegführens auseinander. Er vertrat dabei eine bereits in der

[53] Weitere einschlägige Texte *Luthers* sind insbesondere der Briefwechsel über die »Pack'schen Händel«, WAB 4, 421 ff., zusammenfassend vorgestellt bei HECKEL, Martin Luthers Reformation (Anm. 40), 727 f., sowie: M. LUTHER, Vom Kriege wider die Türken (1529), in: WA 30/2, 107–148; DERS., Eine Heerpredigt wider den Türken (1529), in: WA 30/2, 160–197.

[54] Näher zu ihrer Entstehung: R. M. LEHMANN, Luthers Naturrechtsverständnis, ZevKR 60, 2015, 369–408, bes. 403 f. m. w. N.

Obrigkeits-Schrift von 1523 skizzierte,[55] nun aber ausführlicher begründete Lehre des »rechtmäßigen Krieges«. Dazu heißt es dort:

> »So sei bei diesem Punkt das Erste, dass Kriegführen nicht recht ist, auch wenn es um gleich gegen gleich geht – es sei denn, dass man dabei aufgrund eines entsprechenden Rechtstitels und des Gewissens sagen kann: Mein Nachbar zwingt und drängt mich, Krieg zu führen; ich würde es lieber lassen; so dass der Krieg nicht nur als Krieg, sondern als pflichtgemäßer Schutz und als Notwehr bezeichnet werden kann. [...] Darum lasst euch sagen, ihr lieben Herren: Hütet euch vor dem Krieg, es sei denn, dass ihr abwehren und schützen müsst und euer auferlegtes Amt euch zwingt, Krieg zu führen. [...] Der Grund dafür ist der: Ein jeder Herr und Fürst ist verpflichtet, die Seinen zu beschützen und ihnen Frieden zu schaffen. [...] Ein Christ ist eine Person für sich selbst, er glaubt für sich selbst und sonst für niemanden. Aber ein Herr und Fürst ist nicht eine Person für sich selbst, sondern für andere, um ihnen zu dienen, das heißt, sie zu schützen und zu verteidigen. [...] So sei abschließend zu diesem Punkt gesagt: Krieg gegen Gleiche soll aufgezwungen sein und mit Gottesfurcht geschehen. Aufgezwungen ist er, wenn der Feind oder Nachbar angreift und anfängt und wenn es nicht helfen will, dass man den Rechtsweg, Verhandlungen oder ein gütliche Einigung anbietet, dass man alle möglichen bösen Worte und Herausforderungen erträgt und zum Guten wendet, sondern wenn er schlechthin mit dem Kopf durch die Wand will.«[56]

Und an anderer Stelle:

> »Es ist nicht recht, einen Krieg anzufangen, nur weil es einem rasenden Herren in den Kopf kommt. Denn das will ich an erster Stelle vor allen anderen gesagt haben: Wer Krieg anfängt, ist im Unrecht! Und es ist recht, dass derjenige geschlagen oder doch zuletzt bestraft wird, der

---

[55] Vgl. M. LUTHER, Von der weltlichen Obrigkeit (Anm. 23), 281/283.

[56] M. LUTHER, Ob Soldaten in ihrem Beruf Gott gefallen können (Anm. 38), 603,18–23.30–33.38 f.; 605,2–6; 609,19–25.

> als Erster das Messer zückt. Wie es auch weithin geschehen und zugegangen ist in allen Geschichtserzählungen, dass die verloren haben, die den Krieg angefangen haben, und nur selten die geschlagen wurden, die sich haben wehren müssen. Denn die weltliche Obrigkeit ist nicht von Gott eingesetzt worden, um den Frieden zu brechen und Krieg anzufangen, sondern dazu, den Frieden zu erhalten und den kriegen entgegenzutreten.«[57]

Für *Luther* ist »rechtmäßig« also nur der definitiv aufgezwungene, nicht anders abwendbare Verteidigungskrieg, der in Verantwortung für die eigenen Untertanen geführt wird, um »sie zu beschützen und ihnen Frieden zu schaffen« – niemals ein Angriffskrieg.[58] Ein Krieg wird aus zwei Gründen als »recht-

---

[57] A. a. O., 599,7–17.

[58] Ausführlich dazu, auch in Auseinandersetzung mit – an den relevanten Stellen nur scheinbar – gegenteiligen Formulierungen, Stümke (Anm. 24), 398 ff. So ergibt sich aus dem Gesamtzusammenhang der Kriegsleuteschrift, dass Luther nur den – explizit allein als erlaubt bezeichneten – Verteidigungskrieg meint, wenn er vom Krieg als »Strafe des Bösen« spricht (im Sinne des von ihm in diesem Zusammenhang wiederholt zitierten: »Wer das Schwert nimmt, der wird durch das Schwert umkommen.« Mt. 26,52) – und, anders als weite Teile der Lehrtradition, nicht einen danebenstehenden »Rachefeldzug« (s. dazu Anm. 56 a. E.). Näher zum Ganzen auch H.-R. Reuter, Martin Luther und das Friedensproblem, in: Ders., Recht und Frieden, Beiträge zur politischen Ethik, 2013, 38–57, bes. 46 ff. Auch gegen einen präventiv begonnenen »Verteidigungskrieg« hat sich *Luther* ausdrücklich positioniert, s. Brief an den Kanzler Brück v. 28. März 1528 (Luthers Briefwechsel Nr. 1246), WAB 4, 423. Zwar weist F. Stengel, Reformation und Krieg, in: Ders./J. Ulrich (Hrsg.), Kirche und Krieg. Ambivalenzen in der Theologie, 2015, 49–105, bes. 92 f.; vgl. auch 75–78 u. ä. darauf hin, dass Luther diese Position in der Praxis nicht konsequent durchgehalten, sondern in der »Braunschweiger Fehde« einen »präventiven Angriff auf das Braunschweiger Territorium (akzeptiert)« habe (92). Allerdings stand in dieser Situation ein nach dem Rechtsverständnis der Zeit wohl

mäßig« qualifiziert: Zum einen, weil er dem Schutz der Rechte der dem Fürsten Anvertrauten vor einem Aggressor dient. Und zum anderen, damit auch in diesem Bereich »zwischen Obrigkeiten« der Rechtsbruch nicht völlig ungestraft bleibt. Denn dies hätte zur Folge, dass die tatsächliche Geltung des Rechts und damit gleichzeitig die entscheidende Bedingung für den Frieden entfallen wäre. Der Fürst übt hier, wie auch sonst bei der Wahrnehmung seiner obrigkeitlichen Rechte, nicht selbst als Person die in der Heiligen Schrift den Menschen verbotene Rache, sondern er nimmt Verantwortung für die ihm anvertrauten Untertanen wahr: um sie gegen Gewalt und Rechtsbruch zu schützen, und um einen Beitrag zur Achtung des Rechts in den Beziehungen »unter Gleichen« zu leisten. Der Krieg wird von *Luther* also nur – prinzipiell – gerechtfertigt, soweit er ausschließlich Abwehr des Rechtsbruchs eines Anderen ist, und weil ohne die Anerkennung eines Rechts auf Gegenwehr noch viel schwerer wiegende Unordnung drohen würde: nämlich die völlige Negierung der Geltung von Recht in diesen Beziehungen und damit generelle Friedlosigkeit.

---

rechtwidriger Angriff des Gegners konkret bevor (näher zu den Ereignissen H. *Kunst*, Evangelischer Glaube und politische Verantwortung, 1976, 375 ff.; M. BRECHT, Martin Luther, Bd. 3: Die Erhaltung der Kirche 1532–1546, 315–318). Auch hat sich Luther nicht als Rechtsgutachter, sondern nur beiläufig und außerdem differenziert zu diesem Geschehen geäußert. Deshalb kann aus diesen brieflichen Äußerungen keine grundlegende Wendung seiner Auffassung zur Rechtmäßigkeit kriegerischer Handlungen, jedenfalls sicher keine Wendung zur Bejahung von Angriffskriegen geschlossen werden. Eher zeigt sich an diesem Beispielfall die niemals völlig zu überwindende Schwierigkeit, die Bedingungen für den Eintritt eines »Verteidigungs-« bzw. »Notwehrfalles« sachgerecht zu definieren und zu subsumieren.

Im Text von CA 16 taucht diese von *Luther* klar ausgesprochene Einschränkung des »rechtmäßigen Kriegführens« nicht auf. In der deutschen Fassung von ApolCA 16 klingt sie aber zumindest an. Dort wird erläutert, dass die »Rache und Strafe des Argen« der Obrigkeit nicht verboten, sondern »vielmehr geboten« sei. Und dass diese Rache sowohl geschieht, »wenn man Übeltäter straftet«, als auch, wenn man »Krieg führet um des gemeinen Friedens willen« (vgl. BSELK 544,31). Die »Rechtmäßigkeit« des Krieges nach CA 16 wird damit so definiert und gleichzeitig begrenzt, dass der Krieg schlussendlich dem »gemeinen Frieden« dient, was nur dann der Fall sein kann, wenn er der Wiederherstellung des gebrochenen Rechts gilt und darüber nicht hinausgeht.

Ob und wie weit sich *Luther* mit diesen Positionen von der hergebrachten, maßgeblich von *Augustinus* und *Thomas von Aquin* geprägten Lehre des »gerechten Krieges« abgrenzt oder diese im Wesentlichen nur wiederholt, ist in der einschlägigen Forschung umstritten.[59] Definitiv stellten sich die Reforma-

---

59 S. M. BECKER, Kriegsrecht im frühneuzeitlichen Protestantismus, 2017, 37 m. w. N. Übereinstimmung besteht sicher insofern, dass auch diese Lehren die Obrigkeit darauf verpflichteten, den Krieg nur zur Wahrung des Friedens – durch Wiederherstellung von Gerechtigkeit – zu führen, s. ebd. 63. Auffällig, wenngleich nicht überraschend, sind Anknüpfungen an die Argumentation Augustins (näher zu dessen Lehre des »gerechten Krieges« MILLER, Just War [Anm. 49], 26 ff.). Trotzdem waren geschichtlich verschiedene Spielarten anzutreffen, von denen Luthers wohl zu den restriktivsten zählt: So wurde z. B. über weite Strecken der Lehrtradition unter Berufung auf Cicero nicht nur die Verteidigung gegen einen gegenwärtigen Angriff, sondern auch die Rückholung des rechtswidrig Entzogenen als »gerechter Grund« eines Krieges bzw. rechtmäßiger Widerstand gegen »Unrecht« gewertet, was selbstverständlich eine wesentlich größere, wenn nicht kaum eingrenzbare Zahl von militärischen Maßnahmen rechtfertigt. Obwohl

toren aber gegen die bisherige Lehrtradition, soweit diese einen Krieg damit rechtfertigte, dass er der Durchsetzung des wahren Glaubens dient. Diese Rechtfertigung des Einsatzes obrigkeitlicher Gewalt widerspricht der auch in CA 16 enthaltenen Zwei-Reiche/Zwei-Regimenten-Lehre und wurde von den Reformatoren auch an anderer Stelle ausdrücklich abgelehnt.[60]

Wir können also festhalten, dass die Reformatoren, wenn sie das Führen »rechtmäßiger Kriege« bejahten, nicht das im späteren Völkerrecht ab dem 17. Jahrhundert entwickelte freie Kriegführungsrecht souveräner Staaten meinten, sondern ein

---

sich auch bei Luther Formulierungen finden, die in diese Richtung deuten könnten, spricht doch u. a. der Gesamtzusammenhang der Kriegsleuteschrift, seiner maßgeblichen theoretischen Auseinandersetzung mit dieser Frage, für ein engeres Verständnis (s. dazu auch Anm. 58).

60 R. Leonhardt, Ethik (Anm. 35), 569; s. z. B. M. Luther, Vom Kriege wider die Türken (Anm. 53), 130 f. Stengel, Reformation und Krieg (Anm. 58), 76 f., 92 f. referiert Formulierungen Luthers, die dem scheinbar widersprechen, weil sie als »religiöse Überhöhung« des Krieges gedeutet werden können (z. B. wenn Luther in den angreifenden Türken »den Teufel« am Werk sah, so dass sich die das Reich verteidigenden Soldaten aus seiner Sicht diesem entgegenstellten). Dabei gilt es jedoch festzuhalten, dass sich diese Äußerungen immer auf die Situation der Abwehr eines rechtswidrigen Angriffs gegen die geltende Rechtsordnung (der »Türken« auf christliches Nachbarterritorium oder der »Bauern« gegen die rechtmäßige Obrigkeit) bezogen. Wenn sich in ihnen eine religiöse Überhöhung des Krieges ausdrückt, dann die des Verteidigungskrieges. Sie würden grundlegend missverstanden, wenn sie aus diesem Kontext gelöst und als religiöse Legitimierung eines Angriffskrieges gedeutet würden. Ungeachtet dessen ist festzuhalten, dass es, wie Stengel richtig betont, »Luthers eigene Apokalyptik« war (*Stengel*, Reformation und Krieg [Anm. 58], 92), die zur Verunklarung seiner Unterscheidung der Regimente geführt hat. Von einer solchen apokalyptischen Stimmung ist allerdings in CA 16 nichts zu spüren.

weit stärker, auch stärker als in den älteren mittelalterlichen Lehren vom »gerechten Krieg« reglementiertes: Sie meinten ein naturrechtlich denkbar eng gebundenes, strikt auf das Endziel der Wahrung bzw. Wiederherstellung des Friedens verpflichtetes und durch dieses Endziel begrenztes Kriegführungsrecht.

III. Bewertung des »iure bellare« vor dem Hintergrund des geltenden Völkerrechts

Können wir den Reformatoren in diesem Umgang mit dem »Krieg« – in heutigem Sprachgebrauch: mit dem Einsatz militärischer Gewalt – heute noch folgen? Oder muss man sich, z. B. wegen des Zerstörungspotentials moderner Waffensysteme, von diesem in CA 16 genannten Fallbeispiel konsequent distanzieren?

Diese Frage soll nun in allgemeiner Weise beantwortet werden, zunächst ohne auf den gerade herrschenden Krieg in der Ukraine und die Frage nach der Legitimation von Gewalt in dieser konkreten geschichtlichen Situation einzugehen. Die Schlussfolgerungen, die sich aus den allgemeinen Positionen für die aktuelle Situation ergeben, sollen, wie am Ende von Abschnitt I. angekündigt, in Abschnitt IV. zur Sprache kommen.

Nur kurz sei dabei angemerkt, dass eine solche jetzt oder vielleicht später nötige Distanzierung von einem historischen Formulierungsdetail in CA 16 selbstverständlich nicht bedeuten würde, zugleich den Artikel als solchen zurückzuweisen. Denn genauso, wie es inzwischen unmöglich geworden ist, nach »kaiserlichem […] Recht [zu] richten«, und es das Grundgesetz aus überzeugenden Gründen verbietet, »Verbrecher mit dem Schwert [zu] strafen«, können sich auch andere Begriffe eines aus der Reformationszeit überlieferten Artikels als zeitgebunden und überholt erweisen, während gleichzeitig seine Kernbotschaft, die in Abschnitt II. 1. b) entfaltet wurde, und um die es bei einer langfristigen Überlieferung von Bekenntnistexten allein gehen kann, gültig bleibt. Erst wenn sich diese Kernbotschaft als nicht mehr zustimmungsfähig erweisen würde, wäre auch eine Distanzierung von dem Artikel als solchem angezeigt.

Doch zurück zur aufgeworfenen Frage: Muss man also heute sagen, dass es Christen generell nicht bzw. nicht mehr erlaubt ist, »Krieg« zu führen? Oder, zugespitzter formuliert: Muss allen, die in der Bundeswehr oder in den Streitkräften eines anderen Staates dienen, signalisiert werden, dass sie unchristlich handeln?

Wie eingangs aufgezeigt, hat diese radikalpazifistische Position in der evangelischen Kirche in den letzten Jahrzehnten stark an Zuspruch gewonnen. Ihre Wurzeln hat sie in biblischen, vorwiegend neutestamentlichen Texten, insbesondere in den Aussagen zu Gewaltverzicht und Feindesliebe in der Bergpredigt. Gleichzeitig haben Entwicklungen der jüngeren Vergangenheit diese Position immer plausibler werden lassen: Schon der Zweite Weltkrieg erwies sich als Massenvernichtungskrieg, der zu vorher nicht vorstellbaren Opfern und Zerstörungen führte. Durch die zwischenzeitliche Entwicklung atomarer und anderer Massenvernichtungswaffen droht bei einer vergleichbaren Konflikteskalation eine Katastrophe von noch ungleich größerem Ausmaß, die große Teile der Erde zerstören und deshalb keinen Sieger kennen würde. In einer solchen Situation, so die Argumentation von Teilen der Friedensbewegung, könnte dem Einsatz militärischer Gewalt generell kein »liceat« mehr zugestanden werden.

Wir gehen hier davon aus, dass diese Argumentation allein für sich nicht trägt: Die Geschichte während und nach dem »Kalten Krieg« hat gezeigt, dass auch im Angesicht eines atomaren »Gleichgewichts des Schreckens« Kriege geführt werden, in denen es nicht zu der beschriebenen Totaleskalation kommt, z. B. weil sich keine Atommächte gegenüberstehen oder weil sich diese auf das Führen von »Stellvertreterkriegen« beschränken. Auch lässt sich nicht ohne Weiteres sagen, dass solche Kriege immer »ohne Sieger« enden: So scheint es z. B. im jüngst zu Ende gegangenen Krieg in Afghanistan durchaus eine siegreiche Partei zu geben. Man wird daher festhalten müssen, dass nicht jeder Ausbruch eines Krieges unweigerlich oder höchstwahrscheinlich in eine Maximalzerstörung ohne Sieger mündet.

Vergegenwärtigt man sich, dass heutigen Schätzungen zufolge der Dreißigjährige Krieg unmittelbar oder mittelbar (durch Seuchen etc.) einen signifikant höheren Anteil der deutschen Bevölkerung getötet haben soll als der Zweite Weltkrieg, fallen wir damit letztlich doch auf die sich auch früheren Generationen schon stellende Frage zurück: Nämlich ob das immer große, wenn auch nicht immer gleich große Leid, das Kriege zur Folge haben, die Schlussfolgerung nach sich zieht, dass eine Beteiligung an militärischen Kampfhandlungen in keinem denkbaren Fall aus christlicher Sicht »gerechtfertigt« und damit Christen erlaubt werden kann.

Wir haben bereits gesehen, dass *Luther* niemals einem Angriff, aber doch der militärischen Selbstverteidigung solche Rechtfertigung zugestanden hat, und dass er dies maßgeblich damit begründet hat, dass auf andere Weise das Recht in Beziehungen unter Gleichen keine Chance auf Durchsetzung hätte, so dass ohne Selbstverteidigung Anarchie, und damit schließlich fundamentale Friedlosigkeit drohen würde, der gegenüber die Anerkennung des Rechts auf Selbstverteidigung das »kleinere Übel« darstellt.[61] Und es hat sich gezeigt, dass die »Confessio Augustana« dieser Auffassung folgt.

Um zu klären, ob diese Argumentation heute noch Überzeugungskraft hat, soll nun der Blick darauf gerichtet werden, welche Rolle militärische Gewalt im gegenwärtigen, auf den Erfahrungen der beiden Weltkriege aufbauenden Völkerrecht spielt: Sein zentraler Baustein ist das »Gewaltverbot« in Art. 2 (4) UN-Charta. Danach ist jede »gegen die territoriale Unversehrtheit oder die politische Unabhängigkeit eines Staates gerichtete […] Androhung oder Anwendung von Gewalt« zu unterlassen. Dieses »Verbot des Krieges« und anderer Formen der Gewaltanwendung und sogar -androhung kann gegenwärtig als »Leitmotiv der internationalen Beziehungen angesehen werden.«[62] Es wird flankiert vom Bemühen, die Beziehungen zwischen den Staaten im Rahmen der Vereinten Nationen mehr und mehr zu verrechtlichen und diesem Recht durch die Schaffung einer internationalen Gerichtsbarkeit (vor allem in Gestalt des Internationalen Gerichtshofs,[63] aber auch durch andere Spruchorgane der UN, wie z. B. den UN-Menschenrechtsausschuss, in jüngerer Zeit auch durch den Internationalen

---

[61] S. oben S. 280 ff.

[62] Hobe (Anm. 46), 206. Dieses »Gewaltverbot« gilt der Völkerrechtswissenschaft und der Rechtsprechung des Internationalen Gerichtshofs (IGH) zufolge nicht nur kraft seiner Regelung in der UN-Charta und selbst nicht lediglich als Völkergewohnheitsrecht, sondern darüber hinaus als »zwingendes«, d. h. unabänderbares Völkerrecht (ius cogens): IGH, Military and Paramilitary Activities in and against Nicaragua (Nicaragua v. USA), Merits, Urteil vom 27. Juni 1986, ICJ Reports 1986, 14, § 190; Hobe (Anm. 46), 210; Krajewski (Anm. 46), § 4 Rn. 97, § 9 Rn. 18.

[63] S. Art. 92–96 UN-Charta.

Strafgerichtshof[64]) zu einer immer besseren Achtung und Durchsetzung zu verhelfen. Gleichzeitig kennt auch das aktuelle Völkerrecht eng begrenzte Ausnahmen vom allgemeinen Gewaltverbot,[65] die dem Zweck dienen, auch in *zwischenstaatlichen* Beziehungen das Recht als Fundament des Friedens aufrechtzuerhalten. Allgemein anerkannt ist als solche Ausnahme (1) das Recht auf Selbstverteidigung bei einem Angriff unter den Voraussetzungen und in den Grenzen des Art. 51 UN-Charta.[66]

---

64 Näher zu ihm D. Tladi, International Criminal Court, in: Max Planck Encyclopedia of Public International Law, latest update: June 2020, https://opil.ouplaw.com/view/10.1093/law:epil/9780199231690/law-9780199231690-e42 [15. September 2025].

65 Überblick bei Hobe (Anm. 46), 211 ff.; E. Klein, Art. Gewaltverbot, in: Staatslexikon. Recht – Wirtschaft – Gesellschaft, in 5 Bänden, hrsg. von der Görres-Gesellschaft und dem Verlag Herder, 8., völlig neu bearbeitete Auflage, Bd. 2, 2018, Sp. 1322–1326; O. Dörr, Use of Force, Prohibition of, in: Max Planck Encyclopedia of Public International Law, latest update: August 2019, https://opil.ouplaw.com/view/10.1093/law:epil/9780199231690/law-9780199231690-e427 [15. September 2025].

66 »Diese Charta beeinträchtigt im Falle eines bewaffneten Angriffs gegen ein Mitglied der Vereinten Nationen keineswegs das naturgegebene Recht zur individuellen oder kollektiven Selbstverteidigung, bis der Sicherheitsrat die zur Wahrung des Weltfriedens und der internationalen Sicherheit erforderlichen Maßnahmen getroffen hat. Maßnahmen, die ein Mitglied in Ausübung dieses Selbstverteidigungsrechts trifft, sind dem Sicherheitsrat sofort anzuzeigen; sie berühren in keiner Weise dessen auf dieser Charta beruhende Befugnis und Pflicht, jederzeit die Maßnahmen zu treffen, die er zur Wahrung oder Wiederherstellung des Weltfriedens und der internationalen Sicherheit für erforderlich hält.« Neben der »individuellen« erlaubt die UN-Charta damit auch die »kollektive Selbstverteidigung«, also ergänzend zur »Notwehr« auch die »Nothilfe«, weil es angesichts der gravierenden Kräfteungleichgewichte in der aktuellen Staatenwelt ohne die Zulässigkeit der »Nothilfe« mächtigen Staaten ohne großes Risiko möglich wäre, weniger mächtige Staaten anzugreifen.

Dieses Recht wird begrenzt durch ein Eingreifen des UN-Sicherheitsrates, der als neutrales Organ der Staatengemeinschaft den Auftrag und – jenseits des Selbstverteidigungsrechts – auch das Monopol hat, bei einer »Bedrohung oder ein[em] Bruch des Friedens oder eine[r] Angriffshandlung« Gegenmaßnahmen zu ergreifen (Art. 39 UN-Charta). Dabei genießen gewaltlose Sanktionen (Art. 41 UN-Charta) Vorrang; sollten sie sich jedoch bereits als unzureichend erwiesen haben oder voraussehbar unzureichend sein, ermöglicht es Art. 42 UN-Charta (2) dem Sicherheitsrat, die »zur Wahrung oder Wiederherstellung des Weltfriedens und der internationalen Sicherheit erforderlichen (militärischen) Maßnahmen« anzuordnen.[67] Vor dem Hintergrund der faktischen Schwäche des Sicherheitsrats wird in jüngerer Zeit eine weitere, bisher allerdings noch nicht völkergewohnheitsrechtlich anerkannte (3) ungeschriebene Ausnahme vom Gewaltverbot diskutiert, nämlich die kollektive humanitäre Intervention bei (pflichtwidriger) Untätigkeit des Sicherheitsrates.[68] Die aktuellen Ereignisse zeigen, dass diese Ausnahme bisher zu Recht überwiegend abgelehnt wird, solange sie nicht an klar geregelte Einschränkungen geknüpft ist.[69]

---

67 »Ist der Sicherheitsrat der Auffassung, daß die in Artikel 41 vorgesehenen Maßnahmen unzulänglich sein würden oder sich als unzulänglich erwiesen haben, so kann er mit Luft-, See- oder Landstreitkräften die zur Wahrung oder Wiederherstellung des Weltfriedens und der internationalen Sicherheit erforderlichen Maßnahmen durchführen. Sie können Demonstrationen, Blockaden und sonstige Einsätze der Luft-, See- oder Landstreitkräfte von Mitgliedern der Vereinten Nationen einschließen.«

68 Vgl. Hobe (Anm. 46), S. 231 ff.; Krajewski (Anm. 46), § 8 Rn. 100; § 9, Rn. 101 ff.

69 Näher dazu Krajewski (Anm. 46), § 9 Rn. 107 ff.; ausführlich m. w. N. A. Caro de Beer/D. Tladi, The Use of Force against Syria in Response to Alleged

Die beiden zuerst genannten, bisher allein allgemein anerkannten Ausnahmen vom Gewaltverbot, Selbstverteidigungsrecht und der Anordnung militärischer Mittel durch den Sicherheitsrat spiegeln, dass das Ziel einer Ächtung des Krieges nur erreichbar ist, wenn Mechanismen existieren, der Gewaltbereitschaft einzelner Staaten wirksam entgegenzutreten. Wie die EKD-Denkschrift »Aus Gottes Frieden leben – für gerechten Frieden sorgen« (2007)[70] herausgearbeitet hat, bedingen sich Frieden und Gerechtigkeit gegenseitig[71] und ist Gerechtigkeit wiederum ohne Recht undenkbar.[72] Von der tatsächlichen Geltung des Völkerrechts, die eine Voraussetzung für ein friedliches Miteinander der Staaten ist, kann aber nur ernsthaft gesprochen werden, wenn es gegen seine immer denkbare Missachtung auch die Chance der Durchsetzung hat.[73]

Die geschilderten Regelungen des Völkerrechts lassen sich also als eine moderne Weiterentwicklung des Anliegens ver-

---

Use of Chemical Weapons by Syria: a Return to Humanitarian Intervention, ZaöRV 2019, 205.

70 S. oben Anm. 10.

71 S. dort insbesondere Nr. 73–77.

72 S. dort insbesondere Nr. 82, 85 ff., 98 ff. S. zum Ganzen auch These V der Barmer Theologischen Erklärung: »Die Schrift sagt uns, dass der Staat nach göttlicher Anordnung die Aufgabe hat in der noch nicht erlösten Welt [...] unter Androhung und Ausübung von Gewalt für Recht und Frieden zu sorgen.«

73 Vgl. dazu die Definition von »Recht« durch Max Weber: Recht als eine Ordnung mit »gewissen spezifischen Garantien für die Chance ihrer empirischen Geltung« (M. Weber, Die Wirtschaft und die Ordnungen [1909–1914], in: Max Weber Gesamtausgabe I 22–3, 2010, 191 [195, 4 f.] = Ders., Wirtschaft und Gesellschaft. Grundriss der verstehenden Soziologie [1921/22], 2010, 234); dazu G. Dilcher, Die Zwangsgewalt und der Rechtsbegriff vorstaatlicher Ordnungen im Mittelalter, in: A. Cordes/B. Kannowsky (Hg.), Rechtsbegriffe im Mittelalter, 2002, 111 ff.

stehen, von dem schon CA 16 geleitet war. Maßgeblich ist in beiden Fällen die Überzeugung, dass der Einsatz militärischer Gewalt nur als *ultima ratio* und nur insoweit zulässig ist, als es sich um ein unvermeidbares Mittel zur Sicherung der Geltung des Rechts mit dem Ziel der Erhaltung oder Wiederherstellung des Friedens handelt. Während den Reformatoren dabei nur die »Notwehr« Einzelner vor Augen stand, kommt im modernen Völkerrecht die Orientierung auf eine überstaatliche Rechtsordnung mit Organen zur kollektiven Rechtsdurchsetzung hinzu, die im 16. Jahrhundert noch nicht vorstellbar war. Die durch Organe der UN autorisierten Zwangsmaßnahmen haben stärker den Charakter einer Durchsetzung von Recht, als es die kriegerische Auseinandersetzung zwischen Angreifer und Verteidiger hat, in der am Ende der Stärkere siegt. Sie tragen den geschilderten Anliegen der Reformatoren also in noch höherem Maße Rechnung als das Selbstverteidigungsrecht.[74]

---

[74] Auch wenn bei der Inanspruchnahme dieser Ausnahmen, wie bei jeder Anwendung von Recht, Missbrauch möglich ist und faktisch auch immer wieder geschehen wird, ist das Anliegen der Normen als solcher *nicht* die *Ermöglichung von Krieg*, sondern – ganz im Gegenteil – die *Sicherung von Recht und Frieden* in den zwischenstaatlichen Beziehungen. Das Eingreifen des Sicherheitsrats fungiert dabei als Pendant zur hoheitlichen Durchsetzung des Rechts im Staat, die Voraussetzung dafür ist, dass das staatliche Gewaltmonopol geachtet und keine Selbstjustiz geübt wird. Werden die Ausnahmen vom völkerrechtlichen Gewaltverbot in einer Weise in Anspruch genommen, die diesem Ziel widerspricht (zum Beispiel eine Selbstverteidigungssituation suggeriert, die in Wirklichkeit nicht gegeben ist), ist dies rechtswidrig. Dazu tritt, dass es ein Grundanliegen des Völkerrechts ist, das »Wie« von militärischen Maßnahmen (die entweder nach der UN-Charta zulässig sind oder in Verletzung des Gewaltverbots faktisch stattfinden) einzugrenzen, unter anderem angesichts der geschilderten Bedrohungen durch Atomwaffen und andere Massenvernichtungswaffen. Auch

Kann es also Christen erlaubt sein, sich an einem im Rahmen des geltenden Völkerrechts zulässigen Einsatz militärischer Gewalt zu beteiligen? Wir meinen, ja, und folgen dabei der schon von *Luther*, seinen Vorläufern und auch in der zitierten EKD-Denkschrift von 2007 entworfenen Argumentationslinie: In einer multipolaren Welt, in der wirtschaftliche Sanktionen einzelner Staaten eine begrenzte Wirkung haben, hat Völkerrecht, dem keine anderen Durchsetzungsinstrumente zur Seite stehen als eben solche wirtschaftlichen Sanktionen, kaum den Charakter von Recht und kann deshalb auch seine Orientierungsfunktion zur Friedenssicherung nicht erfüllen. Hält man aber nicht nur innerstaatlich, sondern auch im internationalen Miteinander von Staaten die Geltung von Recht zur Sicherung des Friedens und zum Schutz der Schwächeren vor den Starken[75] für unerlässlich, sollte dem Recht der Vereinten Nationen diese – eindeutig: hochproblematische und deshalb nach Kräften zu vermeidende und zu überwindende – Durchsetzungsdimension nicht kategorisch verweigert werden, solange es an anderen wirkungsvollen Durchsetzungsinstrumenten fehlt.[76]

---

wenn die Ziele dieser Eingrenzung bisher nur sehr unvollkommen erreicht wurden, ist nicht ersichtlich, wie gänzlich ohne Geltung von Völkerrecht und das ständige Bemühen um seine Weiterentwicklung der Frieden in und zwischen Staaten besser gesichert sein sollte.

75 Zu dieser Bedeutung des Rechts im zwischenstaatlichen Verkehr s. auch die EKD-Denkschrift »Aus Gottes Frieden leben – für gerechten Frieden sorgen« (Anm. 10), Nr. 82.

76 Trotz der hiergegen von Anselm/Bruns/Mielke (Anm. 2) geäußerten Bedenken halten wir – mit der EKD-Denkschrift von 2007 – daran fest, dass die (bisher) enge Bindung der Friedensethik an das Völkerrecht nicht aufgegeben werden sollte. Militärische Gewalt ist, wenn überhaupt, dann gerade (und nur) als *rechtserhaltende* Gewalt gerechtfertigt: Eine entwickelte

Dieses Festhalten daran, dass es Christen »erlaubt« ist, sich an einem militärischen Einsatz zu beteiligen, der der Sicherung von Frieden und Recht letztlich gerade im Interesse der »Schwachen« dient, steht nicht im Widerspruch dazu, dass es das zentrale Anliegen von Christen sein muss, der Entstehung von militärischen Konfrontationen mit allen tauglichen Mitteln entgegenzuwirken und für Frieden als Abwesenheit von Krieg und darüber hinaus auch für Frieden durch Gerechtigkeit einzutreten.[77] Dies kann geschehen durch Bemühun-

internationale Rechtsordnung ist Grundbedingung für die Erhaltung des Friedens und nicht durch eine stärkere Moralorientierung ersetzbar: Wo schon keine Einigung über Rechtsnormen (im Völkerrecht in der Regel durch Vertrag bei Anerkennung des Grundsatzes *pacta sunt servanda*) möglich ist, wird eine Übereinstimmung in Fragen der Moral noch schwerer zu erreichen sein. Wo Recht ist, kommt es auch – von Zeit zu Zeit – zum Rechtsbruch. Dass Recht gebrochen wird, stellt seine Existenz (für sich genommen) nicht in Frage. Auch wenn es einzelnen Akteuren darum gehen mag, die gegenwärtige »Weltordnung« aus den Angeln zu heben, ist diese damit doch noch nicht beseitigt. Dass das völkerrechtliche Gewaltverbot, um das es hier v. a. geht, jedenfalls gegenwärtig unverändert gilt, manifestiert sich darin, dass in der UN-Sicherheitsrats-Sitzung vom 25. Februar 2022 11 von 15 Mitgliedern (bei 3 Enthaltungen) und in der Sondersitzung der Generalversammlung vom 2. März 2022 141 von insgesamt 193 Mitgliedstaaten (bei 35 Enthaltungen) die Ukraine-Invasion als Verstoß gegen Art. 2 (4) UN-Charta »auf das Schärfste« verurteilten. Dies belegt die fortdauernde Anerkennung dieser Grundsätze. Auch sind neue, bessere Ordnungsvorstellungen, von denen sie abgelöst werden könnten, nicht erkennbar.

77 Vgl. dazu die katholische Position, wie sie ausgedrückt wird im 5. Kapitel des 2. Hauptteils der Pastoralkonstitution des II. Vatikanischen Konzils über die Kirche in der Welt von heute (»Gaudium et spes« [7. Dezember 1965], Nr. 79-93), abgedruckt in: Die Beschlüsse des Konzils. Der vollständige Text der vom II. Vatikanischen Konzil beschlossenen Dokumente in deutscher Übersetzung, hrsg. von W. Becker, 1966, 214–226; vgl. auch: https://www.va-

gen um Völkerverständigung, durch entwicklungspolitisches Engagement, durch das Bemühen um eine Weiterentwicklung des Völkerrechts, um den Einsatz militärischer Mittel immer entbehrlicher zu machen, und vieles mehr. Alle diese verschiedenen Instrumente der Friedenssicherung widersprechen einander ebenso wenig, wie es im innerstaatlichen Kontext unvereinbar ist, die Arbeit von Polizei und Justiz prinzipiell zu bejahen, und trotzdem durch soziales oder bildungspolitisches Engagement darauf hinzuwirken, dass das staatliche Gewaltmonopol möglichst selten eingesetzt werden muss.[78]

Wir kommen deshalb zu dem Schluss, dass es nach dem gegenwärtigen Stand des Völkerrechts und der internationalen Beziehungen noch ethisch begründbar ist, unter den in CA 16 niedergelegten Vorbehalten und Einschränkungen »Kriege« zu führen, d. h. militärische Gewalt anzuwenden. Das wiederum bedeutet: CA 16 gestattet Christen keineswegs die Beteiligung an *jedem* Krieg, sondern nur am – im oben beschriebenen, eingeschränkten Sinne – *rechtmäßigen* Krieg. Das wiederum heißt: Er erlaubt nur die Beteiligung an einem Militäreinsatz, der dem gegenwärtig geltenden, der Wahrung des Friedens verpflichteten Völkerrecht entspricht. Die Beteiligung an einem anderen Einsatz ist Christen »nicht erlaubt«, selbst wenn sie durch menschliches Recht (Befehl, Dienstverhältnis) geboten wäre. Erkennt der Soldat oder die Soldatin die Rechtswidrigkeit eines ihm oder ihr abverlangten Ein-

tican.va/archive/hist—councils/ii—vatican—council/documents/vat-ii—const—19651207—gaudium-et-spes—ge.html [15. September 2025].

78 Dies betont auch CA 16, wenn es dort heißt, man solle »in solchen [weltlichen] stenden Christliche liebe und rechte gute wercke, ein jder nach seinem beruff beweise[n]« (BSELK 110,24 f.).

satzes, muss dieser unter Hinnahme aller Konsequenzen verweigert werden. Dies hat bereits *Luther* in seiner Kriegsleute-Schrift unter Verweis auf Apg. 5,29 (»wenn der Obrigkeit Gebot nicht ohne Sünde geschehen mag, soll man Gott mehr gehorsam sein, als den Menschen«) ausdrücklich gefordert.[79]

Dieselbe Bibelstelle wird auch am Ende von CA 16 herangezogen und dort neben die prinzipielle Forderung nach Obrigkeitsgehorsam gestellt. Es heißt dort: »Deshalb sind die Christen verpflichtet, der Obrigkeit untertan und ihren Geboten und Gesetzen gehorsam zu sein in allem, was man tun kann, ohne dabei in Sünde zu fallen. Denn wenn das Gebot der Obrigkeit nicht erfüllt werden kann, ohne dabei in Sünde zu fallen, soll man Gott mehr gehorchen als den Menschen.«[80] Die Barmer Theologische Erklärung knüpft in These V an diese

---

[79] Vgl. M. Luther, Ob Soldaten in ihrem Beruf Gott gefallen können (Anm. 38), 617,40–42; 619,1 f.: »Eine weitere Frage: Wie steht es, wenn mein Herr kein Recht hätte, Krieg zu führen? Antwort: Wenn Du sicher weißt, dass er kein Recht hat, so sollst du Gott mehr fürchten und gehorchen als den Menschen, Apg. 5, und sollst nicht Krieg führen oder darin dienen, denn du kannst dabei kein gutes Gewissen vor Gott haben.« Diese Stelle belegt, dass Luther die *clausula Petri* nicht nur angeführt hat, wenn die weltliche Gewalt – unzulässigerweise – in die geistliche Sphäre übergreift, sondern auch, wenn ihre Regelungen des weltlichen Zusammenlebens mit Gottes Gebot in Konflikt geraten. S. dazu auch *Luthers* Brief an Kanzler Brück v. 28. März 1528 in den »Pack'schen Händeln« (s. oben Anm. 53), WAB 4, 423 f., worin er seinem Landesherrn rät, sich an eine mit Landgraf Philipp von Hessen eingegangene vertragliche Verpflichtung zum Präventivkrieg nicht zu halten: »Wo aber mein gnädiger Herr der Landgraf nicht wollt folgen, sondern fort fahren, ist mein gnädiger Herr nicht schuldig zu halten das Verbündnis; denn man muss Gott mehr gehorsam sein als den Menschen. So müssen alle Verbündnis Gott und Recht über sich leiden und bleiben lassen, daß sie nicht dawider tun oder fürnehmen«.

[80] Zitiert nach: Unser Glaube (Anm. 27), 58 (vgl. BSELK 110,25–27; 112,1 f.).

Stufung an, wenn es dort heißt, dass die Kirche »in Dank und Ehrfurcht gegen Gott die Wohltat (der Existenz des Staates als Rechts- und Friedensordnung) an(erkennt)«, jedoch daran unmittelbar anschließend an »Gottes Reich, [...] Gottes Gebot und Gerechtigkeit und damit an die Verantwortung der Regierenden und Regierten« »erinnert« und betont, dass die Kirche – als Gemeinschaft der Glaubenden – der »Kraft des Wortes Gottes« »vertraut und gehorcht«.[81] Für die Frage nach der Zulässigkeit, sich an einem Kriegseinsatz zu beteiligen, hat dieser Vorbehalt heute eine Bedeutung, die im 16. Jahrhundert noch nicht zum Ausdruck gebracht werden konnte, weil sich im Denken dieser Zeit die »Rechtmäßigkeit« eines Krieges nach dem gottgegebenen Naturrecht bestimmte.[82] In der Zeit eines prinzipiell positivistischen Verständnisses allen Rechts, einschließlich des Völkerrechts, bedeutet er, dass auch ein nach zeitgebundenem menschlichen Denken »rechtmäßiger« Einsatz militärischer Gewalt noch auf seine Legitimität hin befragt werden kann und muss.

CA 16 verlangt den Christen also nicht nur ab, die Übereinstimmung ihres Handelns mit menschlichem Recht zu

---

81 Näher dazu H.-R. Reuter, Die V. These der Barmer Theologischen Erklärung als grundlegende Aussage über das (Rechts-)Verhältnis von Kirche und Staat, in: Ders., Recht und Frieden, 2013, 299–312, hier 304. An die Anerkennung der Bedeutung des Staates, die die prinzipielle Bereitschaft zur Befolgung seines Recht impliziert, schließt sich die Feststellung an, dass die Regierenden nicht frei sind in ihrem Handeln, sondern dass auch für sie Gottes Gebot und Gerechtigkeit gelten, und dass die Kirche Gott Gehorsam schuldet (so dass sie im Konfliktfall den Regierenden nicht folgen kann).

82 Zum Naturrechtsverständnis Luthers Lehmann (Anm. 54), 369 (insbes. 385 ff.); zum Naturrechtsverständnis Melanchthons s. Deflers (Anm. 50), 55 ff.

überprüfen. Sondern darüber hinaus steht alle Befolgung menschlichen Rechts – obwohl diese zunächst grundsätzlich um der Ordnung und des Friedens willen angeraten ist – unter dem Vorbehalt einer Prüfung, ob die Rechtsbefolgung in der konkreten Situation im Einklang mit Gottes Willen steht. Eine solche Prüfung kann das Ergebnis haben, dass die Mitwirkung an einem nach menschlichem Recht rechtmäßigen Gewalteinsatz vor Gott »nicht Recht« ist und deshalb unterbleiben muss[83]. Beide Vorbehalte gelten selbstverständlich auch für das »Wie« der Kriegführung.

Zusammenfassend kann damit festgehalten werden: CA 16 betont, dass – in den engen Grenzen einer bestimmten, hier genauer entfalteten Lehre vom »rechtmäßigen Krieg« – die Beteiligung an der Ausübung militärischer Gewalt eine christliche Handlungsoption sein kann. Dies ist nach unserer Auffassung auch gegenwärtig zustimmungsfähig, weil und solange das Völkerrecht keine Durchsetzungsinstrumente hat, die das Recht auf Selbstverteidigung und kollektives militärisches Einschreiten entbehrlich machen. Dies gilt vor allem deshalb, weil CA 16 durch den erwähnten Gewissensvorbehalt auch für eine »pazifistische Option« (z. B. gestützt auf das immense Zerstörungspotential aller mit modernen Waffen ausgefochtenen Kriege) offen ist: Wie der Gewissensvorbehalt auszuüben ist, kann immer nur der Einzelne für sich verant-

---

[83] Über die Ausführungen Luthers hinaus ist dabei außerdem festzuhalten, dass übertragen in die heutige Verfassungssituation nicht nur den Soldaten und Soldatinnen aufgetragen ist, die menschliche Rechtmäßigkeit des Einsatzes militärischer Gewalt und darüber hinaus seine Legitimität (vor Gott) zu hinterfragen, sondern jedem Bürger, der in einem demokratischen Staatswesen Mitverantwortung für richtige Entscheidungen des Gemeinwesens trägt.

worten. Nach evangelischem Verständnis sind hier kirchliche Vorgaben nicht möglich.

Daher sollte die im Artikel ausgesprochene Verwerfung nicht, wie das traditionell der Fall war, auf diejenigen Christen bezogen werden, die für sich persönlich in der Gegenwart jede Art von militärischer Gewaltanwendung als eine Missachtung von Gottes Gebot ansehen, solange diese Haltung nicht als alternativlos behauptet wird und abweichende Optionen als unchristlich gekennzeichnet werden.

IV. Schlussfolgerungen für die aktuelle Situation

Was folgt nun aus dem bislang Ausgeführten für die friedensethische Beurteilung des konkreten Geschehens in der Ukraine? Zunächst gilt, dass sowohl nach CA 16 als auch nach dem Völkerrecht einem angegriffenen Staat sein Recht auf Selbstverteidigung zuzugestehen ist, solange andere Mechanismen zum Schutz seiner Rechte (wie z. B. ein Einschreiten des UN-Sicherheitsrats als neutraler Instanz) nicht greifen. Eine Bestreitung dieses Notwehrrechts würde bedeuten, dem Völkerrecht die in diesem Fall einzig mögliche Chance auf Durchsetzung zu nehmen. Es obliegt in diesem Fall den politisch Verantwortlichen des angegriffenen Staates, zu entscheiden, ob sie vom Recht auf Notwehr Gebrauch machen, um die eigene Bevölkerung zu schützen, oder darauf verzichten, etwa weil der zu erwartende Schaden durch die Verteidigungsbemühungen größer werden könnte als durch eine rechtswidrige Annexion. Dies gilt im Grundsatz auch für die Entscheidung anderer Staaten, einen angegriffenen Staat durch Nothilfe bei der Selbstverteidigung zu unterstützen.

Damit ist auch für den einzelnen Christen die Teilnahme an einer solchen Selbstverteidigung ethisch prinzipiell vertretbar, ungeachtet dessen, dass ihr bei individueller Prüfung des eigenen Gewissens (z.B. wegen der Gefahr der Entgrenzung des Konflikts) der Vorbehalt aus Apg. 5,29 entgegengehalten werden kann.[84]

Bejaht CA 16 aber den Einsatz militärischer Gewalt nur deshalb und insoweit, als er letztlich der Bewahrung und Herstellung des Friedens (also einer verständigungsbasierten Ordnung) dient, kann aus ihm keinesfalls das Gebot der Notwehr oder Nothilfe um jeden Preis abgeleitet werden. Auch dies hat – neben anderen Autoren der Frühen Neuzeit[85] – schon *Luther* ausdrücklich thematisiert und in der Obrigkeitsschrift geraten: »Wenn der Fürst ein Unrecht nicht ohne größeres Unrecht bestrafen kann, soll er auf sein Recht verzichten, wie gerecht es auch sei.«[86] Sowohl Notwehr als auch Nothilfe

---

84 Die komplizierte Frage, wie genau im »obrigkeitlich« verantworteten Kriegsfall ein solcher (unabweisbarer) Gewissensvorbehalt mit den (ebenfalls nicht ignorierbaren) militärischen Notwendigkeiten (Zuverlässigkeit der Befehlskette) austariert werden kann, muss hier unerörtert bleiben.

85 Schrey, Art. Krieg IV (Anm. 42), 39 zum Verhältnismäßigkeitsprinzip bei dem spanischen Spätscholastiker Francisco de Vitoria (um 1483–1546), einem Zeitgenossen Luthers: »Ein an und für sich ›gerechter Krieg‹ wird ungerecht, wenn die aus ihm resultierenden Übel größer sind als der Nutzen. Es muß immer das Gemeinwohl der Menschheit im Blick bleiben; darum ist ein ›Krieg, der zwar zum Vorteil einer Provinz oder Republik geführt wird, aber zum Schaden der Welt oder der Christenheit, kein gerechter Krieg‹«.

86 M. Luther, Von der weltlichen Obrigkeit (Anm. 23), 281,38–40. Unmittelbar zuvor heißt es: »So soll auch ein Fürst die Bösen strafen: nicht einen Löffel aufheben und dabei die Schüssel zertreten und wegen eines Kopfes Land und Leute in Not bringen und das Land mit Witwen und Waisen füllen. [...] Kurzum, hier muss man sich an das Sprichwort halten: Wer nicht

können zur Eskalation der Gewalt führen und dadurch dem Ziel der Wiederherstellung des Friedens letztlich abträglich sein. Deshalb kennt auch das aktuell geltende Völkerrecht – selbstverständlich – nicht nur keine Pflicht zur Notwehr oder Nothilfe, sondern tendiert dazu, das Selbstverteidigungsrecht einem Verhältnismäßigkeitsvorbehalt zu unterstellen,[87] dessen Konturen aber, soweit ersichtlich, noch unklar sind.[88] Wenn Staaten oder Staatenbünde unter Berufung auf ihr Recht auf Selbstverteidigung eine militärische Konfrontation ausfechten, wird, das ist deutlich geworden (vgl. Anm. 45), am Ende allenfalls zufällig das Recht, faktisch aber der Stärkere siegen. Aus Sicht der christlichen Friedensethik stellt sich daher sowohl für die politischen Entscheidungsträger als auch für die einzelnen Soldaten und Soldatinnen, die ihr Gewissen prüfen, die Frage nach der Rechtfertigung militärischer Gewalt im Fall von Notwehr oder Nothilfe schärfer als bei einer Anordnung des Einsatzes von Waffengewalt durch den UN-Sicherheitsrat.

Da nicht zu erwarten ist, dass im Ukraine-Krieg der UN-Sicherheitsrat tätig werden kann, stellt sich in der aktuellen Situation exklusiv die schärfere Frage nach der Rechtfertigung

---

durch die Finger sehen kann, der kann nicht regieren« (281,30–32.36–38). Zur Bedeutung der Rede vom »Durch-die-Finger-Sehen« bei Luther *Lehmann* (Anm. 54), 369 (381 f.).

87 Siehe nur IGH, Legality of the Threat or Use of Nuclear Weapons, Advisory Opinion of 8 July 1996, ICJ-Report 1996, 226–267, hier 265.

88 Näher M. Krugmann, Der Grundsatz der Verhältnismäßigkeit im Völkerrecht, 2004, 15 ff. Überwiegend wird dabei die Verhältnismäßigkeit der eingesetzten Mittel im Hinblick auf das angestrebte Ziel, nämlich die Abwehr des Angriffs, gefordert. Wesentlich unklarer ist demgegenüber, ob – mit Luther und de Vitoria – auch das Verfolgen dieses Ziels unter einem strikten Verhältnisvorbehalt steht.

militärischer Gewalt, nicht nur was die Notwehr, sondern auch was die Nothilfe angeht. Dabei wird die Entscheidung über die Notwehr in der Ukraine getroffen. Die Entscheidung über Nothilfe ist dagegen auch eine deutsche Angelegenheit. Damit sind wir bei den gegenwärtigen Debatten in der deutschen Politik und in der Zivilgesellschaft über das Für und Wider von Waffenlieferungen angekommen.

Auf der einen Seite stehen diejenigen, die der Auffassung sind, dass Waffenlieferungen an die Ukraine die militärische Auseinandersetzung verlängern und das ohnehin schon unermessliche Leid vergrößern würden. Das Leid der ukrainischen Zivilbevölkerung stünde, so 28 Intellektuelle und Künstlerinnen und Künstler (und inzwischen zahlreiche weitere Unterzeichner) in einem Offenen Brief an Kanzler Scholz vom 29. April, »in einem unerträglichen Missverhältnis« zum »berechtigten Widerstand« des ukrainischen Staates.[89] Hinzu kommt vor allem, und dies ist besonders wichtig, die Befürchtung einer unkontrollierbaren Konflikteskalation bis hin zum Ausbruch eines Atomkriegs, da sich im vorliegenden Konflikt tatsächlich Atommächte mit diametral konträren Interessen gegenüberstehen. »Die Eskalationsgefahr, die von einer Unterstützung der Ukraine mit schweren Kriegsgeräten ausgeht, liegt auf der Hand«[90] – so hat es etwa die Leipziger Strafrechtlerin Elisa *Hoven* formuliert und damit ihre Entscheidung begründet, den zitierten Offenen Brief an den Bundeskanzler mit unterschrieben zu haben, in dem bereits »ein manifestes

89 https://www.emma.de/artikel/offener-brief-bundeskanzler-scholz-339463 [15. September 2025].

90 https://www.welt.de/kultur/plus238528989/Waffen-fuer-die-Ukraine-Nicht-jeder-Skeptiker-ist-ein-Putin-Versteher.html [15. September 2025 – Paywall].

Risiko der Eskalation dieses Krieges zu einem atomaren Konflikt« behauptet wurde.

Und die andere Seite? Hier wird davon ausgegangen, dass die Eskalationsgefahr ohnehin gegeben ist, solange ein ideologisch weitgehend gleichgeschaltetes Russland von *Wladimir Putin* geführt wird, einem unberechenbaren und skrupellosen Autokraten, der westliches Friedensinteresse und verständigungsorientierte Verhandlungsbereitschaft stets nur als Zeichen von Feigheit und Schwäche interpretiert und dem deshalb nur durch militärisch glaubhaft unterlegte Entschlossenheit beizukommen ist. Die angesichts einer solchen Lage formulierten Plädoyers gegen eine weitere Unterstützung der Ukraine tendieren nach dieser Auffassung dazu, die von Russland ganz offensichtlich angezielte Totaldestruktion der ukrainischen Nationalität und Staatlichkeit billigend in Kauf zu nehmen[91] und gleichzeitig den Aggressoren die Gelegenheit zu geben, aus gesicherter Position heraus das nächste Ziel ins Auge zu fassen. – Die sowohl aus humanitären als auch geostrategischen Gründen am ehesten angemessene Handlungsoption besteht nach den Vertretern dieser Auffassung darin, den russischen Ukraine-Plänen entschieden entgegenzutreten, weil ein frühzeitiges Zurückschlagen der Aggression am ehesten die Chance bietet, eine weitere Eskalation durch das Übergreifen auf NATO-Gebiet zu verhindern, und dabei zu hoffen, dass Russland die atomare Konfrontation letztlich doch scheuen wird.

---

[91] »Der Ukrainismus ist eine künstliche antirussische Konstruktion, die keinen zivilisatorischen Inhalt hat«; sie sei lediglich »ein untergeordnetes Element einer fremden Zivilisation« – so formulierte es Anfang April 2022 der Kreml-Propagandist Timofei Sergeitsev (https://europa.blog/de/putins-krieg-gegen-die-ukraine-zielt-auf-vernichtung/ [15. September 2025]).

Dass beide Optionen einen rationalen Kern haben und doch zugleich mit schweren Hypotheken belastet sind, insbesondere mit Vermutungen über den Fortgang des Konflikts operieren, über deren Richtigkeit keine definitive Klarheit zu gewinnen ist, ist offensichtlich. Die evangelische Ethik kann hier kein Patentrezept aufbieten. Sie kann höchstens darauf hinweisen, dass in der faktisch gegebenen Lebenswirklichkeit, in die der Christ hineingestellt ist, ein gänzlich sündenfreies – von jeglicher Schuldübernahme unbelastetes – Weltengagement nicht möglich ist. Vielmehr impliziert – ganz im Gegenteil – frei-verantwortliches Handeln sogar unweigerlich die Übernahme von Schuld: Der Einsicht, »dass zur menschlichen Freiheit die Erfahrung gehört, an etwas schuld zu sein, kann man nicht ausweichen, denn zur Endlichkeit der menschlichen Freiheit gehört auch, dass ihr fehlerfreier Gebrauch keinem Menschen gelingt«.[92] Diese Konstellation lässt sich gerade in einer Lage wie der gegenwärtigen nur in der Gewissheit der göttlichen Vergebungsverheißung ertragen.

---

92 W. Huber, Glaubensfragen. Eine evangelische Orientierung, 2017, 122.

Verzeichnis der Beitragenden

Axt-Piscalar, Christine, Dr. Dr. h.c., Professorin für Systematische Theologie, Georg-August-Universität Göttingen und Vorsitzende des Theologischen Ausschusses der VELKD.

Jäger, Sarah, Dr., Juniorprofessorin für Systematische Theologie/Ethik (Tenure Track) an der Friedrich-Schiller-Universität in Jena und Mitglied des Theologischen Ausschusses der VELKD.

Leonhardt, Rochus, Dr., Professor für Systematische Theologie unter besonderer Berücksichtigung der Ethik an der Theologischen Fakultät der Universität Leipzig und bis 2022 Mitglied des Theologischen Ausschusses der VELKD.

Lohmann, Friedrich, Dr., Professor für Evangelische Theologie mit dem Schwerpunkt Angewandt Ethik an der Universität der Bundeswehr München.

Luther, Susanne, Dr., Professorin für Neues Testament an der Georg-August-Universität Göttingen und Mitglied des Theologischen Ausschusses der VELKD.

Mielke, Roger, Dr., Militärdekan am Zentrum Innere Führung der Bundeswehr in Koblenz, Lehrbeauftragter an der Universität Koblenz und der Universität der Bundeswehr München; Mitglied des Theologischen Ausschusses der VELKD.

Müller, Reinhard, Dr., Professor für Altes Testament an der Georg-August-Universität Göttingen und Mitglied des Theologischen Ausschusses der VELKD.

Ohlemacher, Andreas, Dr., bis 31.7.2024 Referent für theologische Grundsatzfragen im Amtsbereich der VELKD und Geschäftsführer des Theologischen Ausschusses der VELKD.

Penßel, Renate, Dr., RA, wissenschaftliche Mitarbeiterin am Hans-Liermann-Institut für Kirchenrecht der Friedrich-Alexander-Universität Erlangen-Nürnberg und Mitglied des Theologischen Ausschusses der VELKD.

Scheliha, Arnulf von, Dr., Professor für Theologische Ethik, Direktor des Instituts für Ethik und angrenzende Sozialwissenschaften und Dekan der Evangelisch-Theologischen Fakultät der Universität Münster; Mitglied des Theologischen Ausschusses der VELKD.

Slenczka, Notger, Professor em. für Systematische Theologie an der Theologischen Fakultät der Humboldt-Universität zu Berlin und Mitglied des Theologischen Ausschusses der VELKD.

Spengler, Friedrike, Dr., Regionalbischöfin im Bischofssprengel Erfurt und Mitglied der Kirchenleitung der VELKD.

Stümke, Volker, Dr., Dozent für Evangelische Sozialethik an der Führungsakademie der Bundeswehr Hamburg und apl. Professor für Systematische Theologie an der Theologischen Fakultät der Universität Rostock.